W0252706

MEIN WUNDERBARES
Bücherboot

Sarah Henshaw war als Journalistin für große Tageszeitungen tätig, bevor sie 2009 mit der *Book Barge* ihren Traum verwirklichte. Mit ihrer schwimmenden Buchhandlung schipperte sie durch Großbritannien und erlebte allerlei Abenteuer. Inzwischen lebt sie mit Partner und Baby in Frankreich, wo das Bücherboot 2019 neu eröffnet wird.

MEIN WUNDERBARES
Bücherboot

SARAH HENSHAW

ÜBERSETZUNG AUS DEM ENGLISCHEN
VON JANINE MALZ

Eden
BOOKS

WARUM ICH DIESES BUCH LIEBE

Buchhandlungen verkaufen nicht nur Geschichten, sondern haben in den allermeisten Fällen auch selbst – sehr besondere – Geschichten zu erzählen.

Als ich 2015 zu einer Europareise aufbrach, um die schönsten und außergewöhnlichsten Buchhandlungen unseres Kontinents zu entdecken, führte mich mein Weg dabei auch in den kleinen Anlegehafen der nur unwesentlich größeren Gemeinde Burton-upon-Trent, die in Mittelengland beheimatet ist. Obwohl wir Hochsommer hatten, nieselte und nebelte es an jenem Tag – zu allem Überfluss stellte sich dann auch noch heraus, dass die schwimmende Buchhandlung, die hier anlag und der Grund meines Besuchs war (genau genommen thronte sie in schwarz lackierter Eleganz auf dem Wasser und nahm die gesamte Umgebung für sich ein), für einige Tage geschlossen hatte.

Da Großbritannien jedoch erst die zweite Länderstation meiner Reise war und mir insgesamt nur vier Wochen zur Verfügung standen, um alle geplanten Ziele innerhalb Europas zu erreichen, entschied ich mich damals für eine Weiterfahrt – ein Fehler, wie ich heute weiß. Denn: Seinerzeit war mir die Geschichte des 18 Meter langen Narrowboats leider nur äußerst vage bekannt.

Hätte ich zu diesem Zeitpunkt bereits dieses wundervolle Buch gelesen, das nun erstmals auch auf Deutsch vorliegt, wäre ich sehr wahrscheinlich länger an diesem Ort geblieben und hätte nötigenfalls tagelang in dem Hafengebiet campiert, nur um Sarah Henshaw, die Inhaberin von The Book Barge, persönlich kennenlernen zu dürfen.

Stattdessen mailte ich während meiner Weiterfahrt mit ihr – und kurz darauf las ich auch ebendieses Buch, in dem Sarah Henshaw mit unendlich viel Witz, Ironie, Charme und Offenheit die Geschichte ihrer schwimmenden Buchhandlung erzählt, die viel mehr ist als das: Es ist zugleich die Geschichte vieler inhabergeführter Buchhandlungen.

Zuallererst ist es eine Liebesgeschichte, denn natürlich ist es die Liebe zur Literatur, die dazu führt, dass Sarah Henshaw sich eines Tages ein Boot kauft und es zu einer Buchhandlung umfunktioniert. Ihre Leidenschaft für Bücher ist dabei omnipräsent; sobald die Britin über Literatur spricht, gerät sie zuverlässig ins Schwärmen – und zwar auf eine solch ansteckend-begeisterte Art und Weise, dass man jedes Buch, das sie erwähnt, sofort selbst lesen möchte.

Überhaupt ist Sarah Henshaw eine begnadete Erzählerin. Jeder, der Bücher und Buchhandlungen mag, wird zahlreiche literarische Anspielungen und Querverbindungen in diesem Memoir entdecken, die wechselweise ans Herz gehen, urkomisch sind oder nachdenklich stimmen. Manchmal treffen sogar all diese Attribute auf ein und dieselbe Geschichte zu. Und eventuell hält dieses Buch auch noch eine zweite Liebesgeschichte für seine Leserinnen und Leser bereit …

Was *Mein wunderbares Bücherboot* so wichtig und wertvoll macht, ist aber auch die Tatsache, dass es schonungslos ehrlich davon berichtet, was der Betrieb einer Buchhandlung in der heutigen Zeit eigentlich bedeutet. Sarah Henshaw beschönigt nichts und macht weder aus ihrer anfänglichen Naivität, mit der sie das Unternehmen Bücherboot angeht, noch aus den alltäglichen Herausforderungen ihrer Arbeit und des Bestehens einen Hehl.

Denn: Die gesamte Buchbranche befindet sich gerade in dem wohl größten Umbruch seit der Erfindung des

Buchdrucks. So gibt es neben dem stationären Handel auch einen Onlinehandel und das gedruckte Buch findet eine digitale Entsprechung in Form des E-Books. Anders als hierzulande existiert in Großbritannien zudem keine Buchpreisbindung, wodurch die Preisgestaltung ein weiterer Wettbewerbsfaktor ist, der Einzelunternehmungen nicht gerade bevorteilt. Darüber hinaus – so ehrlich wollen wir an dieser Stelle sein – gibt es heute viel mehr Unterhaltungsangebote als noch vor zehn bis 15 Jahren, mit denen das Medium Buch nunmehr gewissermaßen konkurriert (Facebook, Instagram, YouTube, Netflix und andere). Kurz gesagt: Die Ausgangssituation für den Betrieb einer Buchhandlung war schon einmal deutlich komfortabler.

Kleine Buchhandlungen begegnen dieser Entwicklung mit sehr, sehr viel Kreativität, Leidenschaft, Persönlichkeit und persönlichem Einsatz. Im Laufe der letzten Jahre habe ich zahlreiche Buchhändlerinnen und Buchhändler kennenlernen dürfen, die mich immer wieder aufs Neue mit ihrem unermüdlichen und nachdrücklichen Engagement beeindruckt haben – sowohl hierzulande als auch im Ausland. Ich möchte sogar behaupten, dass es kaum eine andere Branche gibt, in der es deutlicher zu spüren ist, dass die Leute, die hier arbeiten, lieben, was sie tun. Doch manchmal reicht auch das nicht. Oder es reicht nur ganz knapp.

Irgendwo zwischen diesen beiden Möglichkeiten ist wohl auch Sarah Henshaw mit The Book Barge anzusiedeln, weshalb sie gut anderthalb Jahre nach der Eröffnung eine weitreichende Entscheidung trifft: Um die kleinen, unabhängigen und inhabergeführten Buchhandlungen – und alles, was damit verbunden ist – in den Fokus des öffentlichen Interesses zu rücken, will sie mit ihrem Bücherboot durch die Kanäle Englands reisen.

Was ihr dabei alles widerfährt – und das ist jede Menge –, können Sie nun selbst erlesen. Dieses Buch wird Sie auf eine einmalig erlebnisreiche Reise mitnehmen und den besten Beweis dafür liefern, warum es sich lohnt, lokal einzukaufen. Ganz besonders im Falle von Buchhandlungen.

Wahrscheinlich haben Sie es längst gemerkt: Dieses Buch ist mir sehr ans Herz gewachsen und ich wünsche ihm viele, viele Leserinnen und Leser. Wenn es dazu beiträgt, mehr Menschen für dieses immens wichtige Thema zu sensibilisieren, hätte sich Sarah Henshaws Reise gleich mehrfach gelohnt.

Oder, um es frei nach der britischen Autorin und Buchhändlerin zu sagen:

Ein Buch ist gewiss nicht die Lösung für alles – aber für vieles.

In diesem Sinne:
Viel Spaß beim Lesen!

TORSTEN WOYWOD

Für Stu. Und für meine Eltern.

»Ich habe es mit nichts zu tun außer mir selbst.«

Michel de Montaigne

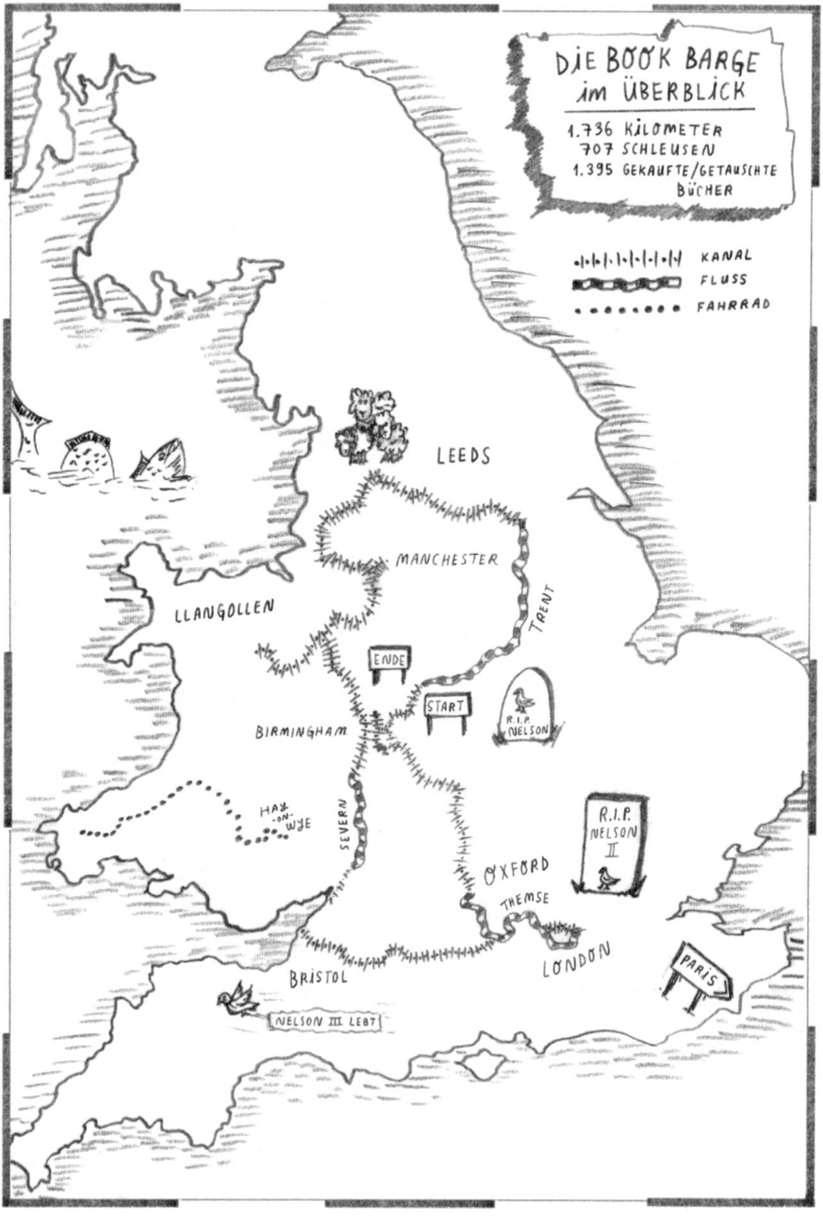
DIE BOOK BARGE
im ÜBERBLICK
1.736 KILOMETER
707 SCHLEUSEN
1.395 GEKAUFTE/GETAUSCHTE BÜCHER
KANAL
FLUSS
FAHRRAD
LEEDS
MANCHESTER
TRENT
LLANGOLLEN
ENDE
START
R.I.P. NELSON
BIRMINGHAM
HAY-ON-WYE
SEVERN
R.I.P. NELSON II
OXFORD
THEMSE
LONDON
PARIS
BRISTOL
NELSON III LEBT

EIN WORT VORWEG

Beinahe täglich fragen mich Kunden, wieso ich einen Buchladen auf einem Boot habe. Manchmal höre ich aus ihrem Tonfall aufrichtiges Interesse heraus. Normalweise dient die Frage ihnen aber nur als Aufhänger für ein Wortspiel, das sie für originell halten – etwa, dass ich mit dieser Idee bestimmt »eine große Bugwelle machen« werde oder »zu neuen Ufern« aufbräche. Einmal stellte mir eine Frau diese Frage in beinahe hysterischem Ton, spähte durch das hinterste Fenster und kreischte: »Wir sind ja tatsächlich auf dem Wasser! Maggie, wieso hast du mir nicht gesagt, dass das ein echtes Boot ist? Sie da, am Schreibtisch, wieso *schwimmt dieser Laden?*« Dann hielt sie inne, drückte sich ein Taschenbuch gegen die Brust, wie um sich gegen irgendeine mysteriöse Kanalmagie zu schützen, die sie selbst nur halb verstand, ehe sie sich besann: »Sind wir überhaupt auf dem Wasser? Jetzt wird mir alles klar, das ist alles wahrscheinlich nur eine 3D-Illusion. Auf Stelzen«, fügte sie nach weiterem Nachdenken hinzu.

Daraufhin ergehe ich mich dann in meinem viel erprobten und einigermaßen wahrheitsgemäßen Vortrag darüber, dass ein Laden auf dem Wasser im Vergleich zur Ladenmiete an einer Hauptstraße relativ kosteneffizient ist, dass ein ungewöhnliches Geschäftsmodell mehr Kunden anzieht und welche Vorteile es mit sich bringt, einfach weiterziehen zu können, wenn Flaute im Laden herrscht, und an Freitagnachmittagen, wenn ein paar Gläser günstigen Weins meine Zunge gelockert haben und ich mich zu peinlichen romantischen Geständnissen hinreißen lasse, erkläre ich, dass Bücher und Boote einfach zusammengehören. »Abenteuer!«, rufe ich, »Ausbruch aus dem Alltag!«, trällere ich. Und stürze mich daraufhin in eine chronologische Auflistung einschlägiger Literatur, beginnend mit: *Das Leben und die seltsamen überraschenden Abenteuer des Robinson Crusoe aus York, Seemann, der 28 Jahre allein auf einer unbewohnten Insel an der Küste von Amerika lebte, in der Nähe der Mündung des großen Flusses Oroonoque; durch einen Schiffbruch an Land gespült, bei dem alle außer ihm ums Leben kamen. Mit einer Aufzeichnung, wie er endlich seltsam durch Piraten befreit wurde. Geschrieben von ihm selbst.* »Denn das ist der deutlich längere Originaltitel von Defoes Klassiker«, lalle ich und zwinkere wissend. Sobald ich einen Sauvignon Blanc vom Co-op für 4,99 Pfund aus einem Plastikbecher schlürfe, kommt die Lehrmeisterin in mir durch.

Die Idee zur Book Barge nahm 2009 Gestalt an. Mein Freund und ich hatten bei mehreren Banken Kreditanträge gestellt, um das Boot zu kaufen. Allen lag zu diesem Zweck ein Businessplan vor, der, wie ich heute klar anerkennen muss, völliger Quatsch war. Die Unterlagen reichten wir in Buchform ein (meine Idee). Am Anfang stand das Titelblatt mit dem wortspielschwangeren, miserabel formulierten Untertitel: »Die Schleusen konnten ihr nichts anhaben. Alle Wasserwege standen ihr offen. Den Kanalkonventionen zum Trotz wurde sie zu ... THE BOOK BARGE.« Bei der Erinnerung daran schaudert es mich. Seltsamerweise hielt ich es damals einfach für einen ausgefallenen Kreditantrag, mit dem wir selbst den unerbittlichsten Manager mit einem Taschenrechner statt einem Herzen in der Brust für unser Projekt gewinnen mussten. Heute ist mir klar, dass das eine vollkommen bescheuerte Idee war. Auf der Rückseite waren fiktive positive Kritiken vermerkt: »Absolut fesselnd! Ein wahres Meisterwerk der Business-Prosa!« – *Finance Digest.* »Mit einem Happy End ist fest zu rechnen!« – *The Investor Times.* Die in dem Dokument enthaltenen »Kapitel« hatten so dämliche Titel wie »Ein interessantes Vorhaben«, »Eine schicksalhafte Partnerschaft« (mit angeblichen Geschäftsreferenzen von Stu und mir) und das Kapitel »Eine große Zahl an Zahlen« enthielt eine Exceltabelle mit unseren höchst optimistischen Verkaufsprognosen, eingebettet zwischen Bildern von *Cleopatra's Barge* und den beiden Kinderbuchfiguren Ratte und Maulwurf, die wild gestikulierend in einem blauen Ruderboot saßen. Ein interessantes Vorhaben? Wohl eher ziemlich unpassend. Unser Kreditantrag wurde entschieden – und mehrfach – zurückgewiesen, sodass wir gezwungen waren, das Geld von unseren Familien zu leihen.

Als wir die Buchhandlung eröffneten, schien es anfangs, als hätte sich das Risiko gelohnt; das Geschäft brummte und die Veranstaltungen, die bei uns im Laden abgehalten wurden, waren gut besucht. Doch die Branche veränderte sich, und zwar rasant. Ein Jahr später beliefen sich die Verkaufszahlen für den E-Book- und Downloadbereich bereits auf elf Prozent des britischen Buchmarktes (eine Steigerung von zwei Prozent seit Eröffnung der Book Barge). Zeitgleich wurden die landesweiten Schlagzeilen von den Analysen der Wirtschaftsfachleute dominiert, die vor der schlimmsten Double-Dip-Rezession in Großbritannien seit fünfzig Jahren warnten. Plötzlich stöberten die Leute und liehen sich dann einen Bleistift, um sich die ISBN zu notieren, damit sie sich die Titel später günstiger online kaufen konnten[1].

1 In Großbritannien gibt es im Gegensatz zu Deutschland keine Preisbindung für Bücher.

Die Frage lautete nun nicht mehr: »Wieso haben Sie einen Buchladen auf einem Boot?«, sondern: »Wieso haben Sie überhaupt einen Buchladen?«

Frustriert und finanziell angeschlagen begab ich mich im Mai 2011 auf eine sechsmonatige Reise, um das Bewusstsein der Menschen zu schärfen, nicht nur für meine eigene Notlage, sondern für die ungewisse Zukunft des stationären Buchhandels insgesamt. Die Reise sollte mich so nachhaltig und wundervoll verändern, wie ich es nie erwartet hätte. In *Maidens' Trip*, den Erinnerungen von Emma Smith an ihre Zeit als Kanalschifferin, heißt es an einer Stelle, das Dahinschippern auf den Wasserstraßen habe ihr erstmals ein Leben ermöglicht, das all ihren Erwartungen entsprach, und genauso ging es mir auch. Mehr noch, ich empfand vollstes Selbstvertrauen und tiefste Zufriedenheit. Es machte mich einfach unbeschreiblich glücklich. Den größten Anteil daran hatten die Menschen, die Bücher kauften, tauschten oder spendeten, die einer völlig Fremden nette E-Mails schrieben, um sie für ihr Vorhaben zu loben, die davon absahen, laut vor sich hin zu fluchen, wenn ich in ihre Hausboote hineinfuhr, die mir eine Tasse Tee kochten, die mir einen Victoria Sponge Cake[2] vorbeibrachten, die sich als »Crew« ausgaben, um die altertümlichen Handelsgesetze in Bristol zu umschiffen, die ein Boot aus einer Schleuse in Yorkshire abschleppten, nachdem ich es fast versenkt hätte, die Frau, die anmerkte, ein Bücherbus wäre vielleicht weniger kompliziert gewesen, und die drei Schafe, die über eine Trockenmauer spähten, um nachzuschauen, woher der

---

2 traditioneller englischer Rührkuchen mit einer Schicht Erdbeermarmeladen-Buttercreme

Lärm kam, als ich ebenjene Frau hysterisch anschrie, dass sie sich gefälligst um ihre eigenen Angelegenheiten kümmern solle. Sich über Wasser zu halten, war, wie ich herausfand, nur die Hälfte der Miete.

1. WASSER (TEIL I)

Es gibt zwei Arten von Nacktbadern auf der Welt: diejenigen, die den Gedanken erregend und/oder befreiend finden. Und diejenigen, die irrtümlicherweise glauben, niemand könne ihre Nacktheit sehen, da sie sich ja *im Wasser* befinden. Ich nehme an, zu letzterer Kategorie würde sich nur eine Handvoll Leute bekennen. Meine Schwester und ich, die wir in Südafrika aufwuchsen, gehörten dazu.

Durban, 1990. Die meisten Nachmittage verbrachten wir im Swimmingpool des Krankenhauses, in dem unser Vater arbeitete. Im Pool waren wir immer allein, nur um 16 Uhr kam ein Mann namens Mr. Priggy mit einem Eimer Chlorpulver und entleerte ihn um uns herum. An den Wochenenden kam unsere gesamte Familie hierher sowie die Nachbarsfamilien, sodass sich insgesamt elf Personen im und um den Pool befanden. Während sich unsere Eltern meist auf Sonnenstühlen im Schatten ausstreckten, hüpften wir Kinder vom Beckenrand ins Wasser, tauchten längere Strecken oder spielten ein Spiel namens Marco Polo, eine Art Wasserversion von Blinde Kuh.

Meine Schwester und ich waren echte Wasserratten und blieben selbst dann noch im Wasser, wenn alle anderen sich bereits abgetrocknet hatten und miteinander plauderten und dicke Käsesandwiches aßen. In diesem Moment kam meine Schwester auf die Idee, wir könnten unsere Badeanzüge ausziehen. »Das merkt keiner, weil ja niemand unter Wasser sehen kann.« Unsere Badeanzüge waren das gleiche Modell, von unserer Mutter geschneidert. Sie hatten einen tiefen Rückenausschnitt, sodass sie dieselbe parabelförmige

Bräunung hinterließen. Über dem Po prangte eine Schleife. Ihre war pink. Meine war blau. Also streiften wir uns die nassen Anzüge vom Körper und legten sie auf den erhitzten Kachelboden neben dem Pool, wo sie aussahen wie vom Regen durchtränkte Blütenblätter einer exotischen Pflanze. Nackt kicherten wir im Wasser. Der Logik meiner Schwester folgend tauchte ich mit dem Kopf unter, denn somit war ich gar nicht mehr zu sehen. Eigentlich schade, dass uns niemand sehen kann, dachte ich, denn wie wir so unsere Arme und Beine bewegten, mussten wir aussehen wie kleine Vögelchen vor strahlend blauem Himmel.

Jahre gingen ins Land, in denen wir älter wurden, zur Schule gingen, studierten, unseren ersten richtigen Job hatten und schließlich wegzogen. Ich für meinen Teil habe inzwischen einen Buchladen auf einem Kanalboot in der Nähe von Burton-on-Trent in England. Doch der Laden läuft nicht gut. Das Wasser, in dem mein Boot treibt, ist anders als jenes damals im Pool. Es ist trüb und braun. Hier könnte ich mich ruhigen Gewissens ausziehen und ins Wasser hüpfen und niemand würde auch nur ahnen, dass ich nackt bin, aber es würde auch niemand bei meinem Anblick an einen Vogel denken. Gegenüber vom Hafen befinden sich eine doppelspurige Straße und ein Argos-Lager. Nun blicke ich aus dem Fenster auf das Wasser, das dem Wasser, wie ich es kenne, in keiner Weise gleicht. Es kommt nicht auf mich zugelaufen wie ein Hund, der an meinem Gesicht leckt, wie es die Wellen sonst tun. Es tropft auch nicht von meinen Haaren herab, wie es der Regen tut. Meistens liegt es einfach nur da, teilnahmslos. Zwei Wochen nach Weihnachten friert es einfach zu. Wenn ich nun hinausschaue, sehe ich Risse, die aussehen, als würden kleine, kahle Bäume auf der Seeoberfläche einen zarten Wald bilden.

Vorwiegend verlaufen diese Risse rings um die Boote – darunter auch meins – und hegen uns fein säuberlich ein. Durch das Eis hindurch kann ich das Wasser nicht mehr sehen und höre auf, mir darum Gedanken zu machen. Die unzähligen unbezahlten Rechnungen in dem roten Aktenschrank neben dem Schreibtisch nehmen meine Aufmerksamkeit schon genug in Beschlag. Es ist lange her, seit ich Geld aus der Geschäftskasse entnommen habe.

Als es wärmer wird und das Eis wegtaut, erwartet mich eine Überraschung an Bord. Als ich um zehn Uhr morgens aufmache, bemerke ich, dass das Boot gurgelt, als hätte es Lungenprobleme. Das Innere ist überflutet und ich bin völlig perplex, weil das Wasser klar ist. Es sieht aus, als befände sich ein lang gestreckter Pool im Laden. Bücherregale ragen schräg entlang der Ränder auf, die unteren Fächer sind aufgequollen und mir blutet das Herz bei dem Gedanken daran, wie viel Geld ich da hineingesteckt habe. Nachdem ich die Wasserleitung abgestellt habe, suche ich nach dem Rohrbruch. Ich finde ihn in einem Schrank, in dem noch mehr nasse Bücher liegen. Ihre Seiten sind labbrig und dünn, die Schrift unentzifferbar durch die Worte, die dahinter durchscheinen. Das Wasser hat sie zusammengetrieben wie eine verängstigte Herde. Ich rufe meinen Freund an. Gemeinsam versuchen Stu und ich, mit Eimern und einem Nasssauger Wasser abzuschöpfen. Wäre das Eis dünner, könnten wir mit dem Boot rüber zur Pumpe an der Werft rudern und das ganze Wasser in ein paar Minuten abpumpen. Stattdessen stehen wir am Abend immer noch da und mein Vater wütet wie Victor Frankenstein in seiner Garage, um etwas zu konzipieren, womit wir das Wasser angetrieben von seiner orangefarbenen Bohrmaschine etwas schneller abpumpen können.

Als wir endlich fertig sind, ist die Lage gar nicht so schlimm und ich kann schon wenige Tage später den Laden wieder aufmachen. Allerdings habe ich das Gefühl, dass das Boot von diesem Hafen vorerst die Nase voll hat – ebenso wie ich. Und so drücke ich die Nase gegen das beschlagene Fenster und male mit der Nasenspitze Bilder aus Punkten, während ich auf Kundschaft warte. Es ist Eile geboten, wenn ich mit dem Zeigefinger die Punkte verbinde, ehe die hinunterlaufenden Tropfen meine fragilen Gemälde zerstören, und ich bin froh, dass mich niemand sehen kann.

2. WASSER (TEIL II)

Ungefähr um diese Zeit herum beginne ich, auf eBay nach Ruderbooten aus Holz zu schauen, auch wenn mich Stu ständig darauf aufmerksam macht, dass wir uns das nicht leisten können. Aber ich habe einmal ein junges Paar gesehen, das in einem Ruderboot am Hafen-Pub anlegte, und ich möchte so etwas unbedingt auch für uns. Beide lachten lauthals, während sie versuchten, aus ihrem Boot auf die Promenade zu steigen. Das Boot schaukelte und beide hatten zittrige Beine, als wären sie ganz entkräftet vom Skorbut nach einer langen, langen Überfahrt. Als sie den Pub betraten, huschte ich schnell nach draußen, um ihr Boot zu bewundern, dessen Ruder wie in einem Kuss überkreuzt dalagen.

Letztlich finde ich eines für zweihundert Pfund und kaufe es. Die Außenhaut ist blutrot gestrichen, innen ist das Holz einfach klar lackiert. Da unser Narrowboat[3] *Joseph* heißt, taufe ich unseren kleinen Neuzugang *Josephine* und platziere sie kieloben auf dem Dach des Ladens. Stu ist fuchsteufelswild. Zu diesem Zeitpunkt hat er zwei Jobs, um unsere Rechnungen zu begleichen, und wenn er spät abends von seiner zweiten Schicht zurückkommt – oft erst gegen Mitternacht –, habe ich Schuldgefühle und feuere

---

3 Ein Narrowboat ist ein auf den Binnenwasserstraßen von England häufig genutzter Bootstyp, der sich durch einen sehr schmalen Rumpf auszeichnet. Ein Narrowboat hat wenig Tiefgang und ist daher gut geeignet für die seichten Kanäle. Ursprünglich dienten Narrowboats als Frachtschiffe. Heute sind sie als Freizeitboote beliebt.

doppelt so wütend zurück. Ich arbeite sieben Tage die Woche in der Buchhandlung, aber finanziell kommt dabei nichts rum. Ich erinnere mich, wie meine Schwester und ich uns früher, als wir klein waren, unser künftiges Liebesleben voraussagten. Dabei erzählte ich ihr jedes Mal genau das, was sie hören wollte – dass sie einen Landwirt oder einen Hundeführer oder einen Pferdeflüsterer heiraten würde, der ihr jedes Jahr zum Geburtstag neue Haustiere schenken würde und schön starke Unterarme hätte. Mir tat sie nie den Gefallen. Ich träumte von einem sündigen Leben und fingerlosen Handschuhen in einer kleinen kalten Dachkammer. Doch dem hielt sie entgegen, dass ich schlecht durchblutete Finger hätte, und prophezeite mir stattdessen eine Ehe mit einem reichen Geschäftsmann in einem großen Haus mit doppelt verglasten Fenstern. Angesichts meiner vehementen Proteste machte sie mir immerhin das Zugeständnis, dass ich eine Affäre mit dem Gärtner haben könne. Nun, da ich gerade einmal 15 Jahre später völlig blank bin, erscheint mir ihre Prophezeiung plötzlich ziemlich vernünftig.

In meine Streitigkeiten mit Stu mischt sich zudem dieses gewisse Gefühl, das man Langeweile nennt. Wahrscheinlich ist dieses Gefühl schon immer da gewesen, in verregneten Sommerferien und auf langen Autofahrten. Als es eines Morgens auf dem Boot auftaucht, beschließe ich, es einfach zu ignorieren. Das ist eine ziemlich nützliche Taktik, um mit vielen Dingen klarzukommen, die über diese Stufen hereinspaziert kommen. Aber jedes Mal bleibt sie ein wenig länger, blättert durch die sich türmenden Stapel unverkaufter Bücher und bastelt wunderschöne Origami-Schwäne aus den in die Schubladen gestopften Rechnungen. Sonst macht sie nichts von all den Dingen, die mich bei anderen

Kunden nerven, aber irgendwie macht mich ihre Anwesenheit unruhig.

Eines Tages kommt ein Mann herein, um Bücher für seinen Sohn zu bestellen. Er wohnt zwar nicht in der Gegend, hat aber ein Faible für Boote und war neugierig auf den Laden. Als er ein paar Wochen später kommt, um die Bücher abzuholen, bleibt er etwas länger da, um mit mir zu plaudern. Ich höre ihm gern zu, besonders wenn er übers Segeln spricht. Daraufhin bringt er mir ein paar Bücher über Boote vorbei und zeigt mir im Internet Bilder einer skandinavischen Slup, die er gerade in Amerika gekauft hat. »Darin würde ich gern den Atlantik überqueren«, sage ich. »Klar, warum nicht?«, antwortet er. »September ist eine gute Zeit dafür.« Also investiere ich noch mehr Geld in Segelausrüstung und eine Rettungsweste und kaufe mir eine große Seekarte für eine Überquerung des Atlantiks im September. Ich träume von großen Wellen, die all die Fehler der Vergangenheit, die ich hinsichtlich des Buchladens und Stu gemacht habe, einfach fortspülen. Ich stelle mir vor, wie ich als ein völlig anderer Mensch zurückkehre; einer, der uns beiden lieber sein wird.

Einen Monat vor meiner geplanten Abreise ziehe ich aus meiner gemeinsamen Wohnung mit Stu aus und wieder bei meinen Eltern ein. Ich wünschte, Stu würde mich bitten zu bleiben, aber wir beide haben die Zuversicht verloren. Ich hole ein paar Klamotten und Stu hilft mir, sie in große schwarze Mülltüten zu stopfen und ins Auto zu bringen. Der Sommer, den ich gar nicht richtig wahrgenommen habe, packt unterdessen ebenso hastig seine Sachen. Auf der untersten Stufe des Hauseingangs liegen zertrampelte Blütenblätter. Wie konnte uns eine ganze Jahreszeit einfach so durch die Finger rinnen? Mir wird erst klar, dass es wirklich aus ist, als ich wegfahre. Ich sehe Stu dastehen, das Lächeln aufs Gesicht gepflastert, das im Rückspiegel zusammen mit der gleißenden Sonne allmählich sinkt.

Der Mann mit dem Boot gibt mir inzwischen Segelstunden auf dem See Windermere. Auch wenn ich nicht so richtig weiß, was ich da tue, lässt er mich das Steuer halten und mit den Segeln herumexperimentieren, während er hinuntergeht und mit dem Handy telefoniert. Ich mag diese Momente und ich mag den See. Der Himmel hüllt uns beide in Grau, was mich an ein Buch erinnert, das ich gerade lese und das von Langeweile handelt. Darin wird erklärt, dass Langeweile eine Antriebskraft ist, die uns dazu bringt, etwas zu tun. Hier draußen auf dem See fühlt sich die Langeweile an wie der Wind und wenn sie aufzieht, halse ich einfach, wie es in der Fachsprache heißt, wenn man vor dem Wind einen Kurswechsel durchführt. Ohne Kleider springe ich ins Wasser und bin froh, dass ich nicht mehr gegen die Langeweile ankämpfen muss. Stattdessen ziehe ich sie mit dem kalten Wasser zu mir heran. Als ich hochschaue und den Mann mit dem Boot sehe, wie er mich beobachtet, wird mir bewusst, wie falsch meine Schwester lag. Das Wasser kann mich nicht verhüllen. Den Kopf untergetaucht, meine Haare in seinen Fingern, enthüllt es vielmehr alles.

Auf der Rückfahrt erzählt mir der Mann von seinem Beruf. Er ist Geschäftsmann. Wie immer höre ich ihm gern zu. Ich blicke geradeaus durch die Windschutzscheibe auf die graue Asphaltstraße und plötzlich weiß ich, dass ich nicht auf seinem Boot den Atlantik überqueren werde und dass es nichts macht. Stattdessen plane ich eine andere Reise – nur ich, meine Bücher und mein Kanalboot. Ich habe das Gefühl, dass ich irgendetwas tun muss, weil ich mir sonst nur über Stu den Kopf zerbreche und mich darüber ärgere, dass die

Leute keine Bücher mehr kaufen. Tschechow sagte einmal über Inspiration, dass, wenn man nur lang genug etwas betrachtet, beispielsweise die Wand vor einem, aus dieser Wand früher oder später die Inspiration kommt. Ich sehe keinen Grund, weshalb ich ihm misstrauen sollte. Schließlich zählen seine Kurzgeschichten zu meinen allerliebsten.

3. GARTEN

Meine Pläne für die Reise sind eher vage. Schließlich weiß man nie so recht, wann der Gärtner endlich im eigenen Leben auftaucht, insofern will ich lieber nichts riskieren. Also konzentriere ich mich vorwiegend darauf, auf dem Dach des Boots einen 15 Meter langen Kunstrasen auszulegen. Außerdem stelle ich ein paar Topfpflanzen auf und eine orangefarbene Blume von meinem Freund Ali. Allerdings sterben mir sämtliche Pflanzen in den ersten Wochen weg, was vor allem daran liegt, dass ich vergesse, sie zu gießen. Trotzdem lasse ich sie stehen, da ich davon ausgehe, dass selbst vernachlässigte Vegetation das Herz eines Gartenliebhabers höherschlagen lässt.

Stu überlässt mir einen goldenen Blumentopf, in dem ich Sonnenblumen ziehen kann. Als wir vor zehn Jahren zusammenkamen, hat er mir eine Musikkassette geschenkt, auf die er den Songtext von Paul Wellers *Sunflower* geschrieben hatte. Dazu hatte er das Magnetband mit weißem Band ersetzt und wenn man es mit dem kleinen Finger abspulte, kam der ganze Text, mit Kugelschreiber verewigt, zum Vorschein. Früher saß ich oft in meinem Zimmer und spulte mich durch den Song. Mir gefiel besonders die Zeile, in der das Haar mit einem Weizenfeld verglichen wird. Als er mir jetzt den Topf für die Sonnenblumen schenkt, breche ich in Tränen aus.

Ich habe beschlossen, dass meine Reise im Mai beginnen und sechs Monate dauern soll. Vorgeblich dient diese Aktion dazu, meinen Buchladen, die Book Barge, zu retten. Wenn ich das Boot einfach hier liegen lasse, wäre es nur eine

Frage weniger Wochen, bis ich gezwungen wäre zu schließen. Ehrlich gesagt gehe ich ohnehin davon aus, dass er schließen wird. Schließlich muss ich mir jetzt schon ständig Unmengen an Geld von meiner Familie, Stu und der Bank leihen, um ihn am Laufen zu halten. Aber wenn er schließt, will ich nicht, dass es vor den Augen jener Menschen geschieht, die ständig reinkommen, kostenlos Tee trinken, mir erzählen, was für eine Schande es doch sei, dass heutzutage niemand mehr Bücher kaufe – und dann hinausspazieren, ohne ein Buch zu kaufen.

Vor allem aber will ich allein sein. Einen ganzen Sommer lang allein, wie es eine andere Frau in dem Buch *Einsamer Sommer* bereits über hundert Jahre zuvor für sich einforderte. Elizabeth von Arnim war das Pseudonym von Mary Annette Beauchamp, einer britischen Schriftstellerin, die 1891 einen preußischen Grafen heiratete, den sie später wenig schmeichelhaft den »Grimmigen« nannte. Um ihrem Ehemann und ihrer Schar Kinder zu entfliehen, kam sie eines Abends auf die Idee, sechs Monate in Einsamkeit zu verbringen – soweit das möglich war, ohne gänzlich ihre Pflichten als Mutter und Ehefrau zu vernachlässigen. Nur durch eine derartige längere Phase stiller Kontemplation, so glaubte sie, würde sie »in die tiefsten Tiefen meines Lebens hinabsteigen«, über ihre Fehler nachdenken, sich dem Müßiggang hingeben, dem Lauf der Natur zusehen und »glücklich [...] sein«, da niemand sie »mit seinem Trübsinn anstecken« würde. Das Buch, das daraus hervorging, ist mehr als nur eine hübsche Form des vornehmen weiblichen Protests. Es geht vielmehr um die allmähliche Entdeckung des eigenen Ichs und um die Frage, wie man ein erfülltes Leben führt. Und beides möchte ich ebenfalls für mich entdecken. Leider verfüge ich jedoch weder über ein kleines Vermögen noch über ein ausgedehntes Familienanwesen, um mir diese sechsmonatige Auseinandersetzung mit den philosophischen Fragen des Lebens zu gönnen. Aber ich besitze ein Boot und einen bescheidenen Bücherschatz. Das ist doch schon mal ein Anfang.

Tatsächlich finde ich die Lösung in ebenjenem Buch. Von Arnim war eine leidenschaftliche Leserin. »Was ist es doch für ein Segen, Bücher zu lieben«, schrieb sie. »Jeder liebt irgendwas und ich kenne keine anderen Liebesobjekte, die einen so wesentlichen und unfehlbaren Gewinn bringen wie Bücher.« Ganz offenkundig waren diese Zeilen nicht im geschäftlichen Sinn gemeint. Denn das *Verkaufen* von Büchern treibt mich in den Ruin. Aber »Gewinn« in einem weniger streng finanziellen und dennoch wirtschaftlichen Sinne? Das ließe sich machen. Ich nehme an, wenn ich es hinkriegen könnte, meinen Büchervorrat gegen Essen und Dienstleistungen zu tauschen, die ich unterwegs benötige, wäre das ebenso romantisch wie pragmatisch. Tatsächlich spricht mich dieses Konzept enorm an. Die letzten zwei Jahre habe ich über den unfairen Wettbewerb lamentiert, in dem unabhängige Buchhandlungen gegen den Onlinehandel und Supermärkte konkurrieren müssen, die es sich leisten können, massive Rabatte anzubieten. Inzwischen erwarten die Kunden Rabatte und fühlen sich regelrecht über den Tisch gezogen, wenn das Preisschild nicht ein Sonderangebot ausweist. Indem ich Waren anbiete, ohne dass dafür Geld von einer Hand in die andere wandert, könnte die Book Barge ein attraktives Angebot für diejenigen sein, die offen genug sind, eine nichtkapitalistische Organisation zu unterstützen. Und ich könnte vielleicht hin und wieder von einer Nacht auf der Couch profitieren.

Selbst wenn ich den Lesern lediglich verständlich mache, dass ein Buch so viel wert ist wie zum Beispiel eine Mahlzeit in einem Pub und die üblichen »3 für 2«-Marketingaktionen der Handelsketten den Wert des Buches unterminieren, ist die Sache schon für etwas gut. Vielleicht, aber nur vielleicht, kann ich die Leser sogar dazu bringen, sich mehr Gedanken darüber zu machen, wo und wie sie Bücher kaufen.

Für den Fall, dass die Kunden nicht mitspielen sollten, versuche ich zumindest meine Grundbedürfnisse abzusichern, bevor ich aufbreche. Vor allem mache ich mir Sorgen, wo ich pinkeln und mich waschen soll. Dass das Boot ursprünglich für beides ausgestattet war, erzeugt bei mir kurzzeitig Frust. Die originale Kassettentoilette und Dusche stehen noch immer bei meinen Eltern in der Garage, aber die Zeit und die Kosten, die nötig wären, um sie wieder einzubauen, lassen mich darauf beharren, dass es doch eine andere Möglichkeit geben muss.

Also bestelle ich im Internet eine tragbare Campingdusche und zur Sicherheit gleich fünf weitere, falls sie so minderwertig produziert sind, wie der Preis vermuten lässt. Außerdem kaufe ich ein Planschbecken als Auffangbecken beim Duschen. Schließlich möchte ich einen weiteren Wasserschaden an den Büchern vermeiden. Das Planschbecken ist ziemlich babymäßig und mit den Motiven einer Kindersendung namens *In the Night Garden* bedruckt. Das Pipi-Problem erfordert einiges mehr an Zeit und Überlegung.

4. FUD / URINELLA

Wie ich herausfinde, ist das, wonach ich suche, eine Urinella – eine trichterförmige Urinierhilfe für Frauen, mit der der Urin in eine Flasche geleitet wird. Im Englischen gibt es dafür die Bezeichnungen FUD (Female Urination Device) sowie STP (Stand-To-Pee), weil man damit als Frau im Stehen pinkeln kann. Seit ich entdeckt habe, dass es das Ding in Frankreich auch unter dem Namen Urinelle gibt, nenne ich das meine mit einem nasalen französischen Akzent ebenfalls so, auch wenn es einfach nur ein gewöhnliches Gerät aus dem Campingladen ist.

Meine Urinella sollte für mich eigentlich eine emanzipatorische Erleichterung sein, aber ich fürchte, ich werde nicht viel Gelegenheit bekommen, sie zu benutzen. Obwohl ich das Boot nun schon fast drei Jahre besitze, hatte ich es nie für nötig gehalten zu lernen, wie das Ding funktioniert oder wie man es steuert. Insofern weiß ich nicht, wie ich es anhalten soll, wenn ich tatsächlich mal pinkeln muss.

Ich versuche, darüber nicht weiter nachzudenken, genieße stattdessen während meiner letzten Tage an Land meine regelmäßigen Toilettengänge im Sitzen und probiere mich einmal in der Dusche daran, ohne Hilfsmittel im Stehen zu pinkeln. Ganz oldschool. Als ich am Morgen des 3. Mai schließlich aufbreche, versuche ich meine Verzweiflung angesichts des ersten Ernstfalls herunterzuspielen, indem ich meine SMS-Unterhaltung mit dem kurzen

Ausruf unterbreche: »Muss aufs WC! FUD! Haha! Bin gleich zurück, muss nur kurz STP! Lol! xoxoxo«[4]

4 Übersetzt heißt das: »Muss aufs Klo! Zu diesem Zweck habe ich eine praktische Urinella. Bin gleich zurück, nachdem ich im Stehen in eine Powerade-Flasche gepinkelt habe. Muss laut lachen (während mir innerlich zum Heulen zumute ist).«

5. TED

Abgesehen von meinen Eltern gibt es noch jemanden, der mir zum Abschied zuwinkt. Dieser Jemand heißt Ted und ich kenne ihn, seit ich im Hafen liege. Ted lebt auf einem kleinen Plastik-Kajütboot, das am Anlegesteg gegenüber von meinem Boot an der Promenade liegt. Was ich erst sehr viel später erfahren werde: Teds Boot sinkt ganz allmählich und wird ihn mit sich nehmen. Jeden Morgen schöpft er das braune Wasser aus seinem Boot, während seine Lunge ächzt und geräuschvoll Luft verliert. Er versucht, sie mit dem Mund aufzufangen, doch sie entwischt jedes Mal wie lauter winzig kleine Silberfischchen.

Ted riecht echt übel, weil er tagaus, tagein dasselbe blau-rot karierte Flanellhemd trägt. Wenn ich ihn durchs Fenster sehe, wie er auf mein Boot zugelaufen kommt, eile ich ihm immer schnell entgegen, damit er nicht reinkommt und mein Laden hinterher ebenfalls riecht. Wenn Kunden auf dem Boot sind, ist das hinfällig, weil Ted fremde Leute nicht mag und sowieso nicht hereinkommt. Einmal, als an einem Donnerstagnachmittag mehrere Mütter samt Kleinkindern an Bord waren und ich ihnen aus Bilderbüchern vorlas, hielt er einen großen Batzen Kuhinnereien von außen gegen das Fenster gedrückt. Grinsend stand er da, das Fleisch, aus dem das Blut quoll, in einer durchsichtigen Plastiktüte. Als ich rausging, damit er die Mütter und ihre Kinder nicht noch weiter verstörte, erzählte er mir von dem Curry, das er damit zubereiten wollte. Ted redete leidenschaftlich gern übers Kochen und hielt das Fleisch erneut in die Höhe wie eine Trophäe.

Das Erste, was mir Ted je von sich erzählte, war, dass er einmal verhaftet worden war, weil er die Unterhosen seiner Freundin an einen Kirchturm in London gehängt hatte. Daraufhin klappte ich den Mund auf und zu, ganz wie es sonst seine Art war. Seine damalige Freundin traf sich heimlich mit einem anderen Mann und als er es herausfand, beschloss er, ihre ganze Slip-Sammlung aus Rache an den nächstgelegenen Turm zu hängen. Bald schon flimmerten die Blaulichter um die Kirche herum, aber Ted kletterte immer höher und höher. Es muss ausgesehen haben wie bei King Kong, sagte er. Immer mehr Schaulustige blieben stehen und beobachteten Ted, der an einer Schnur um die Taille eine Art Wimpelkette aus Tangas und eine durchsichtige Strumpfhose befestigt hatte. Auf dem Kopf trug er einen BH, der ihm jedoch alle paar Minuten über die Augen rutschte und ihn am Weiterklettern hinderte. Dann musste er sich in eine Nische hineinbeugen und mit der linken Hand loslassen, um die Körbchen zurechtzurücken und die um das Kinn gespannten Träger wieder festzuziehen.

Als Ted an der Kirchturmspitze ankam, bekam er kaum noch Luft. Die Höschenwimpelkette seiner Freundin in der Hand, reckte er die Faust in die Luft, ehe er losließ. Der Strick fiel jedoch nicht sehr tief, verhedderte sich und blieb hängen – all die winzigen Stringtangas, gleichsam als Banner des Zorns. Die Menge hielt kollektiv den Atem an, als Ted vornüberfiel und mit den Händen in der Luft ruderte. Unterdessen war die Polizei die Feuerleiter zu ihm hochgeklettert. Sein rasselnder Atem mahnte sie zur Eile. »Unten lagen bereits aufblasbare Matratzen aus, weil alle dachten, ich würde runterfallen«, sagte er. »Aber alles, was sie auffingen, war eins ihrer Höschen, woraufhin ein Junge hinrannte, es sich schnappte und es triumphierend in die Luft hielt, als ob er einen Riesenfisch gefangen hätte.«

Als mir Ted die Geschichte erzählte, lachten seine Augen, aber seine sich hebende und senkende Brust surrte lauter als die Wespe auf dem Fensterbrett meines Boots. Ich griff seine Erzählungen auf und zimmerte mir daraus meine eigene Geschichte, um sie Freunden zu erzählen. Jedes Mal schmücke ich sie mit noch höheren Türmen und noch mehr Unterwäsche aus. Und jedes Mal ist sein Asthma noch bedrohlicher. Manchmal erzähle ich sie auch ganz ohne jedes Publikum. Während der nächsten Monate allein auf dem Boot spiele ich die Geschichte immer und immer wieder gedanklich durch. Ted sagte, man muss sich manchmal eben zur Wehr setzen, wenn das Leben ungerecht zu einem war, und zwar auf die Art und Weise, die einem richtig erscheint.

6. EXKURS

Ich bin hoffnungsfroh, dass ich noch vor dem Herbst das Kanalkreuz Fradley erreiche, was mir am selben Morgen gelingt. Das ist eine riesige Überraschung. Allerdings weniger für meinen Vater, der bis zum Mittag mitgekommen ist, alle Schleusen abgefertigt hat und insgesamt ein besseres geografisches Verständnis besitzt als ich. Nachdem wir diesen kleinen Meilenstein geschafft haben (eine Fahrt von fünf Meilen, um genau zu sein), fühle ich mich wagemutig genug, um mit dem Finger eine zweideutige Acht in die Luft zu zeichnen, als mich die erste Kundin fragt, wohin mich meine Reise die nächsten sechs Monate führen wird. Die Frau heißt Helen Tidy.

Helen und ihr Mann Andrew sind echte Wasserstraßen-Gurus. Ihr Boot, die *Wand'ring Bark,* beherbergt nicht nur ihr Wildbeermarmeladen-Geschäft, sondern ist auch Inspirationsquell für Andrews Kanalboot-Blog. Außerdem ist der Name des Boots ein Zitat aus dem einzigen Shakespeare-Sonett, das ich auswendig kann – und das nur, weil Greg Wise es in *Sinn und Sinnlichkeit* (ein Film, den ich in meiner Jugend zu oft geschaut habe) Kate Winslet so herzzerreißend vorträgt. Das Gedicht handelt von der Beständigkeit wahrer Liebe. Mehr noch – es beschreibt, wie Liebe einem helfen kann, den richtigen Weg im Leben einzuschlagen.

Dieser ersten Kundin bringe ich jedenfalls *viel* Liebe entgegen. Sie tauscht mit mir Bücher gegen einen selbst gebackenen Wildblumen-Sirupkuchen und sieht großzügig über meine nautische Naivität hinweg (ich bin auf dem falschen Kanal unterwegs, nachdem ich die Abzweigung nach

Birmingham verpasst habe). Insofern bin ich offen für ihre Vorschläge. Als sie mir verrät, dass sie auf dem Weg nach Stratford-upon-Avon ist, beschließe ich, Stratford zu meiner ersten Anlaufstation zu machen. Dass es bis dahin 65 Schleusen zu überwinden gilt, kümmert mich wenig. Bislang musste ich das noch nie allein bewältigen. Ich schalte in den Rückwärtsgang, stelle fest, dass rückwärts zu steuern unmöglich ist, knalle in ein Schleppboot der Kanalaufsichtsbehörde British Waterways und zitiere zwei weitere unsterbliche Worte aus besagtem Sonett 116: »O nein!«

Ein Problem an dieser meiner Geschichte ist, dass es nicht mehr Figuren wie Helen oder Ted darin gibt. Figuren, die zuverlässig auftauchen, die der Leser im Lauf der Handlung besser kennenlernt. Helen, beziehungsweise ihren Mann Andrew, werde ich insgesamt noch dreimal sehen. Ted taucht noch einmal gegen Ende des Buches auf, als er stirbt. Das soll keinesfalls ein Spoiler sein. Wenn ich euch das im letzten Kapitel erzählt hätte, wäre das ein Spoiler gewesen. Diese Geschichte handelt von einer Reise, auf der ich Bücher gegen Essen, gegen Badbenutzung oder gegen ein Bett tausche. Insofern handelt es sich um eine Reihe äußerst kurzer, ziemlich intensiver zwischenmenschlicher Beziehungen mit Leuten, die ich danach nie wiedersehe. Quasi eine Art überlanges Taylor-Swift-Album.

Bei dem Buch, das ich momentan lese, handelt es sich ebenfalls um die Memoiren einer Buchhändlerin. Die Autorin beginnt sogleich mit einem Haftungsausschluss: »Um die Privatsphäre der hierin vorkommenden Personen zu schützen, wurden die Namen und Geschehnisse verändert, mehrere Figuren in eine zusammengefasst und die Vorfälle verdichtet dargestellt.« Das Problem ist nur, meistens erinnere ich mich nicht an die Namen von Leuten. Oder an alle Episoden, die ich erlebt habe. Was zur Folge hat, dass ich diejenigen, an die ich mich erinnere, gern ausschmücke und stolz die echten Namen der darin vorkommenden Leute verwende, so ich sie denn noch weiß. Figuren zusammenfassen klingt zwar nach einer cleveren Idee, übersteigt aber ein wenig meine Erzählkunst. Wenn es euch nichts ausmacht – mal davon abgesehen, dass ich sowieso nur wenige Figuren im Angebot habe –, werde ich alle Personen separat behandeln.

Damit bleiben uns nur zwei Hauptfiguren – eine tumbe Buchhändlerin und ein tumbes Boot. Das Wort »tumb« bezeichnet in beiden Fällen jeweils etwas Unterschiedliches. In Bezug auf das Boot beschreibt es, in seiner ursprünglichen Bedeutung von »stumm«, lediglich seine Unfähigkeit, sich mitzuteilen, und nicht etwa seine dürftige Intelligenz. Ich halte große Stücke auf *Josephs* Intelligenz. Was die Buchhändlerin betrifft, so sieht die Sache schon anders aus.

Wie ich *Joseph* gefunden habe, gleicht einer modernen Liebesgeschichte. Wir haben uns online kennengelernt. In der Google-Suche, genauer gesagt. Ich hatte »Narrowboat kaufen« eingegeben und ein Bild von *Joseph* entdeckt, der damals noch in Warwick lebte, wo er ganz in Schwarz am Ufer des Grand-Union-Kanals vertäut lag. Dieser französische Existentialisten-Look sprach mich total an. Nach einem regen E-Mail-Wechsel vereinbarten wir ein Treffen. Und so kam es, dass ich ihm Ende 2009 das erste Mal begegnete. Wie so oft beim Onlinedating entsprach sein Erscheinungsbild nicht ganz seinem Profilfoto. *Joseph* hatte Pappkarton-Scheuklappen auf seinen Bugfenstern und war oberhalb der Wasserlinie mit Rostmasern übersät. Frost überzog den dreibeinigen Grill, der vollkommen deplatziert vor dem

Vordereingang stand. Die schwarze Lippe über seinem Dach fühlte sich jedoch warm an und es war, als hätte die blasse Sonne genau wie ich ihre Finger nach ihm ausgestreckt, da seine Flanken von fahlen Lichtstreifen überzogen waren. Ich wollte nie wieder loslassen. *Joseph* kostete 25.000 Pfund und allein diese Summe ließ mich erneut frösteln, da ich keine Ahnung hatte, wie ich so viel Geld auftreiben sollte.

Wer weiß, welchen ersten Eindruck *Joseph* von mir hatte. Er spricht nie darüber. Aber ich kann euch erzählen, wie sich unsere Liebesgeschichte zum aktuellen Zeitpunkt nach außen hin darstellt. Ich bin 27 Jahre alt und meine Haare sehen noch annehmbar aus (dies ist Tag eins meiner Wasserwalz). Meine Aufmachung könnte man allerdings höchstens wohlwollend mit einem Peter-Pan-Kostüm vergleichen, bestehend aus schwarzen Leggings, Bootsstiefeln und straff zurückgebundenen Haaren. Für Tage, an denen ich mich »chic machen« will, habe ich eine Jeans mit elastischem Hosenbund. Das heißt nicht, dass ich nicht auch eine etwas femininere Aussteuer in meine neue Beziehung mitgebracht hätte. Es ist nur so, dass die Kanäle wenig Gelegenheit bieten, Hotpants und Neckholder-Bikinis zu tragen, ohne dass jemand dumme Kommentare macht.

Einmal, gegen Ende meiner Reise, traf ich in Newark meinen Freund Graeme zum Mittag. Den Abend zuvor war es spät geworden und ich hatte früh aus den Federn gemusst, sodass ich meine Leggings einfach im Bett angelassen und meinen seidenen Schlafanzug drübergezogen hatte. Am Morgen sah es kurzzeitig nach Regen aus, sodass ich eine wasserdichte blaue Hose, Kniestrümpfe und meine Stiefel über beides gezogen hatte. Über die Strümpfe und Stiefel hatte ich Supermarktplastiktüten gezogen und an den Griffen verknotet, weil ich es leid war, dass der Regen immer wieder durch irgendeinen Spalt hineinsuppte und ich feuchte Füße bekam. Darüber trug ich ein graues T-Shirt mit Yaks und der Aufschrift »Yak, Yak, Yak, Yak, Yak Tibet« darauf. Über dem T-Shirt trug ich außerdem noch vier Kapuzenpullis, einen Dufflecoat und, etwas ungewöhnlich, eine Rettungsweste. Aus Gründen, die ich später noch erläutern werde, war ich nur zwölf Stunden zuvor dem Tod äußerst nahe gewesen und daher nun ein großer Fan der Schwimmhilfe. »Sarah«, sagte Graeme, als er mir dabei zusah, wie ich die diversen Kapuzen herunterzog und meinen fettigen Pferdeschwanz freilegte. »Ich habe dich in den letzten paar Monaten in nicht wenigen seltsamen und unvorteilhaften Outfits gesehen und ich habe nie etwas dazu gesagt, um dich nicht zu verletzen. Aber das ...« Er deutete mit der Hand traurig auf meine Gestalt. »Das ist ein neuer Tiefpunkt.«

Aber ich schweife ab. Wir waren eigentlich auf dem Weg nach Stratford-upon-Avon ...

7. TEUFELSWERK SCHLEUSE

Was ich unterwegs schnell begreife, ist, dass das Büchertauschmodell zwar meinen finanziellen Engpass überbrückt, aber nicht meine Inkompetenz am Steuer eines Narrowboats verbergen kann. Bald schon wird mir klar, dass die Strategie, Passanten mit kostenlosen Büchern zu bestechen, damit sie mir beim Schleusen helfen, mich enorm teuer zu stehen kommt. Auf meiner Rundreise durch England und Wales erwarten mich über siebenhundert dieser höllischen Kammern. Wenn ich so weitermache wie bislang (ein Taschenbuch zu 7,99 Pfund pro Schleuse), werde ich am Ende der sechs Monate meinem Steuerberater einen Fehlbestand von 22.372 Pfund erklären müssen. Die Tatsache, dass ich mir seit Eröffnung des Buchladens noch keinen Steuerberater leisten konnte, ist dabei kaum ein Trost. So oder so werde ich es *irgendjemandem* erklären müssen. Und das wird extrem peinlich für mich.

Für all denjenigen, die mit der Funktionsweise von Binnenwasserstraßen nicht vertraut sein sollten – eine Schleuse lässt sich am besten wie folgt beschreiben: Es ist Teufelswerk. Schleusen dienen dazu, Niveauunterschiede zwischen zwei Wasserstraßen zu überwinden, und dazu, Menschen für ein ansonsten beneidenswertes Dasein auf dem Boot büßen zu lassen. Dabei verwende ich diesen religiösen Begriff keineswegs leichtfertig. Eine Schleuse einhand zu bedienen, ist gleichbedeutend mit körperlicher Selbstkasteiung. Genau wie beim Bußgürtel oder der Selbstgeißelung handelt es sich um eine überaus schmerzhafte Form, in aller Öffentlichkeit für Sünden, die die Natur so mit sich bringt, bestraft zu werden. In meinem Fall ist die Topografie die Sünderin.

Schleusen, diese eigentümlichen, schweren, langsamen Dinger, in denen man sich garantiert seine Klamotten so sehr einsaut, dass selbst die erlösenden Kräfte von Persil machtlos dagegen sind, sind eindeutig eine männliche Erfindung. Und wie man schon bald beim Befahren der Kanäle feststellt, finden nur Männer an diesem Sport Gefallen. Das hat gute Gründe: Abgesehen davon, dass ihr einer seltsamen Logik folgendes Gehirn absurderweise vom Mechanismus der Schleuse fasziniert ist (obwohl es für jeden, der schon mal gesehen hat, wie ein Bad eingelassen wird, eigentlich nichts Neues sein sollte), müssen sie die Schinderei selten selbst auf sich nehmen. Stattdessen lassen sie ihre Freundinnen und Ehefrauen die Drecksarbeit machen. Zuerst sieht man, wie diese armen, schändlich ausgenutzten Frauen bereits einen halben Kilometer vor der Schleuse von ihrem Partner eilig vom Boot geworfen werden. Nachdem sie über eine schier unüberwindliche Mauer aus Schlamm und Brennnesselgestrüpp zwischen Boot und Treidelpfad gesprungen sind, wischen sie sich die schlammverschmierten Hände ab, verziehen schmerzhaft das Gesicht ob des verstauchten Knöchels und trotten wenig elegant zu den am Horizont sichtbaren drei Tonnen schweren Toren.

Torschützen sind sauschwer hochzukurbeln und wenn man nicht die Pobacken eines Kugelstoßers hat, ist das Aufschieben der Tore mit dem Hintern ebenfalls ein mühseliges Unterfangen. Im Grunde sollte der Anblick von Frauen im Rentenalter, die quasi einen Baum durch die Gegend stemmen, um diese unheilvollen Barrieren zu überwinden, der triumphale Inbegriff der Befreiung der Frau sein. Endlich wackeln wir nicht mehr zu irgendeiner

Renault-Mégane-Werbung mit dem Hintern, sondern leisten mit unseren Pobacken Männerarbeit. Holzstämme mit dem Hintern wegschieben? Schaffen wir!

Trotzdem hat es etwas Beunruhigendes, ein gewisses Gschmäckle, wenn man dieser politisch korrekten Idylle beim Schippern um eine Flussbiegung im ländlichen Warwickshire zum zigsten Mal begegnet. Als ich mir südlich von Birmingham eine Schleuse mit einem Ehepaar teile, entschuldigt sich der Skipper doch allen Ernstes bei mir dafür, dass seine Frau so langsam beim Bedienen der Schieber ist. Besagte Frau steckt vom Fuß bis zur Hüfte in einem Gipsverband und wankt gerade gefährlich auf einer Torbrücke, die dreimal so schmal ist wie ihr eingegipstes Bein, über die halbgefüllte Kammer. »Gott sei Dank kommt der Verband nächste Woche ab. Vielleicht kommen wir dann endlich mal voran«, murmelt er.

Dass die meisten dieser Frauen darauf bestehen würden, lieber die harte Arbeit zu machen, anstatt gemütlich hinter dem Ruder zu sitzen, Chardonnay zu schlürfen und das Boot mit dem großen Zeh am Steuer auf Kurs zu halten, ist ein Trugschluss. Genau wie bei Autos wurde ihnen einfach nur lange genug eingeredet, Fahrzeuge in schmale Lücken zu navigieren, sei »schwierig« und deshalb solle man das lieber gleich lassen. »Nicht ganz leicht«, vielleicht. Aber relativ gesehen? Wenn die einzige Alternative darin besteht, sich Steroide ins Hinterteil spritzen zu lassen, um diese Plackerei zu überleben? Ich weiß, wofür ich mich entscheiden würde. Und nach einiger Übung ist es zwar immer noch keine Kleinigkeit, aber man nimmt zumindest eine bewährte »Achtung, fertig, los«-Stellung ein, wenn der Stahl gegen die Mauer donnert und die Weinflasche über Bord zu gehen droht.

Aber *so* weit bin ich noch nicht. Außerdem ist mir immer noch nicht ganz klar, wie man das Boot anhält. Sobald wir uns einer Schleuse nähern, springe ich, die Achterleine im Klammergriff, von Bord, wickele sie um den nächstgelegenen Poller und bange um mein Leben, während das Boot zitternd und mit einem Laut, als ob man an einer zu straffen Saite zieht, zum Halten kommt, nur um mit der Nase zum anderen Ufer zu driften und damit die Durchfahrt der Schleuse komplett zu blockieren. Nachdem man mir höflich mitgeteilt hat, dass, wenn ich die mittlere Leine verwenden würde, das Boot wenigstens parallel zum Kanal zum Stehen käme, lege ich bei diesem Manöver inzwischen etwas mehr Professionalität an den Tag, schaffe es aber trotzdem, das Fensterglas aus der Luke zu schlagen, als sich die Leine an einem offen stehenden Metallgitter verfängt, das zufällt. Als ich später Rückwärtsgang und Bugstrahlruder entdecke, sinkt die Rate von Fensterreparaturen und Fingerschnittwunden beträchtlich.

Sobald ich das Boot angehalten und vertäut habe (meine Knoten sind kunstvoll, aber größtenteils ineffizient), beginnt, die Winschkurbel aus Stahl in der Hand, mein Martyrium an der Schleuse. Dies ist der Auftakt zu einem mühsamen Prozess. Ich muss die Schleuse befüllen oder leeren, auf das Boot zurückspringen, es in die Schleuse navigieren, wieder runterspringen, um das Tor zu schließen, dann die Schützen öffnen, um Wasser hinaus- oder hereinzulassen, wieder aufs Boot hechten, damit es nicht von der Kraft der Wasserströmung gegen die Tore geknallt wird, dann wieder runter, die Tore öffnen, dann wieder rauf und mit dem Boot rausfahren, auf der anderen Seite anlegen und zurückrennen, um die Tore zu schließen. So wie ein Panda Bambus verschlingt, verschlingt die Schleuse Zeit: völlig ineffizient, gierig, aber glücklicherweise ohne vierzigmal Stuhlgang am Tag. Die längste Zeit, die ich je gebraucht habe, um eine Schleuse zu bedienen, waren 120 Minuten. In derselben Zeit laufen andere Leute einen Halbmarathon oder schauen einen Spielfilm.

Meine gesamte Reise mit der Book Barge über werden Schleusen für mich das sein, was für Ritter in altenglischen Ritterromanzen Begegnungen mit Drachen sind. Sie sind eine echte Prüfung.

8. STRATFORD

Stratford sollte eigentlich das El Dorado für schwimmende Buchläden sein. Immerhin ist es die Heimat von Shakespeare, es gibt Theater, Touristen, ein Kanalbecken mitten im Stadtzentrum und einen öffentlichen Waschraum. Wie sich herausstellt, hält nur der Waschraum, was er verspricht. Mein Boot liegt vor dem neuen, schicken gläsernen Playhouse-Theater, aber das Einzige, wofür ich mich wirklich erwärmen kann, ist das rote Backsteinhäuschen mit Toiletten und Waschräumen um die Ecke von McDonalds, wo ich hinter einer 15-Jährigen in der Schlange stehe, die ihre Haare mit einem Haarfärbemittel aus der Drogerie pink färbt. Ihre Freundin, die weniger ausgeflippt frisiert ist, fragt mich, ob ich obdachlos sei. In diesem Moment bekommt das andere Mädchen aus Versehen ein wenig Farbstoff in die Nase, sodass unsere Unterhaltung abreißt, weil sie zu weinen anfängt.

Kurze Randbemerkung an künftige Stadtplaner: Steckt weniger Geld in futuristische Glastürme und dafür mehr in Duschen für das gemeine Volk. Ich suche die Duschen täglich auf. Vielleicht liegt es an meinem strahlend frischen und glücklichen Aussehen, dass eine japanische Kundin mich für eine Nachfahrin Shakespeares hält und eifrig Fotos schießt, während ich nur lächle und nicke, schließlich will ich sie nicht enttäuschen. Das ist wie wenn man irgendwo entlanggeht und plötzlich ein Autofahrer neben einem hält, um nach dem Weg zu fragen, und man nicht den leisesten Schimmer hat, sich aber genötigt fühlt, trotzdem irgendetwas zu erfinden. »An der Ampel links, dann die erste links rein und dann direkt nach rechts. An der Ecke neben dem großen Tesco-Supermarkt.« Die Leute sind mir jedes Mal unglaublich dankbar.

Dasselbe kann man leider nicht von dem Typen von British Waterways behaupten, der für das Bancroft-Becken zuständig ist, in dem mein Boot liegt. In unmittelbarer Nachbarschaft liegen ein Galerieboot und eine schwimmende Eisdiele. Eingebettet zwischen Kunst und Eis am Stiel habe ich das Gefühl, dass es das Leben endlich gut mit mir meint. Dieser Ort ist wie für mich bestimmt. Trotzdem werde ich an meinem ersten Morgen von einem Klopfen an der Hecktür geweckt. Zunächst versuche ich, es zu ignorieren, aber der Mann ruft: »Ich weiß, dass Sie da drin sind, dabei sollten Sie hier gar nicht sein!«, also krabbele ich schuldbewusst zur Vorderseite heraus, um herauszufinden, was er mir mitzuteilen hat. Wie sich herausstellt: keine guten Neuigkeiten. Mein Liegeplatz sei nur für dauerhaft ansässige Händler – Leute, die eine Gebühr an die örtlichen Behörden entrichten, um eine Lizenz zu erhalten –, ich müsse umziehen zu den Pontons auf der anderen Seite, wo noch weniger Kunden hinfinden und der Magnum-Verkäufer weiter weg wäre. Weil mich bei diesem Gedanken eine tiefe Traurigkeit befällt, lüge ich, dass ich eine Sondererlaubnis vom Chef der Kanalaufsichtsbehörde habe. Da ich beim Kreuzverhör nicht genau sagen kann, wie der heißt, kapituliere ich schließlich und nenne ihm stattdessen den Manager für regionalen Handel bei der Behörde, dem ich zwei Jahre zuvor einmal begegnet bin. Daraufhin zieht sich die Anklage in den British-Waterways-Transporter zurück, um per Telefon meine Angaben zu prüfen. Widerwillig werfe ich derweil schon einmal den Motor an. Doch als er zurückkehrt, scheint alles in Ordnung zu sein. Ich bin völlig baff. Ich darf eine Woche bleiben.

Seit dieser Begegnung ist Ian, der Mann von British Waterways, ausgesprochen nett zu mir und kommt fast jeden Tag vorbei, um mit mir zu plaudern. Alan vom Galerieboot nebenan ist ebenso gastfreundlich; wenn ich also nicht gerade Helen und Andys Boot auf dem Fluss besuche, quatsche ich mit Alan oder Ian oder einem der Straßenmusiker. Auch wenn ich nicht viel verkaufe oder tausche, ist es immerhin schön sonnig, die Leute sind freundlich und mein Foto erscheint im *Stratford Herald,* wenn auch erst zwei Wochen nach meiner Abreise.

Am schönsten finde ich Stratford am Abend, wenn ich am Fluss entlangspaziere oder Hamlet grüße, an den ich seit der sechsten Klasse nicht mehr viele Gedanken verschwendet habe. Er sieht immer noch stinksauer aus, wie er da so dasitzt als Statue, in der einen Hand den Kopf abgestützt, in der anderen Yoricks Schädel. Ich denke mir, es würde ihn vielleicht interessieren, was sich in Dänemark ereignet hat, seit er dort dahingemeuchelt wurde und in Bronze in Warwickshire wieder auferstanden ist. Also berichte ich ihm, dass Carlsberg vermutlich das beste Bier der Welt ist und wie sein Land im Großen Nordischen Krieg an der Seite von Peter dem Großen gekämpft hat. Hamlet greift sich derweil an den Kopf.

Das zweite Mal, als ich Hamlet besuche, bin ich nüchterner. Ich musste an das Mädchen in dem öffentlichen Waschraum denken, das mich gefragt hatte, ob ich obdachlos sei. Inzwischen habe ich mir selbst eingestanden, dass ich das bin. Deshalb möchte ich mit Hamlet über unsere Generation reden, schließlich ist er auch ein Bumerang-Kind und musste wieder bei seiner Mama und seinem Stiefvater einziehen, nachdem er mit der Uni fertig war. Ich habe jede Menge neue Theorien, weshalb Hamlet in dem

Stück ständig so mies drauf ist. Laut dem britischen Statistikamt lebten 2011 fast drei Millionen britische Erwachsene im Alter von 20 bis 34 bei ihren Eltern; das ist ein Anstieg von zwanzig Prozent seit 1997. Den meisten fällt es schwer, sich wieder an die Erwartungshaltungen der Eltern anzupassen, nachdem sie die Freiheit des Studentenlebens oder einer Mietwohnung genossen haben. Vorsichtig deute ich gegenüber Hamlet an, dass das vielleicht der Grund sein könnte, dass wir manchmal etwas übellaunig sind. Und dafür, dass er so ein angespanntes Verhältnis zu seinen Eltern hat. »Du bist arbeitslos, weil dein Onkel die Thronfolge deines Vaters angetreten hat«, fasse ich zusammen. »Keinen Job zu haben, heißt, nicht ausziehen zu können. Du hast das Gefühl, in der Falle zu sitzen. Dein Selbstwertgefühl erleidet einen Knacks. Nimm meine Hand, Hamlet, du bist nicht allein. Wir sitzen im selben Boot!« Ich strecke die Hand aus, doch er ergreift sie nicht. »Na schön, dann eben nicht«, fauche ich. »Weißt du, was der Unterschied ist zwischen dir und mir, Hamlet? Wir sind beide verwöhnte, verhätschelte Berufsjugendliche, die es gewohnt sind, dass alles nach ihrer Pfeife tanzt. Aber zumindest ist mir *bewusst*, dass ich eine Berufsjugendliche bin und keine tragische Heldin.« Insgeheim beglückwünsche ich mich selbst dazu, das Wort »Berufsjugendliche« untergebracht zu haben. Shakespeare wird sich schwarz ärgern, dass ihm dieses Prachtstück neben seinen Tausenden anderen Wortneuschöpfungen nicht selbst eingefallen ist.

Das letzte Mal, als ich Hamlet besuche, bringe ich ihm ein Gedicht mit, das ich geschrieben habe, als gerade keine Kunden an Bord waren und ich viel Zeit hatte, daran zu feilen. Das Gedicht heißt *Depression.* Ich räuspere mich: »An richtig miesen Tagen denke ich: Die ganze Welt ist ein

Haufen Scheiße / Und alle Männer und Frauen sind nur Arschlöcher.«

»Das ist doch keine Poesie«, spottet Hamlet gehässig und unhöflich.

»Es soll ja auch gar keine sein«, erwidere ich. »Es ist nämlich Po-esie. Da besteht ein gewaltiger Unterschied. Liebe Güte, muss man im Leben immer alles so ernst nehmen?« Mit diesen Worten wende ich Hamlet den Rücken zu, starte den Motor und fahre los.

9. DIE DREI »M«

Im kleinen Städtchen Hatton gibt es auf dem Grand-Union-Kanal die Hatton-Schleusentreppe, bestehend aus 21 Schleusen hintereinander, mit denen man einen Höhenunterschied von 45 Metern überwindet. Bald schon gebe ich auf – die Schleusen sind breiter, als ich es gewohnt bin –, vertäue mein Boot auf halbem Weg nach unten, ungefähr zwei Gehminuten von einem Café entfernt, wo ich tagsüber die Toilette benutzen kann, und fünf Minuten von einem Pub auf einem Hügel entfernt, wo ich abends Zähne putzen kann. Auf dem Weg zurück zum Boot durch die Dunkelheit spüre ich in der Luft den Flügelschlag der Fledermäuse, die immer wieder aus den Bäumen geflattert kommen.

Abgesehen von Helen und Andy und ein paar anderen Leuten hatte ich bislang wenig Glück, was das Tauschen von Büchern betrifft. In Hatton probiere ich eine neue, simplere Strategie aus. Ich besitze ein großes Whiteboard, auf dem in krakeliger Schrift steht, dass ich gewillt bin, so ziemlich gegen alles zu tauschen, aber nun schränke ich es auf drei Wünsche ein. Ich nenne sie die drei »M«: Milch, Mahlzeiten und aMüsement. Für Letzteres ist ein wenig Einsatz gefragt, also mache ich ein Foto von der Tafel, poste es auf Twitter und Facebook, hänge dann die Tafel über meinem Schreibtisch auf und warte ab, was passiert.

Der erste Durchbruch ist eine SMS von einem Typen, der mich in Staffordshire manchmal mittags auf dem Boot besucht hatte, wo er in einer Praxis nahe dem Hafen die Weiterbildung zum Allgemeinmediziner absolvierte. Er las viel von Alexandre Dumas und so kam es, dass wir uns oft übers

Fechten unterhielten und ich ihm die Fechtmaske zeigte, die ich als Lampenschirm verwende, sodass das Licht in Hunderte kleiner Vierecke gewürfelt an die Decke geworfen wird. Als er mit der Ausbildung fertig war, schickte er mir Briefe aufs Boot. Echte handgeschriebene Briefe in seiner träge nach rechts neigenden Schrift. An den Morgen, wenn der Postbote mir einen Brief auf die Stufen geworfen hatte und ich mit einer Tasse Tee dasaß und sie las, war es herrlich, Buchhändlerin zu sein. Zu meinen Füßen stand eine Kiste mit der aktuellen Buchlieferung und hinterher nahm ich die Bücher langsam einzeln heraus und sortierte sie nach denjenigen, die Kunden bestellt hatten, und jenen, die ich bestellt hatte. Die letzteren, unordentlich aufeinandergetürmt, da ich die Augen immer schon auf dem nächsten Titel in der Kiste hatte, drückten ihre Buchrücken durch, um mit ihrem Leib aus cremefarbenen Seiten zu protzen, der in ein straffes Korsett aus Bindung und Schutzumschlag geschnürt war.

Nachdem ich seine SMS erhalten habe, treffe ich ihn noch später am selben Tag. Er ist gerade in Warwick, um einen Freund von der Uni zu besuchen, und lädt mich ein, gemeinsam mit beiden zu essen. Der nächste Tag ist ebenso ergiebig. Auf dem Treidelpfad sind Spaziergänger und Touristen unterwegs und unter dem steten Fluss an Kunden ist eine Frau namens Annabel, die mir eine Mahlzeit, ein Bad und ein Bett anbietet. Sie sieht aus wie meine Schwester. Ihr Vater, der sie begleitet, bringt mich mit seiner Begeisterung für meine Reise zum Lachen.

Als wir schließlich bei Annabel zu Hause eintreffen, nehme ich ein Bad, während sie kocht. Annabel hat Hausschuhe und eine Gesichtsmaske für mich herausgelegt. Während ich in der Wanne liege, höre ich unten in der Küche Schnippelgeräusche und das Klappern der Töpfe, während durch das Fenster die Geräusche des scheidenden Tages dringen – das Zwitschern der Vögel, das Klicken von Wäscheklammern, der schneller werdende Puls eines davonhüpfenden Basketballs, der noch ein paarmal auf dem Boden aufprallt, ehe er zum Stillstand kommt. Alles Geräusche, wie ich sie von zu Hause, aus meiner Kindheit, kenne. Ich tauche mit dem Kopf unter und klappere mit der Stöpselkette, um mich daran zu erinnern, wie es klang, wenn sich unser Garagentor schloss.

Als ich fertig bin, gehe ich hinunter zu Annabel, um sie nach den Fotos zu fragen, die im Badezimmer an den Wänden hängen und die aussehen wie ein Ort in Ghana, wo ich einmal gewesen bin. Wie sich herausstellt, war sie ebenfalls dort, nur ein paar Monate vor mir. Wir unterhalten uns darüber, was für ein witziger Zufall das doch ist, und ich muss an das Buch denken, das ich damals las: *Anna Karenina.* Genauer gesagt wurde es mir vorgelesen. John, den ich bei der Zeitung kennengelernt hatte, wo wir beide ein Volontariat absolvierten, las mir während einer langen Busfahrt daraus vor. Als die Sonne langsam am Fenster hinunterrutschte, hörte er auf und wir schauten uns gemeinsam den Sonnenuntergang an. Später hielt der Bus ein paar Stunden, damit sich der Fahrer ausruhen konnte. Ich lieh mir Johns Buch, legte mich draußen hin, wobei ich meinen Kopf gegen eines der riesigen Busräder lehnte und das Buch als Kissen benutzte, und machte die Augen zu.

Ich habe *Anna Karenina* damals geliebt und liebe es noch immer. Ich habe auch alle anderen Bücher von Tolstoi gelesen, dann Dostojewski und Gogol und schließlich Tschechow, Puschkin und eine Penguin-Ausgabe mit sowjetischen Kurzgeschichten. Später an der Uni wählte ich Module über russische Literatur, damit ich noch mehr lesen und darüber schreiben konnte. Als ich schließlich die Zeit fand, *Anna Karenina* noch einmal zu lesen, nachdem ich bei Annabel gewesen war, gefiel es mir immer noch genauso gut wie beim ersten Mal und mir fielen immer neue Dinge auf, über die ich nachdachte. Wo waren ihre Eltern? Was für eine Kindheit hatte sie? Tolstoi lässt all das aus. Als der Leser sie kennenlernt, ist sie bereits eine vollständig herangereifte Persönlichkeit, genau wie alle anderen. Diese Tatsache fasziniert mich, da es mir mit Annabel und all den anderen Leuten, die ich während dieser sechs Monate treffe, ebenso ergeht. Es gibt keinen Kontext, keine Vergangenheit, kein jüngeres Ich, keine Erinnerungen, die lange Schatten werfen wie die untergehende Sonne an einem Spätnachmittag.

Außer in einem Fall.

An meinem vorletzten Tag bei den Hatton-Schleusen geht bei British Waterways eine Beschwerde ein, dass ich noch immer im Becken zwischen zwei Schleusen liege, was nicht erlaubt ist. Daraufhin schicken sie einen jungen Mann mit rotblondem Haar und rosigen Wangen, der mir mitteilt, ich müsse weiterziehen. Als er an die Luke klopft und nach mir ruft, kommt er mir irgendwie bekannt vor. »Murray; wir sind zusammen zur Schule gegangen«, hilft er mir weiter, woraufhin wir beide zu kichern anfangen und uns die Namen all der Leute ins Gedächtnis rufen, die wir beide von früher kennen. Und so geht am Ende alles gut aus, nur dass ich keine Milch habe, um ihm einen Tee anzubieten.

10. MARATHON (TEIL 1)

Nach Hatton nehme ich meine schleichende Weiterfahrt wieder auf in Richtung Birmingham, um an einem Kanalboot-Marathon teilzunehmen. Dabei handelt es sich um einen jährlich stattfindenden Wettbewerb, der von der Birmingham Canal Navigations Society (BCNS) organisiert wird, aber in manchen Jahren, wenn der Wasserstand zu niedrig ist, müssen sie ihn abblasen – so wie letztes Jahr. Deshalb ist der Andrang dieses Jahr besonders groß. 22 Boote treten gegeneinander an und ich will, dass meins gewinnt.

Doch wie mir Andy Tidy bereits erklärt hat, ist das leichter gesagt als getan. Das erste Mal spielte ich mit dem Gedanken, als ich auf der *Wand'ring Bark* in Stratford-upon-Avon saß. »Ich glaube, so langsam werde ich richtig gut in diesem ganzen Narrowboat-Gedöns«, sagte ich damals in ungewohnter Bescheidenheit. »Ich würde einfach gern mein Können unter Beweis stellen. Na, Lust auf ein Rennen?« Andy dachte ernsthaft über den Vorschlag nach, was mich ein wenig überrumpelte. »Na ja, wir *könnten* schon ... Wie sieht es denn bei dir Ende des Monats aus?« Daraufhin legte ich alle meine Reisepläne auf Eis, wurde zahlendes Mitglied der Gesellschaft, die das Rennen ausrichtet, und hörte verzückt zu, während er selbst gebrautes Bier nachschenkte und mir die Geschichte des Marathons erzählte.

In seiner Blütezeit erstreckte sich das Kanalnetz der Birmingham Canal Navigations auf über 250 Kilometer. Zudem war es verknüpft mit privaten Flussarmen und Becken, die den vielfältigen neuen Industriezweigen dienten, die in der Gegend entstanden waren. Innerhalb der letzten hundert

Jahre ist die Kanallänge auf gerade einmal 160 Kilometer geschrumpft, wovon ein Großteil wenig genutzt wird und buchstäblich unbefahrbar ist. Der Marathon wurde ins Leben gerufen, um das Verkehrsaufkommen zu erhöhen, ein letzter verzweifelter Versuch, nach dem Motto »Was rastet, das rostet« die lange Schifffahrtstradition der Stadt zumindest in Teilen zu erhalten. Darüber hinaus bringt der Wettbewerb weitere Vorteile. Da die Teilnehmer angewiesen werden, alle Schwierigkeiten zu melden, die ihnen während des Rennens begegnen, kann die BCNS diejenigen Streckenabschnitte ermitteln, die besondere oder dringende Aufmerksamkeit benötigen. Der Bericht über die gemeldeten Störfälle wird dann bei British Waterways eingereicht.

Die größte Schwierigkeit beim Marathon besteht in der Punktevergabe. Es dauert mindestens zwei Wochen, bis der Gewinner verkündet werden kann. Punkte werden nach Schwierigkeitsgrad der Route, Mannschaftsgröße, Länge und Tiefgang des Bootes, Startpunkt und Anzahl der passierten Schleusen vergeben sowie dafür, dass man die Ziellinie in Walsall vor 14 Uhr erreicht. Damit dieser dreißigstündige Gewaltmarsch noch mehr »Spaß« macht, ist eine Schatzsuche in das Rennen integriert, bei der man Bonuspunkte sammeln kann.

Für mich wäre es das Klügste, allein anzutreten, um meine Gewinnchancen zu erhöhen. Dann würde ich für je zwei Schleusen sowie pro fünf Meilen je einen Extrapunkt kassieren. Laut dem neunseitigen Regelbuch wurde dieser Extrapunkt als Ausgleich für die erhöhte Schwierigkeit eingeführt, »an Schleusen anzulegen, Hinweise zu finden, sich zwischendrin mit einem warmen Getränk zu stärken etc.«. So groß die Versuchung auch ist, mir diesen Bonus zu sichern, so hoch ist die Wahrscheinlichkeit, dass ich auf einem versenkten Ford Cortina auflaufe. Für diese Unternehmung brauche ich jemanden mit Muckis.

Also frage ich vorsichtig bei Stu an, ob er an dem Wochenende frei habe. Die Wahrheit ist, ich vermisse ihn. Wir schreiben und telefonieren noch immer, aber je mehr Zeit ich hinter dem Ruder verbringe, desto mehr spüre ich die Entfernung, die zwischen uns liegt. Ich erzähle ihm, wie ich zum ersten Mal Diesel getankt habe und dass ich mir mit ein paar Wanderern ein Schinkenbrötchen und eine Dose Limo geteilt habe. Aber ich erzähle ihm nicht, wie stolz ich insgeheim bin, unfallfrei rückwärts in die Lücke bei der Zapfsäule gefahren zu sein. Oder wie ich, als einer der Wanderer sich für die dicke Schicht Butter auf dem Brötchen entschuldigte, plötzlich traurig wurde, weil es mich daran erinnerte, dass Stu sich immer über meine Art, Brote zu schmieren, mokiert hatte. Als ich ihn frage, ob er mir beim Marathon hilft, erwarte ich nicht, dass er zusagen wird.

Abgesehen von der Seite, auf der die Infektionsrisiken aufgeführt sind, lese ich mir die restlichen Anweisungen im Vorfeld des Rennens nicht allzu ausführlich durch. Die Warnhinweise zur Leptospirose finde ich auf makabre Art faszinierend. *Nehmen Sie keine feuchten Leinen, Angelleinen oder andere Gegenstände in den Mund. Fassen Sie keine Injektionsnadeln an. Suchen Sie im Fall eines Vogelgrippeausbruchs einen Arzt auf, falls Sie unbeabsichtigt in Kontakt mit einem Vogelkadaver kommen.* Am Samstag, den 28. Mai, um acht Uhr ist es endlich so weit; ich bin bestens vorbereitet und liege mit meinem Boot in der Nähe des Gas-Street-Beckens, als wir den Briefumschlag mit dem Bordprotokoll und dem Fragebogen öffnen. Ich starte den Motor.

In diesem Moment wird mir klar, dass Buchhandelskunden wie Busse sind. Okay, der Vergleich mag hinken, aber hey, es ist acht Uhr morgens. Da wartet man drei Jahre auf Kunden und dann kommen gleich drei auf einmal. Die drei stöbern ewig durch den Laden, dabei lesen sie gar keine Bücher. Als noch jemand die Treppe herunterkommt, versuche ich sie allesamt hochzuscheuchen, aber nun beginnen sie mich zu fragen, wieso all meine Pflanzen hinüber sind und ob sie Fotos voneinander schießen dürfen, wie sie so tun, als ob sie lesen würden. Stu hat sich derweil verkrümelt. Dann kommen weitere Leute. Einer von ihnen entdeckt meine »Die Book Barge im Überblick«-Broschüre mit meinem Angebot, Bücher gegen Essen zu tauschen, und bietet mir kostenlose Mojitos im neuen Kanalquartier Brindleyplace an. Im Gegenzug will er keine Bücher, da er ohnehin nicht liest. Ich gebe auf. Und bringe den gesamten Tag bis zwanzig Uhr mit kubanischem Rum zu.

Auch wenn wir nun den anderen Teilnehmern zwölf Stunden hinterherhängen, habe ich einen neuen Schlachtplan, von dem ich immens überzeugt bin. Wir werden uns auf dem direktesten Weg nach Walsall begeben, und zwar in *Rekordzeit.* Damit werden wir das Komitee von den Socken hauen, da bin ich mir sicher. Bestimmt werden sie unseren Bug mit einer Girlande aus Minze und Limettenscheiben schmücken und unsere Einfahrt ins Ziel mit dreifacher Punktzahl versüßen. Stu entgegnet darauf, dass ich totalen Stuss erzähle und ob ich endlich mal den Mund halten könne, weil er sich die Übertragung des Champions-League-Finales anhört, die aber vor lauter Wind kaum zu hören ist. Während Stu das Ruder übernimmt, stecke ich sein Radio zwischen die toten Blumen, um es vor dem Wind zu schützen, was super funktioniert. Unter dem Heulen des Windes und dem Dröhnen des Motors wird der Jubel des Publikums, wenn ein Tor fällt, trotzdem geschluckt.

Barcelona gewinnt, wir fahren weiter. Als es zu nieseln anfängt, beschließe ich, Andy zu schreiben und einen

Umweg zu machen, um ihn zu treffen. Er wirft uns einen großen blau-weißen Golfschirm rüber. Stu und ich halten ihn abwechselnd.

Gegen 22 Uhr machen wir das Boot in einer Schleusentreppe nahe eines Kanalarms fest, der aufgrund chemischer Verunreinigung stillgelegt ist. All die Chemikalien tünchen das schwarze Wasser in den Farben eines toten Regenbogens. Als wir das Boot festmachen, meine ich, im Wasser das rosa Glücksbärchi zu sehen, das meine Schwester als Kind hatte und das auf dem Bauch einen Regenbogen trug.

Bevor wir an diesem Abend schlafen gehen, kommen wir mit zwei Männern ins Gespräch, die auf dem Weg zum Pub an uns vorbeikommen. Sie erzählen uns, dass erst vor ein paar Monaten an dieser Stelle ein Boot in Brand gesteckt wurde. Es sei ein schlechter Liegeplatz, sagen sie, und wir sollten weiterfahren. Aber wir lassen uns davon nicht beeindrucken und kriechen in unsere Schlafsäcke. Als mir die Augen zufallen, ist Stu noch lange Zeit wach und horcht gespannt auf alle murmelnden Stimmen, die draußen vorübergehen.

Letztlich verbrennen wir nicht in dieser Nacht auf unserem Boot. Aber irgendwann mitten in der Nacht zieht ein anderes Boot an uns vorbei. Als Stu den schwarzen Vorhang beiseite zieht, strömt das Licht der Stirnlampen der Besatzung herein und wir schämen uns ein wenig, weil wir für das Rennen keinen so großen Aufwand betreiben. Dafür werden wir das Ziel in Rekordzeit erreichen, erinnere ich Stu. Wir schlafen trotzdem mit dem Gefühl ein, dass unsere Methode wenig sinnvoll ist.

Am nächsten Morgen legen wir einen Zahn zu, während Stu mir Abschnitt 1.3 und 1.5 des Regelbuchs vorliest. Darin heißt es: *Alle Verordnungen, Gesetze und Vorschriften von British Waterways hinsichtlich der Verwendung von Booten auf Kanälen müssen eingehalten werden, einschließlich der korrekten Handhabung der Schleusen und Einhaltung der Geschwindigkeitsbegrenzungen.* Ich drossele das Tempo ein wenig. Er liest weiter vor: *Teilnehmer, deren Durchschnittsgeschwindigkeit die von British Waterways vorgeschriebenen Limits überschreitet, müssen mit einer Reduzierung ihrer Gesamtpunktzahl oder einer Disqualifizierung rechnen.*

So kriechen wir im Schneckentempo Richtung Walsall, zusätzlich gebremst durch die Algen, die sich um unsere Schiffsschraube wickeln. Ich fange an, den Kanal und die heruntergekommenen Fassaden der Gebäude entlang des Wegs zu mögen. Ihre Fenster sind braune Spiegel, die unser Spiegelbild einen Moment lang einfangen und festhalten – ein Junge und ein Mädchen und ein langes Boot mit verwuchertem grünem Dach. Dann reichen sie es an ihren Nachbarn weiter. So werden wir von einem zum anderen weitergereicht bis zum letzten Fenster, dem die Scheibe fehlt.

Insgesamt kommen wir auf sechs Stunden Fahrzeit. 24 Stunden haben wir damit verbracht zu schlafen beziehungsweise Mojitos zu trinken. Trotzdem bekommen wir am Ende, wie alle Teilnehmer, eine Bronzeplakette, die ich in meiner Handtasche verstaue, ehe wir frühstücken gehen und dann im strömenden Regen nach Birmingham zurückkehren.

Letztlich gewinnt den Marathon ein Mann namens John Hammond auf seinem Narrowboat *Muskrat,* zu Deutsch *Bisamratte.* In der indianischen Schöpfungsmythologie ist es die Bisamratte, die Schlamm aus der Tiefe des Wassers holte und damit die Grundlage für die Welt schuf. Alle anderen Tiere haben versagt.

11. MARATHON (TEIL II)

In der Ausgabe der *Boundary Post*, der Zeitung der Birmingham Canal Navigations Society (BCNS), vom Sommer 2011 steht im Vorstandsbericht, dass John bereits 2009 den ersten Preis gewann, sodass ich mir überlege, dass wir einen Sprengsatz in einem Einkaufstrolley verstecken sollten, um ihn nächstes Jahr etwas auszubremsen.

12. MARATHON (TEIL III)

In derselben Ausgabe der *Boundary Post* vom Sommer 2011 steht weiter: Der Wettbewerb wurde im Geiste großer Heiterkeit und Hilfsbereitschaft ausgetragen. Niemand musste abgeschleppt werden. 19 von 22 Booten erreichten das Ziel auf dem Walsall Town Arm, wo sie von Councillor Garry Perry und June Perry, dem Bürgermeister und der Bürgermeisterin, empfangen wurden.

Seit dem Marathon ist ein Monat vergangen, als ich Stu diese Zeilen vorlese. »Fällt dir irgendetwas Merkwürdiges an dem letzten Satz auf?«, frage ich perplex. »Ja.« Er nickt nachdenklich. »19 von 22 Booten haben das Ziel erreicht. Und trotzdem sind wir auf dem … *zwanzigsten* Platz gelandet. Das heißt, wir wurden von jemandem geschlagen, der nicht mal das Ziel erreicht hat?«

13. FAHRRAD (TEIL 1)

Ich bringe das Boot zu einem Ort namens Kingswood Junction, mein Freund Narsh hat versprochen, es von dort in den Kurort Lemington Spa zu überführen. Narsh meint, er habe bestimmt mehr Erfolg mit dem Bücherverkauf als ich, und er soll recht behalten. Unterdessen fahre ich, ein grobschlächtig aussehendes Lastenrad aus den 1930ern im Gepäck, mit dem Zug zur Cardigan Bay in Wales, um einen Mann namens Rob Penn zu treffen, mit dem ich vorhabe eine andere Art des mobilen Buchverkaufs auszuprobieren.

Viele Jahrtausende lang waren die Menschen, die außerhalb von Groß- und Universitätsstädten lebten, auf reisende Buchhändler angewiesen, um sich neues Lesefutter zu beschaffen. Knallbunt gekleidet, um Aufmerksamkeit zu erregen, zogen diese seltsamen Gestalten zu Fuß von Dorf zu Dorf, Körbe mit ihren Waren umgebunden oder, wie bei den deutlich fleißigeren Chinesen, knapp zwei Meter hohe, mit Wimpeln und Schleifen geschmückte Holzregale auf den Rücken geschnallt. Dieses nomadische Händlerdasein fasziniert mich. Irgendwie hat es etwas Missionarisches an sich. Als jemand, der als Kind Heilige werden wollte, reicht dieser missionarische Charakter aus, mich dafür zu begeistern.

Die Sache mit den Heiligen nahm, wie viele meiner Ideen, mit einem Buch ihren Anfang. Ich wurde katholisch erzogen, besuchte eine Klosterschule, die von einem Orden strenger deutscher Nonnen geführt wurde, und als ich mit sieben Jahren meine Erstkommunion empfing, erhielt ich als Geschenk einen Rosenkranz, der im Dunkeln leuchtete, sowie ein Kinderbuch über berühmte Heilige. Diese

Erzählungen über gewöhnliche Leute, die göttlichen Status erreichten, faszinierten mich. Wahrscheinlich erging es mir damals so wie Kindern heute mit Realityshows: Plötzlich schien der Weg zum Ruhm gar nicht mehr so schwer zu sein. Soweit ich das verstanden hatte, musste man, um Heilige zu werden, einfach einem besonderen »M«-Dreierset folgen: keinen Mann haben, keine Moneten haben und Missionierend durchs Land ziehen und stets und ständig allen Leuten ihre Fehler vorhalten. Angesichts meiner damals noch intakten Jungfräulichkeit und des bisschen Kleingelds in meinem Sparschwein war ich zuversichtlich, dass Papst Johannes Paul der II. mich heiligsprechen würde, sobald ich mich auf die Reise begab. Natürlich gab es noch eine vierte Qualifikation, auf die ich etwas weniger erpicht war: die erstbeste Möglichkeit zu ergreifen, um zur Märtyrerin zu werden.

Man sollte annehmen, zwanzig Jahre und ein erheblich geschwundener religiöser Eifer sollten dieser Fantasie von einem Leben auf Wanderschaft mit dem Evangelium in der Hand ein Ende gesetzt haben. Tatsächlich jedoch scheint mein Monat als fahrende Buchhändlerin diese Idee lediglich befeuert zu haben. Als ich in einem Newsletter des Penguin-Verlages lese, dass einer ihrer Autoren, Robert Penn, eine Fahrradtour nach Hay-on-Wye organisiert, um sein neues Buch zu vermarkten, empinde ich den überwältigenden Drang, ihn zu kontaktieren und ihn anzubetteln, ihn in seinem Tross begleiten zu dürfen. Ich biete an, seine Bücher zu transportieren und gleichzeitig zu verhökern. Mit anderen Worten werden wir zum fairen Verkaufspreis von nur 7,99 Pfund alle heidnischen Seelen retten, denen wir unterwegs begegnen. Der Autor erteilt meiner Bitte großzügig seinen Segen. Das Buch trägt einen angenehm heilsversprechenden Titel: *Vom Glück auf zwei Rädern.* Im Vorwort predigt Rob leidenschaftlich: »Wenn Sie je, und sei es nur ein einziges Mal, mit singendem Herzen auf einem Rad gesessen und sich wie ein gewöhnlicher Sterblicher gefühlt haben, der das Göttliche berührt, dann haben wir eine grundlegende Erfahrung gemeinsam.«

Wie bei den meisten Dingen steckt der Teufel im Detail. Die Frage, wie ich mit dem Fahrrad in gerade einmal vier Tagen und bepackt mit einem mobilen Minibuchladen von der Küste bis zur Grenze fahren soll, beschäftigt mich stundenlang. Kurzzeitig erwäge ich, es auf die altehrwürdig asiatische Art zu machen und mir eines von Ikeas allgegenwärtigen Billy-Regalen auf den Rücken zu schnallen. Oder es mit dem unglaublich wortspielgenialen B(a)uchladen zu versuchen. Oder an mein Damenrad einen Beiwagen zu montieren. Da fällt mir gerade noch rechtzeitig ein Fehlkauf bei eBay ein, woraufhin ich zur Garage meiner Eltern eile, um das schwarze Lastenrad hervorzukramen, das ich vor zwei Jahren ersteigert habe. Es hat ein winziges Vorderrad, das unsicher vor dem großen dahinhoppelt, und keine Gänge. Ich meine mich zu erinnern, dass Rob irgendetwas von den Cambrian Mountains auf unserer Route erwähnte. Falls das richtig ist, wäre eine Gangschaltung höchstwahrscheinlich praktisch, ebenso wie ein deutlich leichterer Rahmen.

Aber die positiven Aspekte überwiegen letztlich. Das Fahrrad hat vorn einen riesigen Korb, um die Kiste mit Büchern zu verstauen, und der Sattel ist schön breit und bequem. Außerdem habe ich den Schriftzug der Book Barge darauf aufbringen lassen, sodass allein die Werbewirksamkeit, wenn ich das Rad zuletzt vor dem Kunst- und Literatur-Festival in Hay abstelle, die Anstrengungen beim Überqueren der zwei, drei Berge wert ist. Um mich einzustimmen, fange ich mit H. G. Wells vergnüglichem Roman

The Wheels of Chance an und stelle mir vor, dass die bevorstehenden zwei Wochen Urlaub auf zwei Rädern eine ebenso vergnügliche Geschichte voller harmloser Abenteuer und größtenteils flachem Terrain werden. Wells, einst als *poeta laureatus* der Radler bezeichnet, schreibt in diesem Buch: »Selbsttäuschung ist das Narkosemittel des Lebens, während Gott unser Wesen formt.«

Intermezzo zu »Der Heiligen Leben: Sarah von Book Barge«

Sarah von Book Barge (geboren als Sarah Louise Henshaw am 10. Mai 1983) war eine englische Bücher(verkaufs)närrin und Laiin.

Im Alter von 27 Jahren verzichtete sie auf (verlor durch Misswirtschaft) all ihren weltlichen Besitz und ihre Kreditwürdigkeit und widmete stattdessen ihr Leben dem BUCH. Sie zog von Stadt zu Stadt, wo sie gegen das Teufelswerk Kindle predigte und reichlich Victoria Sponge Cake empfing.

Einst, als sie auf dem Regents-Kanal in Islington schlief, hatte sie eine Vision, ein Trunkenbold hätte ihre Leinen losgemacht. Als sie durch das Bullauge spähte, entdeckte sie, dass tatsächlich ein Trunkenbold ihre Leinen losgemacht hatte.

Bis zum heutigen Tage hat sie keinen Tropfen Blut geweint. Sie hat jedoch einmal Wodka von einem Teelöffel geschnupft, woraufhin sie einen Schwall Tränen vergoss, während der GEIST in ihr atmete.

Sarah wurde offiziell kanalisiert am 20. September 2011, als sie in Manchester in das Castlefield-Becken fiel, nachdem sie die ganze Nacht durchgemacht hatte. Wie durch ein Wunder gelang es ihr, sich beim Fallen am Dollbord festzuhalten, und sie entging somit einer vollständigen Taufe. Auf diese Weise der Weil-Krankheit knapp entronnen, beschloss sie, eine Kolonie für gleichgesinnte Menschen mit panischer Angst vor Rattenpipi zu gründen, die sie Die Burton-Gesellschaft für Literatur und Nagetierpipi-Tod *nannte, was im Übrigen ein hervorragender Titel für einen Bestseller wäre. Nachdem sie den Titel vorgestellt hatte, soll sie ausgerufen haben: »Klopfen Sie an und schon schlägt Ihnen der Agent die Tür vor der Nase zu.« Wegen dieser unverblümten Kritik an der Verlagsbranche wird sie von anderen erfolglosen/ Möchtegern-Schriftstellern bis heute verehrt.*

Der Onlinebuchhändler Kobo hat sie überlebt.

14. FAHRRAD (TEIL II)

Was mir allerdings wirklich Sorgen macht, ist meine Fitness. Während ich früher regelmäßig mit dem Rad zum Boot fuhr, als es noch im Hafen lag, hatte ich das Rad gegen Buslinie 7 getauscht, als ich wieder bei meinen Eltern einzog, die weiter weg wohnten. Meine Kondition ist in den Keller gesunken und meine Mundwinkel sinken ebenfalls, wenn ich nur an die 190 Kilometer lange Fahrradtour denke. Wenn ich andere Radfahrer mit ihren exotischen Lycra-Skinsuits und den wunderschön gebogenen Hörnerlenkern sehe, empfinde ich, was Hemingway bei seiner ersten Afrika-Safari verspürt haben muss: den blutrünstigen Drang, sie einfach abzuknallen und auszustopfen, diese furchtbaren, furchteinflößenden Kreaturen.

Stattdessen beiße ich die Zähne zusammen und eifere der Optimismus-Queen unter den Heiligen nach: Juliana von Norwich. Juliana war ungefähr in meinem Alter, als sie ebenfalls dem Tod ins Auge blickte. Sie war schwer krank und hatte beinahe aufgegeben, als sie mehrere intensive Visionen hatte, in denen ihr Gott erschien und Folgendes offenbarte: »Alles wird gut sein und alles wird gut sein und aller Art Dinge werden gut sein.« Nicht unbedingt das markanteste Schlagwort, aber es hat dieses gewisse Etwas, das mir gefällt. Juliana schrieb diese Botschaft neben anderen spirituellen Dialogen nieder und schuf damit das vermutlich erste Buch in englischer Sprache, das von einer Frau geschrieben wurde.

Juliana hatte noch viele andere interessante Gedanken, die sie zu Papier brachte, wie den, dass wir scheitern müssen, um dazuzulernen. Und um zu scheitern, müssen wir unweigerlich sündigen. Auch wenn sich seither Tausende andere Autorinnen in den von ihr begründeten Frauenliteraturkanon eingereiht haben, komme ich nicht umhin zu denken, dass ihre beiden Themen, dass a) alles gut wird und b) man nicht zu streng zu sich sein sollte, noch immer die wichtigsten Gedanken sind, die ich je gelesen habe.

Denn am Ende *wird* alles gut. Das weiß ich, sobald wir losfahren und die Sonne mir auf den Pelz scheint. In Lampeter kaufen wir Eis bei Conti's und gehen im Elan Valley schwimmen. Dazwischen treten wir in die Pedale, bis unsere Beine zu Gummi werden. Wenn es bergauf geht, tausche ich manchmal das Rad mit einem der Männer. Manchmal schiebe ich mein Rad auch einfach hoch, die Arme ausgestreckt, den Kopf gesenkt, als ob ich in den grauen Asphalt der Straße abtauchen wollte.

Es sind glückliche Tage. Gleich zu Anfang verkaufe ich ein paar Bücher und kaufe mir eine Sonnenbrille mit weißem Plastikgestell sowie eine deutsche Schreibmaschine und erfinde eine Geschichte dazu, dass ich schon immer eine haben wollte. In Wirklichkeit komme ich mir einfach doof vor, weil sie schwer ist und meine Beine schon genug wehtun auch ohne das Zusatzgewicht vorn im Korb. In einer Stadt machen wir zum Mittagessen Halt an einem Pub und setzen uns draußen vor dem Lokal an die Picknicktische. Am Nachbartisch trinkt eine Gruppe von 17- und 18-Jährigen, die uns böse Blicke zuwerfen. Vielleicht weil unsere Räder wild durcheinanderstehen oder weil wir so verschwitzt aussehen oder so. Jedenfalls frage ich sie, ob sie vielleicht ein Buch kaufen möchten, woraufhin sie peinlich berührt lachen und Witze machen. Sie legen schließlich aber zusammen und kaufen eins. Als Rob von der Bar zurückkommt, rufen sie ihn zu sich, damit er es signiert. Er muss all ihre Namen hineinschreiben, was gar nicht so einfach ist, weil es walisische Namen sind. Die Jugendlichen stehen um ihn herum und buchstabieren ihm jeden Namen einzeln, während er sie alle wiederholt, ehe er sie ins Buch schreibt. Wir sitzen derweil an unserem Tisch und lachen uns schlapp, weil er noch stärker ins Schwitzen gerät als auf dem Rad.

Am letzten Tag halten wir vormittags für einen kurzen Snack. Robs Sohn und ein anderer Junge denken sich ein Spiel aus. Sie lassen ein hart gekochtes Ei vom Rand der Wiese auf die Straße rollen und warten, bis es zerquetscht wird. Anfangs kichern wir noch, aber mit jedem Mal, wenn ein Auto das Ei knapp verpasst hat, steigt die Spannung. Ich finde, dass das Ei wie ein todesmutiger Matador aussieht. Letztlich kommt ein Lkw angefahren, woraufhin wir »Buh« rufen, weil das Ei keine Chance hat. Als wir uns wieder auf die Räder schwingen, radelt Rob voraus, um rechtzeitig zu seiner Rede beim Festival da zu sein.

Als ich eintreffe, kann ich mich kaum noch auf den Beinen halten, schaffe es aber ins Zelt, noch ehe Rob an der Reihe ist. Als er auf die Bühne kommt, höre ich noch den Anfang seines Vortrags und schlafe dann ein. Als ich wieder aufwache, hält Rob noch immer seinen Vortrag und redet gerade über mein Fahrrad, »das Biest« genannt, mit dem ich die Gruppe seit Cardigan begleite, und bittet mich, aufzustehen, da ich für dieses störrische Rad einen Applaus verdient hätte. Und das tue ich. Die Leute klatschen und grinsen, während ich dastehe und wie eine Heilige schlaftrunken lächle.

Bevor ich Hay-on-Wye verlasse, kaufe ich in einem Antiquitätenhandel einen alten Kinderwagen mit dem Gedanken, dass, falls ich je mein Boot oder mein Rad verlieren sollte, ich darin immer noch bequem ein paar Bücher transportieren und von Stadt zu Stadt schieben könnte. Ich bin nicht mehr zurechnungsfähig. In Leamington Spa hole ich bei Narsh meine Bootsschlüssel ab und fahre meinen Laden den Kanal hinunter in ein kleines Dorf in Warwickshire namens Radford Semele, weil mir ein Mann von British Waterways gesagt hat, dass ich dort sicher liegen kann. Mittlerweile ist einer meiner Arme auf die doppelte Größe angeschwollen und glutrot von der Sonne, die in Wales auf mich heruntergebrannt hat. Ich beschließe, eine kleine Pause einzulegen, fahre mit einer Mitfahrgelegenheit nach Hause und schlafe zwei Tage durch, ehe mich meine Mum mit dem Kinderwagen und wieder auf Normalmaß zurückgeschrumpften Gliedmaßen zum Boot zurückfährt.

15. SAPPERLOT!

Mehrere Wochen lang hatte ich eine wunderschöne in Leder gebundene Ausgabe von *Der Graf von Monte Christo* bei mir im Laden liegen. Das war noch bevor ich auf das Boot umzog, insofern hatte ich das Buch für mich besorgt, da ich mir damals beim besten Willen nicht vorstellen konnte, dass sich irgendjemand in den Hafen von Burton-upon-Trent verlaufen und 25 Pfund dafür ausgeben würde. Die Ausgabe war mit einem Lesebändchen aus Satin und Goldschnitt ausgestattet. Das Buch hatte insgesamt 1.072 Seiten, von denen jede einzelne an der Schnittkante vergoldet war. Es war ein echter Blickfang und viele Leute griffen danach und merkten an, wie schön es sei.

Eines Tages kam eine Frau mit ihrer Tochter in meinen Laden. Die Tochter, die 16 war, hatte bereits zuvor bei mir vorbeigeschaut und wir hatten uns über unsere Lieblingsbücher unterhalten. Daran erinnerte sie mich nun, als sie mit dem *Graf von Monte Christo* in der Hand an meinen Schreibtisch kam. »Sie hatten doch gemeint, das müsse ich unbedingt lesen«, lächelte sie. »Deshalb würde ich es gern kaufen.« Aus unerklärlichem Grund war ich wütend. Von allen Titeln, die ich an dem Tag genannt hatte, musste sie sich ausgerechnet Dumas merken und ausgerechnet diese Ausgabe aussuchen. Mir lag wirklich viel an dem Buch. »Das ist eine ganz schöne Stange Geld«, sagte ich. »Wieso nimmst du nicht die Taschenbuchausgabe daneben? Oder ich könnte dir ein echt günstiges gebrauchtes Exemplar für 2 oder 3 Pfund besorgen.«

»Schon okay.« Sie lachte. »Der Preis macht mir nichts aus. Schau nur, wie hübsch es ist, Mum«, sagte sie und winkte ihre Mutter ebenfalls an meinen Schreibtisch heran.

Nun standen wir alle drei über dieses Buch mit seinem hinreißenden blauen Rücken und den golden schimmernden Seiten gebeugt. Als das Mädchen mit den Fingern über das Cover strich, konnte ich nicht anders und zerrte es unter ihren fummelnden Fingern hervor. »Warum überlegst du es dir nicht noch ein paar Tage?«, hörte ich mich ruhig fragen. »Es läuft dir ja nicht weg. Ich kann es für dich zurücklegen.« Perplex verließen beide Frauen das Geschäft.

Eine Woche später kam ihre Mutter zurück und nahm es still aus dem Regal heraus. Als sie es auf den Schreibtisch legte, flehte ich sie mit den Augen an, aber sie war fest entschlossen und zahlte zügig in bar. Ich fühlte mich, als hätte man mir etwas gestohlen, aber das war natürlich albern, schließlich war dies ein Buchladen, dessen Zweck darin bestand, Bücher zu verkaufen.

Ich schicke diese Geschichte voraus, weil ich sofort sehe, *dass* etwas gestohlen wurde, als ich mit meiner eigenen Mum und meinem neuen alten Kinderwagen auf dem Boot ankomme. Das Schloss an der Hecktür ist aufgebrochen und einer der Vorhänge drinnen heruntergerissen. Als ich die Treppe hinunterblicke, sehe ich, dass die Eindringlinge ein völliges Chaos angerichtet haben.

Mein erster Impuls ist es, den Motor anzuwerfen und Radford Semele so weit wie möglich hinter mir zu lassen. Ich will einfach nur immer weiter und dabei zusehen, wie das Boot einen wedelnden Schwanz Wasser hinter sich herzieht und vor uns alles ruhig und friedlich daliegt. Auch wenn wir nicht besonders schnell fahren und nie mehr als einen Katzensprung vom Treidelpfad entfernt sind, können uns solche Dinge nicht berühren, wenn wir unterwegs sind.

Aber meine Mum überredet mich, die Polizei anzurufen, und geht derweil zu dem einzigen anderen Boot in Sichtweite hinüber, das ungefähr 25 Meter vor uns vertäut liegt. Nach dem Anruf versuche ich, den Motor zu starten, aber auch daran haben sie sich zu schaffen gemacht. Die Kabel sind durchtrennt und Teile fehlen, auch wenn ich nicht weiß, was, da ich über den Motor nie mehr wusste, als welche Farbe er hat. Blau. Meine Mutter kommt zurückgeeilt; sie sieht erschrocken aus. »Da sind mindestens zwei Männer drüben auf dem Boot. Sie haben mir gedroht, sie würden die Hunde auf mich hetzen, dabei wollte ich nur fragen, ob sie etwas gehört haben.«

Wir setzen uns an den Bug des Boots und warten auf die Polizei. Nach ein paar Minuten kommen die beiden Männer von dem anderen Boot zu uns, ohne ihre Hunde. Ich erzähle ihnen, dass jemand in mein Boot eingebrochen ist, woraufhin sie meinen, dass bei ihnen auch ein paar Dinge gestohlen wurden, unter anderem Angelausrüstung, die sie draußen gelassen hatten. Aber als ich ihnen sage, sie könnten den Diebstahl gleich der Polizei melden, fällt ihnen ein, dass ihr Vorfall schon einen Monat her ist und sie die Polizei damit nicht behelligen wollen.

Ich blicke dem Größeren von beiden in die Augen und weiß Bescheid. »Wieso liegt ihr eigentlich hier?«, frage ich.

»Unser Motor ist kaputt und wir warten auf ein Ersatzteil.«

»Habt ihr es inzwischen?«

»Ja. Vielleicht. Wir müssen noch probieren, ob es passt.«

Ich starre ihn weiter an, meine Mum mittlerweile ebenfalls.

»Dann ist das also eine Art Geschäft?«, fragt der Mann.

»Ein Buchladen.«

»Darf ich mich mal umschauen?«

»Nicht, solange die Polizei nicht da war.«

»Schade. Ich hätte für meine kleine Tochter echt gern das kleine Buch gekauft, das bei dir in der Kinderabteilung steht. Das mit dem Pferd auf dem Cover. Darüber würde sich meine Kleine riesig freuen.«

»Woher weißt du von dem Buch? Du warst doch nie drin.«

»Ach, das habe ich vom Fenster aus gesehen.« Aber das kann er gar nicht, weil immer noch alle Vorhänge da hängen, bis auf den auf der anderen Seite des Boots, der heruntergerissen wurde.

Ich kann das Blut in meinem Inneren rauschen hören. Meine Hände sind ganz bleich, weil alles Blut nach innen gewichen ist, um Sturm zu laufen.

»Hübschen Kinderwagen hast du da«, sagt der Kleinere.

»Kannst ihn mir ja abkaufen.« Beide schauen überrascht, erheben aber keinen Widerspruch.

»Wie viel?«

Ich blicke auf den Kinderwagen, an dem immer noch das 15-Pfund-Preisschild hängt. Rache zu beziffern, ist nicht einfach. Das Geld, mit dem sie mich bezahlen, stammt aus dem dicken Stapel an Scheinen, den Narsh für mich verdient hat, während ich in Wales war. Es waren die zweithöchsten Wochenendeinnahmen seit Eröffnung des Ladens. Der große Mann steckt den Rest zurück in die Hosentasche seiner Jeans. Der Kleinere will mir die Hand geben. »Nichts für ungut, mh?« Beide gehen in Richtung der Straße davon und kurz darauf hören wir, wie ein Motor startet, und dann sehen wir einen Transporter, der über die bucklige Brücke fährt. Als die Polizei eintrifft, erzählen wir ihnen alles und bis heute kocht mein Blut, weil sie letztlich nichts unternehmen.

Da mein Motor nicht funktioniert, hilft mir meine Mutter, das Boot mit Seilen raus aus Radford Semele zu ziehen.

Die Hunde auf dem anderen Boot fangen an zu bellen, als wir an ihnen vorüberkommen. Als meine Mum weg ist, hebe ich die geplünderte Kasse vom Boden auf und stelle sie wieder auf den Schreibtisch. Es ist eine altmodische Kasse, die klingelt, wenn man die Schublade öffnet. Ich öffne und schließe sie, öffne und schließe sie, immer und immer wieder. Der Klang des Erfolgs. Allerdings ist es eine lausige musikalische Untermalung dieser Szene. Ich lege die 25 Pfund hinein, die ich für den alten Kinderwagen bekommen habe, und mache die Kasse wieder zu.

16. HAFERFLOCKEN

Alles in allem haben sie dreihundert Pfund in bar sowie die Blackbox, die für das Heizsystem zuständig ist, und die Blackbox, die den Strom umwandelt, gestohlen, den Motor beschädigt und obendrein noch eine Kamera abgestaubt. Buch um Buch wurde auf den Regalböden verschoben, umgekippt, auf den Boden geworfen. Dort liegen sie nun, aufgeklappt und durcheinandergewürfelt, die Buchrücken von diesem Trauma gezeichnet.

Ich schaffe es, das Boot nach Long Itchington zu schleppen, und verbringe ein paar Tage damit, alles zu reparieren. Stu bastelt mir ein Schlagholz aus Eiche, um künftige Eindringlinge abzuhalten, aber während ich auf den Techniker warte, schlage ich damit nur Müsliriegel. Ich habe bergeweise Müsliriegel in meinen Schränken, die Leute schenken mir dauernd welche. Dabei mag ich Müsliriegel nicht. So überhaupt nicht.

Nachdem der recht heiße Techniker wieder weg ist, feuere ich noch ein paar Nutri-Grain-Müsliriegel mit dem Schlagholz über den Kanal und frage mich, ob ich mich nicht anderweitig austoben sollte. Ich mache mich mit meinem Laptop auf den Weg zum Pub, um den Akku aufzuladen, und google »sich austoben«, um herauszufinden, was das Internet dazu zu sagen hat. In einem Thread bei Mumsnet.com stoße ich auf eine Diskussion darüber, ob man mit möglichst vielen Männern geschlafen haben sollte, ehe man sich auf einen Typen festlegt. Lauter Leute ziehen in dem Thread über die Beziehungen ihrer Freunde her, preisen ihre eigene und ignorieren generell die eigentliche Frage.

Die Seite ist ziemlich verwirrend. Alles wird abgekürzt. Es dauert eine ganze Weile, bis ich kapiere, dass DP für »Darling/Dear Partner« und nicht »Displaced Person«, also Flüchtling, steht, was mich ungemein beruhigt. Allerdings wäre ich wohl schneller darauf gekommen, wenn die Darling/Dear-Gefühle inmitten all der gehässigen Kommentare leichter zu erkennen gewesen wären. Zur Sicherheit schaue ich im Mumsnet-Glossar nach. Wer hätte gedacht, dass Zervixschleim (ZS) spinnbar ist?

Als meine Freunde Laura und Graeme mich eine Woche später eines Abends besuchen kommen, unterhalten wir uns darüber. Inzwischen liege ich in Lower Heyford, einem kleinen Dorf in Oxfordshire mit hübschen Häusern mit Reetdächern und karamellbraunen Fassaden. Ein beschaulicher Ort, in dem alles seine Ordnung hat – selbst die großen Schilfrohre, die wie ein Lattenzaun das Ufer neben meinem Boot säumen. Wir sitzen hinter dem Schilf an der Spitze des Boots und beobachten die hektisch vorbeischwimmenden Enten. Graeme findet, ich sollte den Techniker anrufen. Aus irgendeinem Grund nennt er ihn Brian, auch wenn er anders heißt. Ein paar Stunden und Drinks später kann ich mich selbst nicht mehr an seinen eigentlichen Namen erinnern und nenne ihn ebenfalls Brian. Graeme findet, ich sollte Brian heiraten und mit ihm Kanalbabys kriegen. Seine Vision meines künftigen Liebeslebens beinhaltet einen schlammverschmierten Schwimmbaggerfahrer, keinen Geschäftsmann oder Gärtner. Naserümpfend weise ich ihn darauf hin, dass Brian äußerst reinlich daherkam und Techniker ist, nicht Baggerfahrer, aber nach einer halben Flasche Southern Comfort ist Graeme nicht mehr imstande, diese Unterscheidung anzuerkennen, fängt an, sich zu langweilen, und radelt zum Hotel zurück.

Laura schenkt mir derweil weiter ein und wir kehren zum Thema Beziehungen zurück. Ich glaube, niemand versteht besser als sie, wieso es mit Stu aus ist und wieso ich über die Kanäle Englands schippere und vorgebe, auf einen Techniker zu stehen. Wir sind ungefähr im selben Alter und beide Menschen, die der Magie der Möglichkeiten verfallen sind. Außerdem ist sie das, was ich »beständig unbeständig« nenne. Jemand, der erkennt, dass die Welt ein üppiges Büfett an Auswahlmöglichkeiten ist, aus dem sie alle fünf Minuten ein anderes Fingerfood wählt und begeistert über jedes Cocktailwürstchen und Blini ausruft: »Das wird meinen Appetit stillen ... Nein, das hier. Oder vielleicht nehme ich doch einfach eine Minipizza.« Und so ziehen wir von einem reich gedeckten Tisch zum nächsten und sind wieder die kichernden Hochzeitsgäste, als die wir uns kennenlernten. Damals hatten wir uns gegenübergesessen und am Wein und den Ecken der Platzdeckchen und allem Möglichen herumgefummelt, um uns von den langweiligen Reden abzulenken und unseren schuldbewussten Schluckauf zu unterdrücken. Und als wir beide hochsahen und erkannten, dass wir dasselbe dachten, konnten wir das Lachen nicht mehr unterdrücken.

An diesem Abend in Lower Heyford reden wir über unser Lieblingsthema: die Zukunft. Laura ist Bergsteigerin und überlegt, ihren Job aufzugeben, um nach Wales zu ziehen. »Ich will auch mitkommen«, rufe ich aufgeregt dazwischen. Gemeinsam malen wir uns aus, wie unser Leben dort sein wird – den ganzen Tag umherrennen zwischen Heuballen, Wasser, Gras. Aus Angst, dass der Abend sich dem Ende zuneigt, schlage ich vor, die verzierten Holzboote von drinnen zu holen und anzuzünden. Und so setzen wir sie aufs Wasser, bemannt nur mit einem einzigen Streichholz, und stupsen sie mit Stöcken an, um sie auf die Reise zu schicken. In der Mitte des Kanals leuchten ihre Stoffsegel gelb auf, woraufhin wir jubeln und mit unseren Ästen ins Wasser patschen. Eins nach dem anderen kippen die Boote um und die dünne Haut des Wassers löscht ihr Licht.

Glücklich gehen wir zu Bett, gleichzeitig ist uns speiübel. Das Boot schaukelt und auf dem Gipfel jeder Aufwärtsbewegung stelle ich mir vor, ich könnte die Felder und das sattgrüne Gras sehen. Höher, immer höher; ich möchte hineinspringen, kreische ich zu Laura hinüber, die neben mir mitschwingt. Und so geht der Traum weiter, bis die Gegenwart erschöpft ist und aufhört, uns anzuschubsen.

17. MILCH

Der nächste Tag endet trister. Nachdem ich am frühen Nachmittag von Laura Abschied genommen habe, fahre ich weiter auf dem Oxford-Kanal durch den Wald. Im Wasser liegen heruntergefallene Äste und im Schatten der Bäume sieht es so aus, als würden Ratten darüber hinwegkrabbeln. Hier und da dringt die Sonne durch und ich hüpfe wie üblich barfuß von einem Bein aufs andere, weil der schwarze Stahlboden über dem Motor enorm heiß wird. Da ich mich auf einem ruhigen Abschnitt des Kanals befinde, stöpsele ich meinen iPod ein, singe wild mit und versuche, mein Hüpfen in ein Tanzen umzuwandeln. Ich stehe oft singend am Heck. Wenn ich durch Tunnel fahre, singe ich immer aus voller Kehle, um mir selbst Mut zu machen, weil ich große Angst habe, dass die Wände immer näher und näher rücken und das Boot eingeklemmt wird und die Leichen von unzähligen Mordopfern aufsteigen und mich mit ihren schleimigen Händen erwürgen. Darin besteht die Macht der Musik, Horrorvisionen wie diese wieder zurück ins Flussbett zu verbannen, wo all die Leichen liegen.

Und so trällere ich weiter fröhlich unter der Cleeves-Brücke und der High-Bush-Brücke und selbst als ich die großen Tore an der Dashwood-Schleuse aufzerre. An der Northbrook-Brücke versuche ich, freihändig zu navigieren, indem ich mein Kreuz gegen das Steuer presse, und applaudiere mir hinterher selbst für diese Meisterleistung. Während ich darauf warte, dass sich die Schleuse leert, strecke ich mich auf dem Boot aus und spüre das kaschmirsanfte Streicheln der Sonne auf meinen nackten Armen und

Beinen und grinse nach oben in den gesichtslosen Himmel. Ich grüße die New-Brighton-Brücke und die Old-Brighton-Brücke und sogar die Rohrbrücke neben dem stillgelegten Steinbruch und lege schließlich an der Pigeon-Schleuse bei Kirtlington an.

Das traumhafte Wetter hält noch bis zum Abend und so mache ich mich auf den Weg, um Milch bei einem Gehöft zu holen, das ich beim Vorüberfahren gesehen habe. Der Weg dorthin ist gesäumt von einer Hecke, aus der Grillen-Pop ertönt. Wie immer bei Open-Air-Konzerten geht der Sound sofort ins Ohr, auch wenn Grillen nur vier Hits haben. Zwei handeln von der Hoffnung, jemanden flachzulegen, einer davon, gerade flachgelegt worden zu sein, und der letzte ist eine echt wütende Rage-Against-the-Machine-mäßige Nummer, die andere Typen fernhalten soll. Soweit ich das beurteilen kann, sind es aber meist Typen, die genau auf diese Art von Musik abfahren, insofern sollten die Grillen-Herren vielleicht ihre Strategie überdenken. Der Song, der aktuell läuft, klingt nach einer der Hoffentlich-kann-ich-heute-eine-flachlegen-Nummern und man kann ganz eindeutig Barry-White-Einflüsse heraushören. Ich sitze rund zehn Minuten vor der Hecke und applaudiere höflich, ehe ich aufstehe.

Als ich an dem Gehöft ankomme, ist es so bezaubernd, wie es vom Kanal aus aussah. Neben Hühnern und einem Jersey-Rind stehen auf dem Hof ein paar Morris-Minor-Oldtimer, ein süßer Wohnwagen und an die Wand angelehnt große Wagenräder. Außerdem gibt es so eine Art Küche im Freien und drumherum abgedeckte Tische, über denen von den Bäumen Stoffwimpel und Einmachglas-Laternen baumeln. Ich kann nicht anders, als jedes einzelne Detail zu bestaunen, bis eine Frau namens Jane herauskommt und mich fragt, was ich will. Ich erzähle ihr von dem Boot und dass ich Milch brauche, woraufhin sie in die Hände klatscht, mich zusätzlich mit Kuchen überhäuft und mir eine Schere gibt, damit ich mir einen Strauß Duftwicken in ihrem Garten abschneiden kann.

Jane hat auch ein Boot. Früher hat sie darauf mit ihrem Mann, einem Radmacher, gelebt, bis sie dieses Stück Land kauften und nach und nach die Schuppen zu Unterkünften ausbauten. Heute beherbergt einer der Schuppen ein winziges Geschäft für Marmeladen und andere Konserven. An Sonntagnachmittagen öffnet Jane den Hof für Gäste und bietet Scones mit Marmelade sowie Lunch an.

Als ich zurück zum Boot gehe, fällt mir nur ein Tag ein, an dem ich noch glücklicher war als in diesem Moment. Als ich 21 wurde, war Stu mit dem Auto zu mir an die Uni gefahren. Er hatte ein Zelt dabei, das wir in der Dunkelheit am Fluss aufschlugen, und dann aßen wir meinen Geburtstagskuchen, während unsere ineinander verschlungenen Beine aus dem Zelt hingen. Am nächsten Morgen gingen wir am Wasser entlang zurück, die Hände zu voll mit Geschenken, um Händchen zu halten. Stu schwang den CD-Player in seinen Händen und ich zog ihn für seine Musikauswahl auf. Ob der dröhnenden Musik musste er schreien, um sich Gehör zu verschaffen, während die Sonne auf seiner Schulter saß und die Augen in meine Richtung verdrehte. So liefen wir zurück zum Studentenwohnheim, er singend, ich vor Glück sprühend. Die Sonne blieb einfach den ganzen Tag auf seiner Schulter sitzen.

Nachdem ich die Duftwicken in einer Vase zu meinen Füßen neben meinem Schlafsack abgestellt habe, setze ich mich mit meiner Milch vorn aufs Boot, während sich die Nacht herabsenkt. Ich denke weder an die Zukunft noch an die Vergangenheit. Im Schneidersitz auf dem Metallboden sitzend, lege ich den Arm um *Josephs* Holzschultern. In diesem Moment erscheint mir die Book Barge und alles drum herum so eindeutig wie das Schwarz seiner Außenhaut und das Weiß meiner Milch. Ganz still sitze ich da und mein Geist ist so klar wie der Tag. »Vielleicht werden wir endlich erwachsen«, flüstere ich *Joseph* zu, als ich im Bett liege. »Vielleicht werden wir langsam weise.« Am Sonntag werden es zwei Jahre sein, seit ich den Buchladen eröffnet habe.

18. THEMSE

Dies ist der Teil der Geschichte, in dem ich nach London gehe und mein Glück mache, denn die Treidelpfade dort sind mit Gold gepflastert.

Unterhalb von Oxford geht es die ganze Zeit die Themse entlang. Das einzig Spektakuläre an diesem Fluss ist, dass alle Schleusen bemannt sind. Die Kehrseite der Medaille ist, dass man für diesen Luxus zahlen muss – zusätzlich zu den achthundert Pfund und ein paar Zerquetschten, die ich jährlich an British Waterways entrichte, gibt es eine eigene Gebühr. Als ich herausfinde, wie viel ein Nummernschild für den Zeitraum kostet, den ich anpeile (knapp über einen Monat), macht mein Gesicht seltsame Zuckungen. Meine Kieferlade klappt nach unten und in meinen Augen tritt das Weiß hervor. So viel Geld habe ich nicht. Also überreiche ich einfach alle Scheine, die ich habe. Der Schleusenwärter rechnet aus, dass ich dafür ein paar Tage bleiben darf, und ich beschließe, dass das fürs Erste reichen muss, bis ich einen Plan habe. Und tatsächlich habe ich einen Plan, als ich bei der nächsten Schleuse eintreffe, und füge beim Ablaufdatum oberhalb der »0« im gleichen Blauton mit Textmarker einen kleinen Kreis hinzu. Dadurch habe ich acht Tage mehr Zeit. Das heißt aber auch, dass ich mir jedes Mal, wenn sich die Flussverwaltungsbeamten das Dokument allzu genau anschauen, ein ausgeklügeltes Ablenkungsmanöver überlegen muss. Etwa mit einem lauten Platsch beiläufig Bücher über Bord gehen lassen. Oder mein gewinnendes Lächeln zur Schau tragen oder sie fragen, ob sie meine von den Seilen wund gescheuerten Hände sehen wollen. Das ist der kleine Preis, den man zahlen muss.

Ich kann schnell fahren – viel schneller als auf einem Kanal –, was mir gut zupasskommt, da mein Buchladen für Freitag um 18 Uhr für ein Event an der Camden-Schleuse gebucht wurde. Ich bin Montag von Oxford aus losgefahren und lege fünf Zehn-Stunden-Tage ein, um rechtzeitig anzukommen. Anfangs verschwende ich viel Zeit damit, 360-Grad-Umdrehungen zu machen, einfach nur so zum Spaß, weil ich es kann. Mit einem 18 Meter langen Boot hat man auf den engen Kanälen dazu kaum Gelegenheit. Außerdem entdecke ich, dass Schleusenwärter nur zu den Geschäftszeiten da sind. Wenn sie heimgehen, hängen sie ein großes »Selbstbedienung«-Schild ans Schleusentor. Das sollte bei all meiner Übung kein Problem sein, aber diese Schleusen sind anders: massiv und elektronisch betrieben. Beim ersten Mal stehe ich vierzig Minuten missmutig vor einem Bedienfeld, das einer Spielekonsole ähnelt, und drücke wahllos irgendwelche Knöpfe, um die richtige Reihenfolge herauszufinden. Regen peitscht auf mich herab. Als ich endlich die richtigen Knöpfe erwische, schießt das Boot mit dem abfließenden Wasser in die Mitte der Schleuse, sodass ich auf die andere Seite sprinten muss und mir erneut die Hände wund reibe, als ich das Boot an der mittleren Leine festhalte.

Ich mache noch weitere Fehler. So laufe ich oft auf Grund, weil ich den Ufern der kleinen Inseln zu nahe komme, die auf meiner Karte mit lauter Strichelchen und Punkten eingezeichnet sind. Manchmal laufe ich auch auf einer Sandbank auf. Konkret, als ich das »Anlegen verboten«-Schild in Abingdon ignoriere, das Boot gegenüber einem Pub festmache und hineinrenne, um die Toilette zu benutzen. Als ich mich wieder zu meinem Boot geselle, weigert es sich stur, mit der Nase voran gegen die Strömung anzukämpfen, und dreht sich stattdessen zur Sandbank. Alle Versuche mit Stocherstange, Bugstrahlruder, Rückwärtsgang und diversen Kombinationen aus allen dreien helfen nichts. Auf dem Dach sitzend und Wein schlürfend wäge ich meine Optionen ab. Auf dem nahegelegenen Gehweg bleiben Schulkinder stehen, um mich auszulachen. Eine Frau mit Pferdegebiss bildet mit den Händen einen Trichter vor dem Mund und ruft mir wenig hilfreich zu: »Entschuldigen Sie, Sie da, auf dem Fluss, ich glaube, Sie sind auf Grund gelaufen.« Schließlich kommt ein anderes Narrowboat vorbei, das mich abschleppt.

19. VÄTER (TEIL 1)

Entlang der Themse gibt es so viele große Häuser, dass ich unweigerlich an die denken muss, die man als Kind mit Buntstiften malt. Nicht die Rechteck-Dreieck-Kastenhäuser, die man in jüngeren Jahren malt. Ich rede von den Villen, von denen man als elfjähriges Kind der kapitalistischen Achtziger träumt, das mit dem Musical *Annie* groß geworden ist. Damals, als man sich nichts mehr wünschte, als dass die Eltern sterben, damit man zufällig von der Sekretärin des wohltätigen Millionärs Warbucks ausgewählt und in seinem Palast aufgenommen wird.

Es ist lange her, seit ich zuletzt diese Sehnsucht nach einem Waisenkinddasein hatte. Aber hier draußen auf dem Fluss fühle ich mich ziemlich allein und so spukt mir dieser Gedanke wieder im Kopf herum. Die Leute fragen mich oft, worüber ich nachdenke, wenn ich zehn Stunden allein am Steuer sitze, und meist ist es so blödsinniges Zeug. Um genau zu sein, beschäftigt mich die Frage, wer meine neuen Eltern wären, wenn ich jetzt Waise wäre. Angesichts des aktuellen Kontexts fände ich es schön, wenn der »Alte Vater Themse« ein Elternteil wäre. Ich habe Bilder seiner Statue gesehen, die an der St. John's-Schleuse steht. Sie wurde für die Weltausstellung 1851 gebaut und sieht ziemlich väterlich aus, sofern das möglich ist, wenn man nur ein lose um den Schambereich geschlungenes Tuch trägt und sich lässig eine Schaufel über die Schulter geworfen hat. Er sieht ziemlich schwul aus, aber dagegen habe ich nichts. Ich beschließe, dass der »Alte Vater Zeit« (er steht als »Wetterhahn« am Lord's Cricket Ground) gut zu ihm passen würde. Ähnliches

Alter. Dieselbe Vorliebe für wallende Gewänder und einen Rauschebart sowie für das Tragen von Gartengeräten, auch wenn es in seinem Fall eine Sense ist.

Am dritten Tag wache ich ein Stück südlich von Henley auf. Die jährliche Ruderregatta findet in einer Woche statt und als ich tags zuvor durch den Ort getuckert war, hatte ich gesehen, wie die Gästetribünen aufgebaut und daneben weiße Zelte flach ausgebreitet wurden. Ich hatte mein Boot zwischen zwei Bäumen vertäut und die Arbeiten bis spät in den Abend hinein beobachtet. An diesem Morgen werde ich von lautem Brummen geweckt. Mein erster Gedanke ist, dass bestimmt Bären meine vor sich hin faulenden Müsliriegel gewittert haben, sodass ich in meinem Schlafsack nach meinem Schlagholz greife und regungslos liegen bleibe. Das Brummen verebbt und ich entspanne mich. Aber fünf Minuten später höre ich es wieder. Natürlich habe ich inzwischen die Idee einer Bärenbedrohung verworfen. Wir sind hier schließlich im ländlichen Oxfordshire. Ob es vielleicht ein riesenhafter Hund ist, der Hund von Regattaville, der sich an einem der Bäume rubbelt? Langsam rutsche ich zum Fenster mit Blick aufs Ufer und lüfte einen Vorhang. Die Luft ist rein.

Inzwischen bin ich ganz fix und fertig von dem Brummen, das in regelmäßigen Intervallen an- und abschwillt. Ich schaue auf der anderen Seite nach. Nichts. Das heißt, warte mal ... Oha, und ob da *etwas* ist! Ein Meer von Männern! Ein Fluss von heißen Körpern! Unzählige! Ich reiße die Vordertür des Ladens auf und stehe da, splitterfasernackt von der Hüfte aufwärts, und nehme die synchrone Verführung tief in mich auf. Atemberaubender Fluss! Deine Frühstücksgroßzügigkeit kennt keine Grenzen. Falls ich noch letzte Zweifel ob meiner neuen Eltern hatte, so sind alle Ängste gänzlich beiseite gefegt. Vor meinen Augen entfaltet sich ein

Schauspiel, wie es einem nur die nettesten schwulen Daddys zum Geschenk machen können. Schnell ziehe ich mich an, setze mich in den Schatten und löffle genüsslich Vanillesoße direkt aus der Packung. Was für eine glückliche kleine Familie wir sind! Vater Zeit knetet mir die Schulter. Vater Themse kitzelt meine Füße. Die Jungs rudern derweil den ganzen Vormittag lang.

Vielleicht liegt es daran, dass ich zu spät loskomme und entsprechend in Eile bin, dass ich die beiden streitenden Männer auf der großen Segeljacht, die sich mit mir die Schleuse teilen, zunächst gar nicht bemerke. Ich zerre mit gesenktem Kopf an der Leine, um ihre protzige Jacht nicht mit den unberechenbaren Stahlfäusten meines Boots zu beschädigen. Doch ich bin überrascht, dass sie mir den Vortritt lassen, als sich die Schleuse geleert hat. Normalerweise können es Boote wie dieses gar nicht abwarten, voranzubrausen. Träge erwacht mein Motor zum Leben und ich fahre hinaus. Als ich zurückblicke, muss ich lachen, als ich sehe, wie sie sich in ihren Plastikfendern und Leinen verheddert haben. Es passiert selten, dass ich mich mit meinen Manövrierfähigkeiten überlegen fühle.

Ich begegne den beiden später immer wieder in Schleusen. An der Boulters-Schleuse lächeln wir einander zu und an der Bray-Schleuse erfahre ich, dass sie ihr Boot, das hunderttausend Pfund gekostet hat, gerade erst in Marlow abgeholt haben und nun zum St. Catherine's Dock in London überführen, wo sie ihre Frauen treffen und auf ihre Neuanschaffung anstoßen wollen. An der Boveney-Schleuse geraten sie erneut in Schwierigkeiten, als sie sich zwischen mehrere Motorjachten quetschen. Wie sie mir gestehen, haben sie noch nie ein Boot gesteuert und haben schon beim Verlassen des Hafens, wo sie die Jacht gekauft haben, das Bootsverdeck abgerissen und sich Kratzer im Rumpf geholt. Beide machen mir Komplimente zu meinem Fortschritt auf meiner Reiseroute. Langsam wachsen sie mir ans Herz, sodass ich darauf bestehe, dass sie diesmal vor mir die Schleuse verlassen.

Während ich durch Windsor hinter ihnen herfahre, werde ich allerdings nervös, als ich beobachte, wie sie auf den niedrigsten Bogen der vor uns liegenden Brücke zusteuern. Von hinten ist unschwer erkennbar, dass ihr Mast zu hoch ist und sie sich auf der Mittelspur halten sollten. Ich fange an zu brüllen, aber sie hören mich nicht. Als sie der Brücke näherkommen, übernehmen sie das mit dem Schreien jedoch selbst und ich sehe das Wasser verwirrt wirbeln angesichts ihres wilden Umkehrmanövers. Daraufhin breche ich in so heftiges Lachen aus, dass mein eigenes Boot gegen den mittleren Bogen der Brücke prallt und drinnen die Bücher von den Regalen fliegen. Noch schlimmer ist es abends, als wir anlegen. Immer wieder werfen sie mir ihre Leinen zum Ufer herüber, aber ihre miserable Treffsicherheit und meine vornübergebeugten Lachanfälle sorgen dafür, dass sie mir jedes Mal entwischen. Letztlich kriegt ein herbeieilendes Mädchen, neben dessen Boot ich angelegt habe, das Seil problemlos zu fassen, und das, obwohl sie in einer Hand einen Welpen trägt.

Während ich mich für den Pub umziehe, klopft einer der beiden Männer an meine Tür und fragt mich, ob ich die Nummer eines Technikers hätte. Er ist ziemlich mit den Nerven durch, denn der Motor lässt sich nicht abschalten. Ich gebe ihm die Nummer von dem heißen Typen, der mein Boot repariert hat, und freue mich, dass ich so eine Ausrede habe, ihn wiederzusehen. Bevor sie ihn anrufen, schaue ich mir die Sache jedoch selbst an. Neben dem Zündschlüssel befindet sich ein großer roter »STOPP«-Knopf. »Nur eine vage Vermutung«, sage ich und drücke das Offensichtliche. An diesem Abend laden sie mich zum Essen ein. Den Rest der Fahrt nach Teddington bleiben wir zusammen. Ich darf Wimbledon auf ihrem großen Plasmabildschirm gucken, während wir an den Schleusen warten, und bei jeder Gelegenheit trinken wir Sekt zusammen. Über Sekt und Tennis vergesse ich meine Väter Themse und Zeit völlig. Falls sie das verletzt, lassen sie es sich zumindest nicht anmerken.

20. VÄTER (TEIL II)

Mein echter Papa kommt mich in Kingston-upon-Thames besuchen. Nun, da er da ist, kann ich eine kleine Dickens-Szene nachstellen, die ich liebe, allerdings heimlich, damit er nicht denkt, ich brüte Gehirnfieber oder so was aus. Mein Vater hat einen geschärften Blick für solche Krankheitsbilder, schließlich ist er Arzt. Meine Mama ist Krankenschwester. Dank ihrer Lehrbücher, ihrer Anekdoten und der erschütternden Bilder von nekrotisierender Fasziitis in ihren Fachzeitschriften habe ich von klein auf hypochondrische Züge entwickelt. Die habe ich bis heute. Je länger ich am Steuer stehe und mir Sorgen mache, dass mein Papa bei mir Gehirnfieber vermuten könnte, desto mehr fürchte ich, dass ich es tatsächlich habe.

Gehirnfieber ist ein veralteter Begriff und stammt aus der viktorianischen Literatur. Die Diagnose stand damals für eine Reihe lebensbedrohlicher Krankheiten und wurde in der Regel mit einem schweren emotionalen Schock in Zusammenhang gebracht. Heute kennen wir sie in milderer Ausprägung als posttraumatische Belastungsstörung. Zur Zeit Dickens' war die Krankheit auch als »Railway Spine« bekannt, da diese Störung vor allem bei Überlebenden von Eisenbahnunglücken zu beobachten war. Dickens musste das am eigenen Leib erfahren. Am 9. Juni 1865 wäre er beinahe umgekommen, als sein Zug auf der Rückreise aus Paris durch einen Brückeneinsturz in Kent entgleiste. Körperlich unverletzt, eilte er anderen Passagieren mit einer Flasche Brandy und einem Hut voll Wasser zu Hilfe. Insgesamt kamen zehn Menschen ums Leben, vierzig wurden verletzt.

Der Unfall belastete Dickens sehr und sorgte nicht nur für einen zweiwöchigen Stimmverlust, sondern bremste auch seine Schreibwut. Im Nachwort des Romans, an dem er zu jener Zeit arbeitete, schrieb er: »Nie stand ich einem endgültigen Abschied von meinen Lesern näher als damals, bis man einst unter mein Leben jenes Wort schreiben wird, mit dem ich heute dieses Buch beendet habe: – ENDE«. Dieses Buch war *Unser gemeinsamer Freund.* Und der Anfang eben dieses Buches ist es, den es mich reizt nachzustellen.

Der Roman beginnt auf der Themse, nur ein Stück flussabwärts von hier, mit einem »Boot von schmutzigem, heruntergekommenem Aussehen mit zwei Gestalten darin«, namentlich die eines »kräftigen Mannes mit struppigem grauen Haar« und die eines »Mädchens [...], ihm hinreichend ähnlich, um sie als seine Tochter kenntlich zu machen«. Er hält den Blick auf den Fluss fixiert. Sie betrachtet sein Gesicht ebenso aufmerksam. Aber, wie Dickens schreibt, »in der Intensität ihres Blickes lag etwas von Furcht oder Abscheu«. Die beiden ziehen eine Leiche an Bord.

Genau diesen Gesichtsausdruck versuche ich jetzt nachzuahmen. Im Pastelllicht der Morgendämmerung blicke ich meinen Vater starr an, aber er deutet nur auf die Sehenswürdigkeiten von Richmond oder zählt die Flugzeuge am Himmel. Als ich schließlich doch seine Aufmerksamkeit ergattere – die Wangen bleich, das Kinn zittrig, eine Augenbraue *bestürzt* hochgezogen –, sagt er nur, ich sähe hungrig aus. »Schau mal drinnen. Mum hat ein paar Müsliriegel für dich in meine Tasche gepackt.« Offensichtlich weiß er mich nicht zu lesen.

Unser gemeinsamer Freund hat es mir aus allen möglichen Gründen schwer angetan, angefangen bei dem Fluss, der sich durch den Roman windet, bis hin zu der hoffnungsvollen Botschaft, dass man aus Müll ein wahres Vermögen machen kann. Es ist ein Buch über den Aufstieg aus den Müllbergen und die Auferstehung im Angesicht des Todes. Es wird kaum verwundern, dass ein solches Buch einer scheiternden schwimmenden Buchhändlerin wie mir gefällt. Außerdem ist da noch der eigenartige Charakter des Romans, seine Weigerung, gänzlich das eine oder andere zu sein. Dieses Zwischen-allem-Stehen. Das liegt auch daran, wie Dickens den Roman geschrieben hat – unter Abgabedruck und oftmals zusammenhangslos. An einer Stelle geht seine Fantasie mit ihm durch. Und dann hört sie ebenso abrupt auf. Es ist ebenso realistisch wie halluzinatorisch. Und dadurch sehr lebensnah.

Ich lernte für britische Verhältnisse relativ spät lesen, da ich erst ein paar Monate vor meinem sechsten Lebensjahr in die Schule kam. Davor nahm mich meine Mutter manchmal mit zur Arbeit. Während sie bei Schwangeren eine Ultraschalluntersuchung durchführte, spielte ich leise im Nebenraum. Zusätzlich zu meiner Tasche mit Spielzeug gab sie mir ein paar alte Röntgenbilder zum Spielen. Anhand dieser dunklen Folien lernte ich, dass Schwarz und Weiß ein Hilfsmittel waren, um etwas zu analysieren. Um Dinge wieder in Ordnung zu bringen. Um einem Menschen zu helfen, damit es ihm besser ging. Später, als man mir beibrachte, mir ein Blatt mit gedruckten Wörtern zu erschließen, waren die Buchstaben für mich wie kleine Knöchelchen, die richtig zusammengesetzt einen Menschen auf vielfältigste Weise wieder heil machen konnten.

Ich verspüre den überwältigenden Wunsch, meinem Dad diesen Gedanken mitzuteilen. Ich will nicht, dass er denkt, ich sei hungrig, unterkühlt, wütend oder irgendetwas anderes Besorgniserregendes. Ich will, dass er weiß, dass ich ebenso wie er flicken und nähen kann. Ich habe ein ganzes Erste-Hilfe-Set aus Gedichten, Kurzgeschichten, mysteriösen bunten Pillen voller Dramen und Teelöffeln mit Romanen. Ich will, dass er weiß, dass wir uns gar nicht so unähnlich sind. Dass ich ihn von klein auf beobachtet habe und seine Arbeit auf meine eigene Weise gelesen habe. Ich will, dass er *das* erkennt und mir sagt: »Das machst du prima, meine Tochter.«

21. CAMDEN

Ich bin voller Zuversicht, dass London meinem Geschäft guttun wird. In gewisser Weise *muss* es das. Langsam geht mir das Essen aus, ich brauche Geld für Diesel und ich muss die Rechnung meines Großhändlers begleichen, damit ich neue Bestellungen aufgeben kann. Gleichzeitig macht mich der Gedanke an London nervös. Nach der Uni habe ich ein paar Jahre dort gelebt, in einer kleinen Einzimmerwohnung in der Nähe von Kings Cross. Ich kann nicht behaupten, dass ich die Zeit bereue – es gab vieles, was ich wahnsinnig aufregend fand. Aber ich kann auch nicht behaupten, dass ich glücklich war. Ich hatte immer das Gefühl, die Stadt erwarte irgendetwas von mir, und versuchte, es ihr wann immer nur möglich recht zu machen. Also grub ich mich ein, tiefer noch, als die Schächte der dreifarbigen U-Bahnzüge reichten, und baute mir mein eigenes Netzwerk aus Pendlerfahrten und Schichtarbeit, hoher Miete, hohen Absätzen, vor Selbstbewusstsein strotzenden Bekanntschaften, coolem Gehabe, übertriebenem Lächeln, Zeitmangel, Rolltreppen, nichts und niemanden beachtend, nichts lesend, nicht hochsehend und ohne jemals den Kanal wahrzunehmen, den ich täglich überquerte. Ich vergaß, wohin ich unterwegs war, und rauschte einfach unablässig auf dieser Linie hin und her, bis ich Urlaub in Peking machte und an einem strahlenden Novembermorgen beim Blick über den Sommerpalast mit aufrichtigem Erstaunen feststellen musste, dass es auch noch andere Orte gab.

Womöglich hat mir London diesen kleinen Verrat nicht vergessen. Als ich in Camden ankomme, ist kein Liegeplatz mehr frei, außer bei den Ausflugsbooten. An meinem ersten

Tag stürmt einer der Betreiber mitten in meine Kinderbuch-Signierstunde herein und setzt mir ein Ultimatum von fünf Minuten, um mein Boot aus dem Weg zu räumen, ehe er mich wegschleppt. Zum Glück hilft mir ein Passant, der zufälligerweise ein Freund von Narsh ist. Er erzählt mir, dass damals, als Narsh auf meinen Laden aufpasste, während ich in Wales unterwegs war, einer ihrer Kumpel wegen meines Boots im Krankenhaus gelandet war. Er hatte am Heck gekniet, um eine Leine loszubinden, und sich beim Aufstehen den Kopf an der Pinne gestoßen. »Überall war Blut. Wir dachten schon, er müsste operiert werden.« Ich bitte ihn, die Stimme zu senken. Die Kinder und ihre Eltern und der Autor drinnen sehen ohnehin schon aufrührerisch aus. Gemeinsam bringen wir das Boot durch die Schleuse und vertäuen es illegalerweise neben einem anderen. Auf der Treppe drehen sich Leute einen Joint. Vom Dach regnet es von einer Hip-Hop-Gestalt, die ein Musikvideo dreht, Schimpfwörter. Eine schrill aussehende Dame in weißer Jeans beschwert sich, dass sie sich ihre Hose eingesaut hat, weil sie sich auf die von Wind und Wetter losen Fasern meines Kunstrasens gesetzt hat. Sie deutet auf ihren grün gefleckten Hintern, der aussieht wie eine Tundra-Kulisse aus der Playmobilwelt. Also setze ich nun auch noch »Hip-Hop unerwünscht und Sitzen auf dem Rasen verboten« auf meine wachsende Liste von Regeln für meinen Laden, beschließe aber, was die Joints angeht, großzügiger zu sein. Meine Bulle der bewilligten Benimmregeln ist bereits lang genug:

ABSOLUTE TABUS

- Kommt nicht dauernd zu mir, wenn ihr eine Ente in Not entdeckt. Ab und zu könntet ihr auch einfach direkt beim Tierschutzbund anrufen.

- Versucht nicht, durchs Fenster reinzuklettern.
- Stoßt euch beim Rausgehen nicht den Kopf an der Tür.
- Verkneift es euch, die Vorzüge einer Preisvergleichs-App zu rühmen.
- Fragt mich nicht nach meinen Öffnungszeiten. Selbst mich hat man in dieser Sache nicht eingeweiht.
- Ja, ihr könnt Fotos machen – aber nicht, wenn ich gerade unerklärlicherweise Kekskrümel in den Wimpern hängen habe.
- Fragt gar nicht erst, ob ihr die Schuhe ausziehen dürft. Dürft ihr nicht. Füße riechen.
- Keine Fragen zum Thema Staub.
- Es geht euch nichts an, wo ich mein Geschäft verrichte.
- Kommt bitte nicht am 25.12. in meinen Laden, um mir freudig mitzuteilen, dass ihr zu Weihnachten einen Kindle geschenkt bekommen habt und wie toll der ist.
- Fragt auf gar keinen Fall nach, ob ich ihn mir bis zum Dreikönigstag ausleihen will, »um die ganzen kostenlosen Bücher abzuchecken«.
- Sehr schmal zu sein, ist ein charakteristisches Kennzeichen der meisten Kanalboote. Bitte fühlt euch nicht bemüßigt, das extra zu kommentieren.
- Ich bevorzuge es, wenn ihr mich mit Victoria Sponge Cake bezahlt statt mit schottischen Geldscheinen – das hat übrigens nichts mit Rassismus zu tun.
- Bevor ihr anfangt, über sie herzuziehen: Ja, ich habe die Lesezeichen selbst gestrickt.
- Weinen verboten.
- Glotzt mich nicht an, falls ich weine.
- Ich bin ein bisschen pingelig, was den Mülleimer angeht. Bitte werft euren Müll draußen weg, außer es ist »sauberer« Müll. So was wie ein Blatt Papier. Ansonsten bitte

raus damit. Bitte fragt auch nicht nach, ob ihr Müll bei mir wegwerfen dürft. Das bringt mich in eine ziemlich unangenehme Lage, da ich mich genötigt fühlen werde, Ja zu sagen, während mein Inneres schreit: »Iiih, nein!«

- Liebe Kinder, bitte fragt mich nicht, wo der »Ein«-Schalter bei der Schreibmaschine ist. Dann fühle ich mich jedes Mal alt.
- Liebe Kinder, bitte setzt euch auch nicht auf die Schreibmaschine.
- Kids, lasst die Schreibmaschine einfach in Ruhe, okay?
- Bitte nicht furzen. Dieser Buchladen ist ziemlich beengt und schlecht belüftet. Ich habe in der Vergangenheit bereits Übeltäter rausgeworfen.
- Bitte nicht fragen, ob das hier ein Buchladen ist.
- Bitte auch nicht sagen: »Ich habe so viele Bücher daheim, ich könnte meinen eigenen Buchladen aufmachen.«
- »Ich habe keine Kinder, denen ich es hinterlassen könnte«, ist so ziemlich die mieseste Ausrede, um ein Taschenbuch für 7,99 Pfund nicht zu kaufen.
- Lieber unbekannter Besucher, bitte geben Sie sich nicht dem Drang hin, mir Details Ihrer Ehe oder sexuellen Absonderlichkeiten zu offenbaren. Der Ladenbesitzerin ein Nacktfoto der Frau zu zeigen, mit der Sie Ihre Frau betrügen, ist ein klein wenig seltsam.
- Brandmarkt mich nicht als undankbare Pazifistin, weil ich keine Bücher über Waffen und Schlachten führe.
- An den jungen Mann, der eines Tages mit den Worten in meinen Laden hereinkam: »Ich weiß, ich sehe aus wie Saddam Hussein, aber keine Angst, ich bin es nicht ...«, *wussten Sie schon, dass er a) tot ist und b) einen viel dichteren Bart hatte?*

Als ich an diesem Tag den Laden gegen 21 Uhr zumache und bemerke, dass draußen auf dem Gehweg Leute um eine Taube herumstehen und mit einem Zweig auf sie deuten, gehe ich nachsehen. Die Taube liegt auf dem Bauch und ihr offen stehender Schnabel gibt schwache Signale, dass sie im Sterben liegt. Jemand will sie in den Kanal werfen, um sie von ihrem Leiden zu erlösen. Eine Gruppe von Mädchen im Teenageralter meint, man solle sie zertreten, weil sie dreckig sei. Plötzlich habe ich eine Mordswut auf sie alle, wie sie um sie herumstehen und geiern. Ich hebe sie auf und trage sie zur Vorderseite des Boots, wo ich sie auf das tote Gras von einem meiner Pflanzenkübel lege. Ich schäme mich dafür, was die Leute wohl über mich denken werden, aber mehr als alles andere bin ich wütend. Ich hatte selbst mal eine Taube, genauer gesagt einen Tauberich, aber das erzähle ich euch im nächsten Kapitel.

Am Morgen ist mein ganzer Kunstrasen mit Pisse und Kotze bedeckt. Und in dem Kübel mit totem Gras liegt eine leblose Taube, einen Flügel ausgestreckt. Gertrude Stein hat einmal über Tauben im Gras geschrieben. »Tauben im Gras, ach / Tauben im Gras, ach«, lautete die unlogische, repetitive Kernaussage dieses Werks.

22. TAUBERICH

Ich hatte mal einen Tauberich und hatte Pläne mit ihm. Sein Name war Nelson, nach dem Admiral mit dem amputierten Arm, denn als ich ihn fand, war einer seiner Flügel angeknackst. Nelson war eine Brieftaube aus Bristol, die aus irgendeinem unerfindlichen Grund in der schmalen Straße in der Nähe meiner gemeinsamen Wohnung mit Stu saß und dem Verkehr hinterherblickte. Als Stu mich zum Laden fuhr, wo ich meinen monatlichen Buchklub abhielt, mussten wir in letzter Sekunde ausweichen, um ihn nicht zu überfahren. Er blinzelte nicht einmal. »Falls er nachher immer noch da ist«, sagte ich, »nehmen wir ihn mit.« Drei Stunden später saß er noch genauso da wie auf der Hinfahrt – aufrecht, reglos, mit weit aufgerissenen Augen im Schein des Aufblendlichts. Aber diesmal fiel uns auf, dass sein linker Flügel wie ein zurückgezogener Vorhang herunterhing, und er leistete keinen Widerstand, als wir ihn hochhoben und in eine leere Bücherkiste setzten.

Als wir zu Hause ankamen und den Karton öffneten, hatte er ihn besudelt und stakste darin herum, sodass seine Krallen mit einem milchig-grünen Gezeitenstand markiert waren. Wir gaben ihm Zuckerwasser und riefen die Nummer auf seinem Ring an. Es meldete sich ein Mann: »Ich kann für Montag eine Rückführung organisieren, aber wenn sein Flügel gebrochen ist, kann ich nicht mehr viel mit ihm anfangen, wenn Sie verstehen, was ich meine.« Ich legte auf. Offenbar war der Taubenhalter ein Nazi, wie ich Stu sagte.

Am nächsten Tag fuhr ich ihn in einem rosa Plastikkorb zum Tierarzt. »Ich glaube, sein Flügel ist gebrochen«, sagte ich.

»Ich werde ihn nach hinten bringen und dafür sorgen, dass eine der Krankenschwestern ihn einschläfert«, antwortete der Tierarzt. Ich blinzelte kurz.

»Sie wollen ihn auch töten? Sie haben ihn sich ja nicht einmal *angesehen!*« Daraufhin schenkte mir der Tierarzt ein vernichtendes Lächeln, hob Nelson aus dem Korb, streckte den verletzten Flügel aus, hustete kopfschüttelnd und gab dann folgende seltsame Analogie zum Besten:

Mit einer verwundeten Taube ist es wie mit einem verwundeten Soldaten. In einem solchen Fall wird er sofort in einem Armeehubschrauber nach Hause geflogen, zusammen mit seinen grausam amputierten Gliedmaßen. Unser Kriegsheld wird mindestens sechs Monate zum Regenerieren brauchen. Die Ärzte werden seine Beine und Arme wieder annähen und seine herausquellenden Innereien zurück in den Leib quetschen und zunähen. Langsam, mühsam wird er lernen, wieder zu sprechen, eine Gabel zu benutzen und wieder auf beiden Beinen zu stehen. Vielleicht werden seine Albträume allmählich nachlassen, wird ihm sein entstelltes Gesicht im Spiegel wieder vertraut vorkommen. Dann schickt ihn die Armee zurück nach Afghanistan, wo er in tausend Stücke zerfetzt wird, als er an seinem ersten Tag im Einsatz über eine Sprengfalle stolpert. Und all die medizinische Präzisionsarbeit war völlig umsonst.

Nelson und ich warfen einander einen Blick zu, sahen dann zum Tierarzt und wieder einander an. Der Tierarzt blickt auf die Uhr. »Wenn Sie einverstanden sind, würde ich ihn mit nach Hause nehmen«, murmelte ich. »Rund um den Garten meiner Eltern streichen ein paar Katzen umher, aber es ist bei Weitem nicht mit Afghanistan zu vergleichen. Da wird es ihm gutgehen. Er ist doch eine Friedenstaube. Ein Kriegsdienstverweigerer.« Der Tierarzt zuckte mit den

Schultern und wusch sich seine Hände im Waschbecken. »Aus Kulanz werde ich Ihnen diese Untersuchung nicht in Rechnung stellen.«

So kam es, dass Nelson und ich auf dem Heimweg einen Abstecher zum Zoofachhandel machten, um einen mittelgroßen Kaninchenstall und Körner zu kaufen. Die Käfigwände dekorierte ich mit Fotos von mir, wie ich auf einem Handschuh einen Adler halte, die einer meiner skurrilen Kunden, der Falkner ist, letzten Sommer von mir gemacht hat. Ich glaube, nachdem Nelson sein anfängliches Stresssyndrom angesichts des Raubvogels überwunden hatte, freute er sich über diese kleinen Details, die ihm zeigten, dass ich ein großer Vogelfreund war.

Nelson schlief nachts in seinem Stall, konnte aber tagsüber frei auf dem Rasen herumspazieren. Jeden Morgen hüpfte er galant von seiner Holzstange herunter und eilte in die Mitte der Wiese, um seine Flügel auszubreiten. Beide Arme ausgestreckt, wedelte er damit in der Luft herum, wie um seine Kreuzigung zu verhindern. Doch er hob nie ab. Eines Morgens schlug meine Mutter vor, dass ihm eine erhöhte Position vielleicht bei seinen Flugversuchen helfen könnte. Also setzten wir ihn auf den Ast eines Baums. Nelson blieb viele Stunden in seinem Krähennest sitzen. Misstrauisch blickte er auf den Hund hinunter, der an einem Tennisball kaute, und auf meine Mutter, die Bettwäsche auf die Leine hängte. Sein strengster Blick aber war mir vorbehalten, die ich jede Stelle in der Literatur festhielt, in der Tauben vorkamen. Es gibt eine Erwähnung in Shakespeares *Wie es euch gefällt* und in Dickens' *Barnaby Rudge*. Patrick Süskind und Isaac Bashevis Singer schrieben eine Novelle beziehungsweise eine Kurzgeschichte über Tauben. In *Äosopische Fabeln* treten sie als moralische Instanzen in

Erscheinung und in Dumas' *Die schwarze Tulpe* dienen sie Cornelius van Baerle zur Realitätsflucht. Als Nelson schließlich allen Mut zusammennahm und beim ersten Mal hinunterfiel, dann hastig abhob, um die Distanz zum Giebeldach zu überwinden, dachte ich, dass nur ein Schriftsteller jemals eine Taube so wahrheitsgemäß auf Papier gebannt hat, wie meine nun auf den roten Ziegeln aussah. In seinem Gedicht *Tauben* beschreibt Vikram Seth sie als: »Stolz auf ihrem bürgerlichen Gewand eingepflegt / das schimmernde Öl, wie ein Schal um den Hals gelegt.«

Nun, da Nelson genesen war, schmiedete ich begeistert Pläne, wie er mich auf meiner bevorstehenden Reise mit der Book Barge begleiten würde. Ich sah ihn schon als Herold meines Ladens vor mir, wie er in jedes Dorf und jede Stadt vorausfliegen würde, die frohe Botschaft neuer Bücher und einer kostenlosen Tasse Tee in seinen Dinosaurierklauen. Ich versprach ihm, ihn mit nach London zu nehmen, zur Statue seines Namensvetters am Trafalgar Square. Er würde auf dem Wind dahinsegeln und auf meiner Schulter sitzen, er würde voranschießen und die Sonne durchbohren. Er wäre mein Gefährte.

Eine Woche vor meiner Abfahrt wartete Nelson nicht wie üblich in seinem Stall, als ich von der Arbeit nach Hause kam. Ich lief durch den ganzen Garten, rasselte mit den Körnern in seiner Schale. Erst als ich das Blutbad am Gartenzaun entdeckte, wusste ich, dass die nüchterne Prophezeiung des Tierarztes wahr geworden war.

23. SPEISESTÄRKE

Als mir die Taube in Camden ebenfalls wegstirbt, deute ich das als Zeichen. Ein Zeichen, dass ich offensichtlich kein großes Talent in der Vogelpflege besitze. Aber es ist auch ein Zeichen für etwas Größeres. Als die zweite Taube stirbt, bin ich nicht außer mir, sondern reagiere ganz anders.

Ich habe bereits ein Buch erwähnt, das ich vor Beginn meiner Reise gelesen habe, und zwar über die Kraft der alltäglichen Langeweile. Im Augenblick bin ich nicht so sehr gelangweilt als vielmehr überwältigt von der Erkenntnis, dass die Langeweile verschwunden ist. Ich meine, wahrscheinlich schlummert sie noch irgendwo, aber nicht als eigenständiges Ding. Vielmehr ist sie wie ein Verdickungsmittel, mit dem man ein Lebensmittel versetzt – es ändert nichts am Geschmack und man nimmt es nicht unbedingt wahr, außer dass es alles dicker macht. Es ist schlicht und einfach Küchenchemie, nichts weiter, aber sie vermag Erstaunliches zu vollbringen. Ich habe in einem Experiment gesehen, was passiert, wenn man Speisestärke ins Wasser kippt und dann daraufspringt. Durch den Druck verhaken sich die Moleküle ineinander, sodass man auf dem Wasser stehen kann. Sobald der Druck nachlässt, wird es wieder flüssig. Ich kenne sogar den Namen dafür: nichtnewtonsche Flüssigkeit. Als die zweite Taube stirbt, fühle ich mich auf ebensolche Weise gestärkt. Ich lasse den Kadaver der Taube an Ort und Stelle vorn auf meinem Boot und mache mich auf den Weg nach Kings Cross.

Der Plan ist recht simpel: Ich werde vor dem Hauptsitz des *Guardian* anlegen und so lange bleiben, bis sie auf mich aufmerksam werden und über mein Geschäft berichten. Bislang wissen vermutlich erst ein paar Hundert Leute von der Existenz der Book Barge. Auch wenn die Reise bereits einiges dazu beigetragen hat, die Bekanntheit des Ladens zu steigern, verharrt die Zahl meiner Twitter- und Facebook-Follower stur unter der Hundertermarke, es müssen mehr Leute werden, wenn ich die vollen sechs Monate durchhalten soll. Eine landesweite Berichterstattung könnte da den entscheidenden Ausschlag geben. Abgesehen von einer Selbstverbrennung auf einem Scheiterhaufen aus Kindle-Readern gehen mir langsam die Ideen aus.

Womöglich ist es meine nackte Verzweiflung, die den Wachmann bei meiner Ankunft misstrauisch macht. Ich habe erst vor fünf Minuten festgemacht – und kaum Zeit gehabt, meine Socken mit Trockenshampoo zu waschen oder eine Schicht Deoroller über den esstellergroßen Schweißfleck von letzter Nacht aufzutragen –, als ich sein Klopfen vernehme. Aus dem Walkie-Talkie in seiner Hand dringen alle möglichen merkwürdigen Höflichkeitsfloskeln, er selbst macht jedoch keine Anstalten, mich zu grüßen. Stattdessen mustert er das Boot von vorn bis hinten und beugt sich steif hinunter, um durch ein Fenster hineinzuspähen. Wir gehen das ganze Brimborium von wegen Liegegenehmigung durch und zu meinem Erstaunen ist diese Seite des Kanals Privatgrundstück. Da mir meine einstudierten British-Waterways-Kontakte hier wenig nützen werden, bete ich stattdessen die Namen von Journalisten aus dem Literaturressort des *Guardian* herunter, die der Mann pflichtbewusst auf einem kleinen Block notiert. Er wird meine Angaben morgen früh überprüfen, aber vorerst müsse ich sofort den Platz räumen.

Die darauffolgenden Tage verbringe ich auf der gegenüberliegenden Kanalseite damit, eifrig den Camden-Urin von den Dollborden zu schrubben und getrocknetes Erbrochenes vom Kunstrasen zu kratzen. Meine Mum bringt Reinigungsspray und Glasreiniger mit und ich schmeiße endlich die Spinnenkommune raus, die seit Oktober 2009 hinter dem Beatrix-Potter-Schuber freie Liebe praktiziert und aus Seidenfäden ein Peace-Logo gesponnen hat. Außerdem verbrauche ich mein verbleibendes Guthaben beim Großhändler für eine bescheidene Lieferung von preisgekrönten neuen Romanen und eröffne neue Konten direkt bei den Verlagen, um meine Regale noch weiter aufzufüllen. Ich verstecke meine Rechnungen in meiner Handtasche und meinen Kopf hinter einer Säule aus Kisten, als ich all die Bücher mit der Piccadilly-Linie quer durch London transportiere. Zu guter Letzt setze ich mich hin, um einen neuen Blogeintrag zu schreiben.

Meine Posts, die ich zweimal die Woche absetze, wurden zusehends rührseliger und lesen sich wie eine klassische Erzählung über gescheiterte Beziehungen. In den Anfangstagen der Reise spiele ich noch die süßholzraspelnde Verehrerin, die die Kunden mit Komplimenten zu ihrem Wohnort und Lesegeschmack überhäuft. Doch spätere Posts zeugen von mangelndem Einsatz und zunehmender Faulheit. Ich bin hier, sagen sie, aber darüber hinaus hoffe ich auf gar nichts mehr. Einsilbigkeit schleicht sich ein. Die Ausrede »War zu müde« taucht auf, um eine längere Funkstille zu erklären. Eines Tages, leider zu spät, erkenne ich, was mir fehlt. All meine Blogeinträge sind letztlich nur das betrunkene Anklingeln und Auflegen einer verzweifelten Ex-Freundin.

Ich bin zu allem bereit, lautet ihr Versprechen. *Du möchtest, dass es in der Bücherkiste endlich mal wieder so richtig rundgeht? Reiß mir den Buchwert vom Leib. Lass mich deine Passiva sein. Ich geb dir 3-für-2-Sticker – mit Nippelquasten dran.* Ich kenne keine Scham.

Aber wenn man den Tiefpunkt erreicht hat, kann es nur noch bergauf gehen. Ich werfe einen Blick in die verspiegelten Fenster der Büros auf der anderen Seite des Wassers und hole tief Luft. Schreib über das, was du kennst, würden mir die über ihre Tastatur gebeugten Köpfe dahinter ermutigend zunicken. Schreib, um dich stärker zu fühlen. *Hallo Leute,* beginne ich und merke, dass es wieder flutscht. *Ich habe einen einfachen Tipp für euch, wie ihr drei Tage alte Kotze vom Kunstrasendach eures schwimmenden Buchladens entfernt. Das Geheimnis besteht darin, etwas darauf zu geben, wodurch es eine gelatineartige Konsistenz annimmt …*

24. MICAWBER

Es scheint vielleicht etwas vereinfacht dargestellt, wenn ich behaupte, dass danach alles anders war. Aber das war es wirklich. Am selben Tag noch kommt eine Delegation aus dem Literaturressort des *Guardian* zu mir herüber, kauft ein paar Bücher, nimmt einen Podcast auf und macht mir nette Komplimente. Es scheint sie nicht einmal zu stören, dass ich ihre Namen missbraucht habe, um die Liegegenehmigungsvorschriften zu umgehen – vielleicht sind sie aber auch nur zu höflich, um es zu erwähnen. Daraufhin erscheint ein Bericht im *The Evening Standard* und *The Express* zieht ebenfalls nach. Ein Journalist vom *The Independent* ruft mich an, um mir seine Dusche anzubieten, nimmt mich danach zu einer Hausparty mit und veröffentlicht dann einen Artikel mit dem wortspielschwangeren Titel »Wie man sich als Buchhändler über Wasser hält«. Als ich den Kanal Richtung Hackney hinunterlaufe, habe ich das große Glück, dass Erica Wagner, Literaturredakteurin der *Times,* an mir vorbeijoggt. Sie schreibt später in ihrem Artikel, »die Book Barge ist voller Leben«, obwohl ich zu diesem Zeitpunkt den vor sich hin rottenden Taubenkadaver samt Maden bereits weggeschafft habe. Zudem fügt sie an, mein Literaturblog sei der einzige, den sie je gelesen habe, der solch sachdienlichen Rat in Sachen Entfernen von Kotzeflecken zu bieten habe. So etwa sinngemäß. Meine Eltern können stolz sein.

Über Nacht schießt die Zahl meiner Twitter-Follower auf zweitausend und mein Postfach schreit auf wie Tippi Hedren auf dem Filmposter von *Die Vögel,* weil so viele E-Mails hereinflattern. Vorwiegend sind es Essens- und

Übernachtungsangebote, aber es melden sich auch ein paar Autoren, die kostenlose Lesungen anbieten. Ich bekomme aber auch jede Menge seltsame Zuschriften. Ein Typ in Australien heckt eine Route aus, wie wir das Boot nach Brisbane schaffen könnten. Er hat einen fünftägigen Aufenthalt auf einer thailändischen Insel eingeplant, da »du bestimmt ziemlich müde sein wirst, wenn du die Reise einhand antrittst«. Außerdem sieht sein Plan vor, dass ich so oft wie möglich an der Küste entlangschippere; ich antworte ihm, dass das sehr aufmerksam ist, da die Aussicht auf eine Fahrt über das große, weite Meer mein Boot nicht unbedingt erfreut.

Zu den weiteren Pluspunkten meiner plötzlichen Bekanntheit zählen kostenlose Teevorräte für sechs Monate von einer Teefirma, die mir netterweise die Kräuterteekartons persönlich anliefern lässt. Außerdem repariert jemand kostenlos meinen Motor, der seit Warwickshire Probleme macht. Zum ersten Mal kann ich eine lange Einkaufsliste schreiben, sie einem Kunden mitgeben und später, wenn er zurückkommt, Bücher im Wert des Kassenbons gegen Tüten mit Lebensmitteln tauschen. Seit ich beiläufig fallen gelassen habe, dass Victoria Sponge Cake meine Leibspeise ist, stapelt sich das Zeug täglich auf meinem Schreibtisch. Es erweist sich als praktische Schleusenvermeidungsstrategie. Gleichsam als kanalquerende Justitia lerne ich, in einer Hand einen Teller und in der anderen eine Winschkurbel zu tragen und blindlings den erstbesten Jogger, der mir begegnet, dazu zu verdonnern, beides zu übernehmen. Zum ersten Mal seit der Eröffnung des Ladens umfängt mich das seltsame Gefühl, als habe ich eine Begnadigung und Rehabilitierung erfahren – als ob ich nur knapp etwas Schrecklichem entkommen wäre (einer Strafe, die ich vermutlich verdient hätte angesichts meiner Misswirtschaft), aber als hielte ich auch den Beweis dafür in den Händen, dass ich recht hatte, weiterzumachen und nicht aufzugeben. Bei diesem Gefühl wird mir ganz leicht ums Herz. Da ich nicht weiß, wie lange dieses Gefühl anhalten wird, halte ich seine Hand so lange wie möglich fest.

Diese Hand drücke ich noch fester, als ein Paar, Richard und Amy, in Angel zu mir an Bord kommt und mir im Gegenzug für ein Kinderbuch seine schicksalhafte Adresse auf ein Blatt kritzelt. Sie wohnen in der Micawber Street, benannt nach der verarmten Figur aus *David Copperfield,* der stets in der hoffnungsfrohen Erwartung des »Es wird sich schon etwas ergeben« lebt. Zumindest in meinem Fall trifft das zu. Direkt am nächsten Tag darf ich sie zum Mittagessen besuchen und ihr Bad benutzen und stelle vergnügt fest, dass das Gebäude ein ehemaliges Bücherlager der British Library ist, das nach einem Wächterprinzip verwaltet wird. Die Bewohner zahlen eine deutlich reduzierte Miete, um leerstehende Gebäude (in der Regel große Büro- oder Lagergebäude) zu besetzen, bis die Bauträger mit ihrem Bauprojekt beginnen können. In einer Stadt wie London, in der die Lebenskosten in die Höhe schießen und man mitunter tausend Pfund pro Monat für ein Einzimmerapartment hinblättert, ist das äußerst verlockend. Mit dieser Sparsamkeit passt es auch hervorragend zum sogenannten Micawber-Prinzip, das auf seiner folgenden Überlegung beruht: »Jährliches Einkommen: zwanzig Pfund. Jährliche Ausgaben: 19 Pfund, 19 Schilling sechs Pence. Resultat: Wohlergehen. Jährliches Einkommen: zwanzig Pfund. Jährliche Ausgaben: zwanzig Pfund sechs Pence. Resultat: Elend.« Das ist eine Rechnung, die ich verstehe. Interessanterweise wurde das Gelände später in ein nobles sechsstöckiges Apartmentgebäude samt Fitnessstudio namens Folio umgewandelt. Ich mache mir wirklich Sorgen, was das Micawber-Prinzip betrifft.

Ein paar Stunden nach meinem Besuch in der Micawber Street bin ich mit dem Boot durch den Islington-Tunnel nach Kings Cross unterwegs, begleitet von dem Schriftsteller Lee Rourke, der das Buch über Langeweile geschrieben hat: *Der Kanal.* Wir hatten vereinbart, dass er eine Lesung und anschließend eine Signierstunde abhalten würde, aber sowohl ich als auch er und die Leute, die zu der Veranstaltung gekommen sind, bekommen es angesichts der knapp neunhundert Meter stockfinsterer, tropfender Dunkelheit mit der Angst zu tun. Ich möchte etwas über das Buch sagen, bin aber zu schüchtern, auch wenn es viel zu finster ist, um seine Reaktion zu sehen, falls ich etwas total Dämliches sage. Was ich ihm sagen möchte, ist: Danke. Genau das möchte ich meistens sagen, wenn ich ein Buch zuklappe. Manchmal ist es reine Höflichkeit – danke, es hat Spaß gemacht, das Buch zu lesen. Aber manchmal steckt viel, viel mehr in diesem kleinen Wörtchen. Manchmal habe ich das Gefühl, als sei ich dem Buch etwas *schuldig* – und in einem solchen Fall ist ein Danke das Mindeste, was ich sagen kann. Dies ist der Fall bei *Der Kanal.* Ich kann genau nachvollziehen, wie mich die Lektüre dieses Buches hierhergebracht hat. Ich weiß es zu schätzen, will ich damit sagen.

Den restlichen Juli und den Großteil des Augusts fahre ich mit meinem Buchladen zwischen dem *Guardian*-Gebäude in Kings Cross und dem unteren Abschnitt von Broadway Market in Hackney hin und her. Lee Rourke schreibt sogar einen Zeitungsartikel darüber: »Ein Buchladen, der einen weiten Weg hinter sich hat.«

25. ACQUISI-TEARS

Auf einer dieser Fahrten steht ein Mann mit jesusgleichem Haar in einem Bettlaken am Ufer und hält den Daumen raus. Er ist ein Guru, erzählt er mir, während er einen Liegestuhl von drinnen holt und ihn neben dem Steuer positioniert, wo ich stehe. Und er ist Schriftsteller. Der Name des Mannes lautet *The Acquisitor,* der Akquirierer. Er wird so genannt, sagt er, weil er Cash liebt. Im ersten Moment verstehe ich irrtümlicherweise, er liebe Stretch, werde aber schnell eines Besseren belehrt und muss zugeben, dass er nicht aussieht, als bevorzuge er eng anliegende Stoffe. Daraufhin reden wir ein paar Minuten lang über die lohnende Investition in Hanfkleidung.

Der Acquisitor ist ein ungewöhnlicher Mensch. Das ist einigermaßen überraschend, da ich kürzlich erst zu dem beruhigenden Schluss gekommen war, dass mich nichts und niemand mehr überraschen könnte, als ich an einer fülligen, blauen Gestalt in einem hautengen Catsuit mit Kapitänsmütze vorbeigekommen war, die am Steuer eines Narrowboats stand. Der Acquisitor ist zwar weniger extravagant gekleidet, beweist aber dennoch eine exzentrische Ader, indem er mir verspricht, mir zu *Größe* zu verhelfen. Die Kursivschreibung stammt übrigens nicht von mir. Das war er. Ich warne ihn, dass das keine leichte Aufgabe wird, muss aber zugeben, dass ich größtes Vertrauen in seine Fähigkeiten habe, da ich inzwischen *Eine kurze Geschichte des Acquisitors* (sowie *Einige seiner Onlinevideos* kenne).

Eine kurze Geschichte des Acquisitors

Der Acquisitor ist ein selbst ernannter »Nomade, Töpfer und Profit-Prophet«. Er sieht es ebenso sehr als seine Aufgabe an, »das Potenzial der Menschheit zu fördern« wie auch »Vasen und andere Tongefäße in entlegenen Winkeln der Erde zu glasieren«. Er hat das Geheimnis von »REICHTUM und BELIEBTHEIT« entschlüsselt und kann auch IHNEN den Schlüssel zum Erfolg geben, wenn Sie in seinen ausführlich recherchierten Wälzer Ein gewinnendes Wesen ist Millionen wert *investieren.*

Der Acquisitor versteht sich zudem auf »Zukunftsflüstern«, das es seinen Anhängern ermöglicht, ihre »Bestimmung günstig zu beeinflussen«. Lernen auch Sie das »Kommunizieren mit dem Schicksal«. Das dazu erforderliche Vokabular ist auf einer Audio-CD zu einem überaus angemessenen Preis enthalten.

Zusammenfassend lässt sich sagen, der Acquisitor predigt die Maxime: »Jeder ist seines eigenen Erfolges Schmied.« Falls es Ihnen an »REICHTUM« oder »BELIEBTHEIT« fehlt und Sie sich zunächst einen Eindruck verschaffen wollen, ehe Sie seine Publikationen erwerben, können »SIE« sich, genau wie ich, *Einige seiner Onlinevideos* anschauen. Mein Lieblingsvideo ist dabei die »ACQUISI-TEARS-Challenge« und so sieht sie aus:

Die ACQUISI-TEARS-Challenge

Der Acquisitor hatte das große Privileg, sich eingehend mit der »DANKBARKEIT« beschäftigen zu dürfen, und ist der Meinung, dass es jede Menge gibt, wofür wir dankbar sein können. Dagegen habe ich nichts einzuwenden. Ja, ich meine im letzten Kapitel gestanden zu haben, dass ich mich sogar jedes Mal bei der letzten Seite meiner Lektüre laut bedanke. Der Acquisitor zeigt allerdings ein höheres Verständnis von »DANKBARKEIT« in der *Methodik* seines Wahnsinns. Der Acquisitor hat ein »*GOTT SEI DANK!-*NOTIZBUCH« zusammengestellt. Darin listet er alles auf, wofür er »grateful«, so unglaublich dankbar, sei, denn das mache uns schließlich »GREAT«. Witz verstanden? Der Acquisitor behauptet, selbst wenn wir in einer echt langen Schlange stehen, zum Beispiel bei Starbucks oder am Geldautomaten oder auf der Krebsstation, müssen wir nur unser *Gott sei Dank!*-Notizbuch zücken und ein paar der Einträge lesen und schon geht es uns gleich besser.

Um mein eigenes *Gott sei Dank!*-Notizbuch zusammenzustellen, schlägt der Acquisitor vor, dass ich das Alphabet stichpunktartig durchgehe. A könnte beispielsweise für Avocado stehen, B für Bezaubernde Babys, die ihm ebenso sehr am Herzen liegen. Außerdem ist er dankbar für Comics. D muss er leider überspringen, weil ihm nichts einfällt, aber bei E ist er wieder voll dabei. E steht für Echo. Wie mir der Acquisitor erklärt, vernehme ich seine Botschaft schließlich gerade mittels des *Echos* seiner Worte. Dafür sollte ich dankbar sein, ist die versteckte Andeutung. Der Acquisitor nennt mir noch weitere Beispiele, darunter auch, dass ich dankbar sein sollte, heute Morgen aufgewacht zu sein. Vielen Leuten sei das nicht gegönnt, sagt er mir. Da ich den Eindruck habe, dass uns bald der Stoff ausgeht, lenke ich seine Aufmerksamkeit auf ein Teichhuhn auf der anderen Kanalseite, das an einem Fuß eine verknotete Plastiktüte mit sich herumschleppt. In diesem Moment bin ich ebenso dankbar für das Teichhuhn wie betrübt über seine missliche Lage.

Ehe er geht, gibt er mir diese Challenge mit auf den Weg: Die nächsten vierzig Tage lang soll ich jeden Morgen drei Dinge aufschreiben, für die ich dankbar bin. Wenn die vierzig Tage vorüber sind, so ist er überzeugt, werde ich in »Acquisi-tears« ausbrechen. Auch wenn das eher nach einem Nervenzusammenbruch klingt, versichert mir der Acquisitor, dass es ganz im Gegenteil Freudentränen sein werden! Dankbarkeit ist eine überwältigende Erfahrung! Eine *transzendentale* Erfahrung! Die Ausrufungszeichen stammen übrigens auch nicht von mir. Das war wieder er. Als ich mir den Acquisitor mit seinen strahlenden Zähnen und seinem vor Gesundheit strotzenden Haar so anschaue, möchte ich ihn vorwarnen, dass ich nicht viel Durchhaltevermögen besitze und dass mir vierzig Tage furchtbar lang vorkommen. Außerdem sollte ich herausfinden, ob die Liste wirklich immer morgens aktualisiert werden muss, denn morgens ist echt nicht meine Zeit. Wenn ich aufwache, denke ich so: Wäre ich doch nur über Nacht verstorben, dann hätte ich niemals diesen Tag erlebt, der mir so aufdringlich seine Sonnenstrahlen ins Gesicht schleudert.

Aber davon sage ich dem Acquisitor nichts, da er mich in diesem Moment fragt, ob wir uns einvernehmlich umarmen könnten. Ich lasse zu, dass sich die aufgeklappten Münder seiner Leinenhemdärmel um mich herumlegen und seine Hände an meinem Rücken hoch- und runterrutschen. Es fühlt sich an, als sei er darin sehr geübt, und im Vergleich dazu ist meine Umarmung steif und unbeholfen. Ich hoffe nur, dass er nicht hören kann, wie ich geistig bis vierzig zähle, anstatt irgendetwas zu empfinden. Als mich der Acquisitor loslässt, sage ich: »Wow, du bist echt gut im Umarmen.« Und das handelt mir einen erneuten Drücker ein.

26. MONTAIGNE

Vorerst schiebe ich alles, was mir der Acquisitor mit auf den Weg gegeben hat, beiseite, um es später zu verdauen. Dazu kommt es gleich am nächsten Morgen, als ich auf dem Weg zur Wellcome-Bibliothek bin, in der meine Schwägerin Christy arbeitet. Seit ich in London bin, haben wir uns öfter gesehen, da sie mich hin und wieder in der Kantine zum Frühstück einlädt und mir anschließend ihren Mitarbeiterausweis ausleiht, damit ich die Duschen im Obergeschoss benutzen kann. Auf dieser Etage befindet sich ein Konferenzraum und um acht Uhr morgens ist in der Regel alles leer. Die Waschräume sind groß und verfügen jeweils über eine eigene Toilette, ein Waschbecken und Kleiderhaken sowie eine riesige Dusche. Alles in allem also definitiv etwas, das ich in mein *Gott sei Dank!*-Notizbuch aufnehmen kann. Nun, da ich die Euston Road hinunterlaufe, fällt mir gleich noch eine zweite Sache ein, weil ich davon Blasen kriege: meine neuen Schuhe. Ich habe sie vor einer Woche im Tausch gegen Bücher ergattert, nachdem die Gummisohlen meiner Ballerinas von der Hitze des Motors an der Stelle, wo ich immer am Ruder stehe, allmählich dahingeschmolzen waren. Die neuen Schuhe sind mir eine Nummer zu klein, aber ich bin trotzdem hocherfreut, weil man ja nicht alle Tage Fremde überreden kann, einem im Tausch gegen zwei Kinderbücher ihre Schuhe zu überlassen.

Christy hat es heute Morgen nicht besonders eilig, ihren Mitarbeiterpass zurückzubekommen, da ihr Meeting abgesagt wurde. Lass dir ruhig Zeit beim Duschen und schau dann einfach bei mir am Platz vorbei, wenn du fertig bist, sagt sie. Ich füge Christy zu meiner Dafür-bin-ich-dankbar-Liste hinzu.

Oben im ersten Stockwerk spaziere ich eine Weile umher und bewundere den Ausblick. Heute sind hier Stühle und ein Tisch mit Erfrischungen aufgebaut, aber ich nehme nichts davon und hüpfe wie immer unter die Dusche. Da ich noch ein wenig Zeit habe, versuche ich, ob ich durch Zehennägelschneiden etwas mehr Platz in den Schuhen bekomme. Außerdem rasiere ich meine Beine, damit ich endlich mal die Hotpants anziehen kann, die ich seit meiner Abreise unbenutzt mit mir herumschleppe. Dabei singe ich. Als ich fertig bin, fallen mir die Stühle draußen wieder ein und ich überlege, wie schön es wäre, mich an eines der großen Fenster zu setzen, während meine Haare trocknen. Außerdem habe ich mir unten im hauseigenen Shop ein Buch von einer ehemaligen Mitarbeiterin der Wellcome-Bibliothek namens Sarah Bakewell gekauft, das ich lesen könnte. Es ist eine Biografie über Michel de Montaigne, einen französischen Essayisten der Renaissance, und heißt *Wie soll ich leben?*. Ich bin gespannt, ob darin die Acquisi-tears erwähnt werden. Die Haare in einen rosa Handtuchturban gewickelt, ziehe ich meine kurze Hose und ein Panda-T-Shirt an und lasse die drückenden Schuhe noch etwas in der Tasche, als ich das Bad verlasse.

Als Erstes erblicke ich die Frau in der ersten Reihe. Ihre Augen weiten sich bei meinem Anblick und weiden sich an meinem sichtlichen Unbehagen. Hinter der Hand macht sie eine abfällige Bemerkung zu dem Mann im grauen Anzug rechts von ihr, über die er sich offensichtlich amüsiert. Ein paar andere Leute in den Reihen dahinter kichern leise, aber der Moderator hat mich nicht bemerkt und redet weiter darüber, wovon das Seminar handelt. Sofort ziehe ich mir das Handtuch vom Kopf und stopfe es in die Tasche. Meine Haare baumeln über meine Schulter und zaubern nasse dunkle Schulterklappen darauf. Ich schaue auf meine nackten Füße, dabei fallen mir die Haare ins Gesicht, das unter all den belustigten Blicken ganz heiß ist.

Als ich mehrere Monate später endlich dazu komme, die Biografie über Montaigne zu lesen, erinnert mich eine Bemerkung von ihm über seine Bibliothek an meinen peinlichen Moment in der Wellcome-Bibliothek. Montaigne hatte sich 1571, im Alter von nur 38 Jahren, aus dem öffentlichen Leben zurückgezogen, um bei seinen Büchern sein zu können. Er schrieb: »Ein bedauernswerter Mensch ist in meinen Augen, wer in seinem Heim keinen Platz hat, wo er sich selbst gehört, wo er sich nur um sich allein bemüht, wo er *verborgen sein kann.*«

27. SAMSTAG

Der letzte Samstag, den ich in London verbringe, ist einer der schönsten meiner ganzen Reise. Früh am Morgen fahre ich mit dem Boot von Angel zum Broadway Market, wo ich an dem Zaun gegenüber der Acton's-Schleuse festmache. Das letzte Mal, als ich hier lag, war das Wasser so klar, dass man auf den mit Müll übersäten Grund schauen konnte. Einmal hatten ein paar Leute um fünf Uhr morgens das Dach des Boots als Sprungbrett benutzt, um ins kühle Nass zu hüpfen. Die Morgensonne hatte gerade erst begonnen, ein paar Tüpfel Licht hineinzumalen, sodass der Anblick einen gewissen Charme besaß, auch wenn die Jungs so laut lachten und ins Wasser klatschten, dass in einigen Wohnungen gegenüber die Vorhänge gelüpft wurden. Ich hörte mindestens zwei Leute, die oben auf meinem Dach saßen. Ich hatte das Gefühl, als wäre ich Teil ihres spaßigen Morgens, auch wenn ich halb betäubt von der Müdigkeit hinter den dünnen Fensterscheiben lag.

Diesmal jedoch liegt über dem Wasser ein Schleier aus grünen Algen. Das Boot pflügt sich schon den ganzen Vormittag durch den dichten Bewuchs hindurch. Nun, da ich vor Anker liege und der Motor aus ist, schlängeln sich die Pflanzen wieder an den Bootsrumpf. Ich schließe ab, damit ich mir in einem der Delikatessenläden am Rand des Markts die Zähne putzen und einen Blick auf die nackten Gestelle werfen kann, die später zu Ständen werden.

Um zehn Uhr findet auf meinem Boot eine Signierstunde statt, aber es ist schon vorher allerhand los. Ständig kommen Leute rein, kaufen Bücher und stellen mir Fragen. Vorn auf dem Boot kann ich die Autorin/Illustratorin hören, wie sie ein paar Kleinkindern vorliest. »Billy hasste Zahnbürsten«, geht ihre Geschichte. »Er hatte schon alle ausprobiert.« Die Leute im Boot reden über andere Bücher und lesen leise, manche Stellen auch laut oder fragen mich, wie ich zu dem Laden gekommen bin. Es liegt ein konstantes Murmeln und Knittern von Papier und Klicken von Handykameras in der Luft und alles zusammen klingt für mich wie ein Orchester. Ich habe riesige Angst, es irgendwie falsch zu dirigieren, aber die Leute sehen nicht einmal zu mir, sondern wollen einfach weiter ihren Part spielen, als ob wir den heutigen Tag schon tausendmal geübt hätten.

Zum Mittag vertraue ich den Laden einer Kundin an, während ich schnell zum Markt renne, um auf die Toilette zu gehen. All die hippen, jungen Leute sehen an den Ständen aus wie Bienen, die an Blütenstempeln schnuppern. Ich will mich zu ihnen gesellen und an den Geschirrstapeln und Kleiderständern stöbern. Ich will zu ihnen gehören. So nehme ich mir insgesamt eine halbe Stunde frei, in der ich einfach umherwandere und all die kleinen Schmuckstücke und hübschen Kleider, die sich im Wind drehen, berühre.

Am Nachmittag findet bei mir an Bord ein Event unter dem Titel »Zwei Bücherläden zum Preis von einem« statt, das ich zusammen mit dem Big Green Bookshop aus Wood Green im Norden von London veranstalte. Ein Mitarbeiter, Simon, übernimmt den hinteren Teil meines Boots für seine Bücher, während ich den vorderen wie gewohnt bespiele. Der Big Green Bookshop hat mich ziemlich inspiriert. Der Laden wurde ein Jahr vor meinem eröffnet, mit einer ähnlich naiven Begeisterung à la »Hey, lass uns einen Buchladen aufmachen! Was soll da schon schiefgehen?«. Allerdings mit dem kleinen Unterschied, dass beide Eigentümer zusammen über 35 Jahre Erfahrung hatten und ich keine. Dennoch haben sie mich von

Anfang an vorbehaltslos per Twitter unterstützt und nun auch persönlich. Was sie von anderen unterscheidet, ist neben ihrer Bücherauswahl eine Riesenpalette an Events sowie die Haferkekse, die sie bei ihren Vorlese-und-Sing-Aktionen mit unter Fünfjährigen austeilen. Sie, *buchstäblich,* mit an Bord zu wissen, fühlt sich schicksalsträchtig an.

Das Whiteboard über meinem Schreibtisch ist heute dicht bekritzelt und ganz verschmiert, die jüngsten Erfolge machen mich übermütig. Zusätzlich zu den üblichen Wünschen habe ich eine Quiche und einen neuen Haarschnitt notiert. Meine Haare sind zwar gewaschen, aber an den Spitzen splissig und hängen schlaff herunter. Diesen Umstand habe ich bei Facebook auch extensiv beworben und eigentlich gehofft, dass so ein Toni-&-Guy-artiger Salon dem Beispiel des Teegeschäfts folgen und mir kostenfrei seine Dienste im Gegenzug für ein wenig Publicity zur Verfügung stellen würde. Stattdessen kommt gegen 17 Uhr, als ich gerade schließen will, eine Slowenin in meinen Laden und bringt nach ein paar Minuten eine Ausgabe von *Meeresrand* zu mir an den Schreibtisch. Dann fragt sie, ob sie sich meine Papierschere ausleihen kann. Ich bin geneigt, ihr das Buch einfach kostenlos zu geben, anstatt mir von ihr mit meiner Papierschere in den Haaren herumfuhrwerken zu lassen. Aber der Journalist vom *The Independent* ist gerade mal wieder zu Besuch im Laden und nicht wenige andere Kunden schauen neugierig, die Kamera gezückt, zu uns herüber, sodass ich seufzend aufgebe. Ich greife mir das Handtuch aus dem Schrank, um meine Schultern damit zu bedecken, und reiche ihr die Schere. Der Journalist schaut ein paar Minuten lang aufmerksam zu, dann macht sich ein Ausdruck von Unbehagen auf seinem Gesicht breit. Er schnappt sich die Gitarre, die er mitgebracht hat, und beginnt, *You Can't Always Get What You Want* von den Rolling Stones zum

Besten zu geben. Das macht es nicht unbedingt besser. Ich habe recht lange Haare und ich mag sie so. Außerdem gehe ich immer zum selben Friseur, seit ich 15 bin, und das mag ich ebenfalls. Im Grunde lassen sich meine Haarschnittgewohnheiten zusammenfassen mit: helle Highlights im Deckhaar und ein paar Zentimeter Spitzen schneiden. Ich mag es, bei langweiligen Telefongesprächen auf meinen Spitzen herumzukauen. Ich mag es, daran zu zupfen, wenn mich Jungs nervös machen. Ich mag es, mir die Haare hinter die Ohren zu streichen, bevor ich esse. Was ich jedoch nicht mag, ist der Anblick der langen Strähnen, die rund um meinen schwarzen Drehstuhl zu Boden fallen.

Als sie fertig ist, ziehe ich einen Spiegel hervor. Auch wenn mir zum Weinen zumute ist, mache ich ihr Komplimente für ihr aufwendiges Styling und frage sie, in welchem Salon sie arbeitet, falls ich in ein paar Monaten wiederkommen möchte. »Aber ich bin doch keine *Friseuse*«, ruft sie aus und fühlt sich offenbar etwas beleidigt. »Ich bin Psychotherapeutin und habe noch nie jemandem die Haare geschnitten.« Pfeifend verlässt sie das Boot, ihr Buch über eine kindsmörderische Mutter im Gepäck. Bald danach scheuche ich alle aus dem Laden und setze mich entmutigt an den Schreibtisch, die Füße immer noch umringt von meinen geschorenen Locken. »Spieglein, Spieglein im Buchladen, wer ist die Beknackteste im ganzen Land?«, befrage ich den Spiegel. »Na, *du,* wer sonst?«, grient das Gesicht zurück. Aber mir bleibt keine Zeit zu trauern. Es klopft und ein Fotograf von einer Londoner Zeitschrift steht vor der Tür, dessen Termin ich ganz vergessen habe. Er heißt Tom. »Tom, schau dir das an. Meine ganzen Haare sind ab.«

An diesem Abend gehe ich mit Tom etwas trinken. Zuerst gehen wir rauf zum Tor der Acton's-Schleuse und setzen uns zu ein paar portugiesischen Studenten und trinken mit ihnen Rotwein aus Plastikbechern. Der Anblick der grünen Algen und des noch immer blauen Himmels ist ziemlich pittoresk, was Tom ebenfalls so zu sehen scheint, da er ständig seine Kamera zückt.

Danach treffen wir meine Schulfreundin Helen und ihren Freund Ian in einer Tequila-Bar. Noch später gehen wir in einem Thai-Restaurant essen. Tom zeigt mir ein Foto von einem grauen Pferd unter einem Baum. Das Pferd steht nachts mit gesenktem Kopf da und knabbert an seinem Vorderbein. In seinen Schweif sind wie bei einem Maibaum bunte Schnüre geflochten. Die Pferdedecke ist aus demselben Stoff wie das Ponykostüm, das mir meine Mama vor vielen Jahren einmal genäht hat. Es hatte einen abnehmbaren Hals und einen abnehmbaren Widerrist, abnehmbare Schultern und abnehmbare Flanken. Es hatte meine Fesseln und Knie und lautlose Turnschuh-Hufe. Seine graue Schnauze war mit einem goldenen Seil gezäumt. Ich sattelte das Pony mit Pferdegeschichten aus der Bibliothek, die ich jeden Samstagmorgen besuchte. Zu Hause, wenn wir über die Rechen-und-Besen-Hürden sprangen, die ich mithilfe der steifen Lehnen der Plastikgartenstühle errichtete, war es, als würden wir direkt den Büchern entsteigen. Ich erzähle Tom alles, was mir einfällt, während ich mit lockerem Griff die Stäbchen halte.

Ich kehre allein auf das Boot zurück. Ich hole alle Decken und Kissen von draußen herein und lege sie auf den Boden in der Kinderecke und schließe mich dann ein. Völlig regungslos in meinem Schlafsack leuchte ich mit der Taschenlampe an die Decke, bis ihre Sonne die Nacht vertreibt und ich einschlafen kann. Diesmal wecken mich keine Hechtsprünge vom Dach um fünf Uhr morgens und als ich deutlich später aufwache, ist es an der Zeit, weiterzuziehen.

28. SPIELEN (TEIL 1)

Ich lasse London hinter mir und kann endlich wieder tagelang einfach nur in meinem Kopf leben. Ich steige darin die Treppen rauf und runter und gehe durch all die Zimmer, die ich dekoriere. Ich versuche, alle Dinge zu kuratieren, die ich gelesen, gehört oder gesehen habe auf der Reise, und sie so zu arrangieren, dass sie nützlich und erbaulich sind. So lege ich ganze Flügel mit Essayteppichen von Montaigne aus, hänge den Pelz eines meiner russischen Lieblingsromane über einen Stuhl, während die Lampen die Schatten grauer, strahlend blauer und sternenklarer Himmel an die Wände werfen. Den Acquisitor habe ich erst mal in dem Schrank unter der Treppe verstaut, bis ich weiß, wo er hinsoll. Hier und da stehen hübsche Möbel, in die ich die Freundlichkeit von Fremden hineingeschnitzt habe, und lauter Schüsseln mit merkwürdigen Erinnerungen, die ich noch nicht wegschütten will. Nichts Aufregendes, nur ein paar Gesprächsbrocken, die vielleicht an einer Schleuse heruntergepurzelt sind, oder die angenehme Erschöpfung, die sich zusammen mit meinen hingeworfenen Klamotten abends beim Zubettgehen wie eine Pfütze auf dem Boden ausbreitet.

Im Laden gibt es einen Inneneinrichtungs-Bildband von Sibella Court, den ich nie verkaufen konnte. Er heißt *Nomad*. Darin gibt sie Tipps, wie man zu Hause stilvoll seine Reiseerinnerungen ausstellen kann. Ich glaube, es ist dieses Buch, das mich auf die Idee gebracht hat, meine kleinen imaginären Souvenirs liebevoll zu einem Gesamtkunstwerk zu arrangieren, auch wenn im Gegensatz zu ihren Modellhäusern niemand außer mir in meinen Kopf hineinschauen kann. Courts Idee ist nicht neu. Sie folgt damit einer Tradition, die in der Renaissance in Europa entstand, als man enzyklopädische Sammlungen von Knochen, Reliquien, Kunst, Federn, Karten, ausgestopften Tieren, Edelsteinen, medizinischen Anomalien, einfach von *allem* anlegte, das Staunen, Ehrfurcht oder Nachdenklichkeit hervorrief. Diese Wunderkammern waren ein eigener Mikrokosmos, der alle Interessen, Erfahrungen, Träume und tiefsten Ängste des Eigentümers beherbergte. Einer der Gründe, weshalb ich mich so in unabhängige Buchhandlungen verliebt habe, ist, dass die Läden in einem ähnlichen Geist bestückt sind.

Ist irgendetwas schlecht daran, dasselbe auch mit dem eigenen Kopf anzustellen? Ich glaube kaum. Hier auf meinem Boot ist das imaginierte Leben genauso reich, wenn nicht gar reicher, als jenes, das ich auf dem Weg nach Kennet und dem Avon-Kanal durchstreife. Ein weiterer Grund, weshalb ich Buchläden so liebe, ist eben der, dass ihre Inhaber bestimmt genauso denken. Sie wissen um den Puls der Fantasie. Hinter all den Buchrücken erkennen sie, wie uns die Geschichten aufrechterhalten. Ein gutes Buch ist Theater im Kopf. Beim Lesen sollte es sein, als spiele sich die Handlung vor dem geistigen Auge ab wie in einem Stück.

Ein paar Tage bevor ich London verließ, besuchte ich in einer Londoner Buchhandlung einen Vortrag über Narrowboats und Real Tennis, eine frühe Version des Tennis, der von ein paar Mitgliedern der Rockband Razorlight gehalten wurde. Dieser Vortrag war aus zwei Gründen nützlich. Erstens war mir das Diesel ausgegangen, ich hatte aber für zwei Tage später die Fahrt die Themse hoch gebucht. Trotz meiner panischen Telefonanrufe konnte ich keine Marine-Diesel-Stationen in der Gegend auftun, die bis dahin geöffnet haben würden, und so stellte ich mich missmutig auf einen zwanzigminütigen Fußweg zur nächsten Shell-Tankstelle mit einem Fünf-Liter-Kanister ein – einen Weg, den ich mindestens sechs- oder siebenmal wiederholen müsste, um eine einigermaßen vernünftige Tankfüllung zu kriegen. Ein glücklicher Zufall wollte es, dass ich Stu, der für den Vortrag nach London gekommen war, lauthals mein Leid klagte, woraufhin sich der Mann neben uns mit strahlendem Lächeln als Mitglied des St. Pancras Cruising Club vorstellte, der sich nur zwei Minuten kanalaufwärts von meinem Anlegeplatz befand. Eben diesen Club hatte ich ein paar Stunden zuvor angerufen und erfahren, dass nur ein Mitglied die Erlaubnis besäße, Diesel auszugeben, aber erst nach dem Wochenende wieder erreichbar sein würde. Und tada, da saß er. Am darauffolgenden Abend öffnete er im Schutz der Dunkelheit für mich und gab mir danach sogar einen Drink an der Mitgliederbar aus. Er war wirklich äußerst charmant.

Der zweite unerwartet vorteilhafte Aspekt des Abends war der Vortrag selbst. Frontmann Johnny Borrell et al. waren im Rahmen einer Real-Tennis-Tour mit einem Narrowboat einen Abschnitt der Themse hinuntergefahren und hatten unterwegs bei ein paar von Großbritanniens letzten verbliebenen Plätzen dieser alten Tennisart Stopps eingelegt und einen Diavortrag über ihre abenteuerliche, feucht-fröhliche Reise gehalten. Interessanterweise befindet sich einer dieser Tennisplätze auf dem Anwesen von Hardwick House, das die Vorlage für Toad Hall in *Der Wind in den Weiden* gewesen sein soll. Borrell redete kurz über das Haus, die Geschichte des Real Tennis und die ziemlich verwirrenden Spielregeln. Vor allem aber redete er über das Konzept »Spielen« an sich und ich stellte überrascht fest, wie nahe seine Gedanken meinen kamen: Spielen ist gut, Spielen ist gesund, Spielen ist die Erlaubnis, sich den Freuden des Lebens vollauf hinzugeben.

In diesem Zusammenhang finde ich es passend, dass das Buch, das ich am meisten verkaufe, ausgerechnet *Der Wind in den Weiden* ist. Kenneth Grahames Leben war ziemlich ungewöhnlich. Als er anfing, an seinem Kinderbuchklassiker zu arbeiten, war es gerade einmal ein Jahr her, dass er von einem Angreifer in der Bank of England, wo er zu jener Zeit als Sekretär arbeitete, beinahe erschossen worden wäre. Heute wird die Geschichte als Loblied auf eine unschuldige Kindheit auf dem Lande gelesen. Damals steckte für Grahame, der vermutlich noch immer unter dem Schock dieses Erlebnisses litt, jedoch mit Sicherheit mehr dahinter – es war eine Auszeit von den Schrecken der großen weiten Welt.

Tatsächlich begann Grahames Weigerung, sich mit den unangenehmen Seiten des Erwachsenendaseins auseinanderzusetzen, deutlich früher. Bereits als Jugendlicher begann er, eine Riesenkohorte an Spielzeugen und Kuscheltieren zu sammeln. Außerdem fing er an, Erzählungen zu schreiben – in denen er die Kindheit auf dem Lande pries, die er im Haus seiner Großmutter an der Themse verbracht hatte, und die Moderne mit ihren Maschinen als Bedrohung für das Glück und die spirituelle Erfüllung der Menschen verteufelte.

Grahame verwöhnte sein inneres Kind schamlos. Selbst in seinen Beziehungen. Im Alter von 38 und, wie man Berichten entnehmen kann, als Jungfrau heiratete er die verrückte Tochter des Erfinders des Luftreifens. Elspeth war drei Jahre jünger als er, stand ihm aber in Sachen Wahnsinn in nichts nach. Beide schrieben einander Liebesbriefe in peinlicher Kindersprache und bedachten sich mit furchtbaren Kosenamen. »Darlin Minkie«, schrieb Grahame eines Tages, »ich hab wider gud gschlafn & heut kaum gehustet – aber es ist nich so schöhn drausn, da wil mann kein Fus vor di Tür setsn.«

Nach der Geburt ihres einzigen Sohnes Alastair projizierten sie all ihren kindlichen Wahn auf ihn. Alastair wurde mit einem blinden und einem schielenden Auge geboren und zeigte massive Verhaltensstörungen, darunter die Vorliebe, sich vor heranrollende Fahrzeuge zu legen. Er nannte sich »Robinson« – nach dem durchgeknallten Irren, der seinen Vater angegriffen hatte. Für seine Eltern war er einfach »Maus« – und ein Genie. Alastair nahm sich im Alter von 19 Jahren als Student an der Oxford University das Leben.

Der Wind in den Weiden war Alistair gewidmet. Mehr als ein Jahrhundert nach ihrer Veröffentlichung erweist sich die Geschichte um den Kröterich mit seiner unbändigen Energie als erstaunlich langlebig. Durch die dicken Brillengläser des Maulwurfs sehen wir unsere eigenen Anpassungsschwierigkeiten. Wir identifizieren uns mit dem griesgrämigen, knüppelschwingenden Dachs, der anderen ihr schlechtes Benehmen nicht durchgehen lässt. Wir googeln »Narrowboat kaufen« und haben dabei den überschwänglichen Ausruf der Ratte im Ohr, denn wahrlich: »Es gibt nichts, absolut gar nichts auf der ganzen Welt, was auch nur halb so viel wert wäre, wie einfach mit Booten herumzuplanschen.«

Ja, *Der Wind in den Weiden* zählt zu den schönsten Geschenken, die ein Vater je seinem Kind gemacht hat. Beinahe unerreicht. Beinahe. Denn mein Vater hat mir ein ähnlich schönes Geschenk gemacht.

29. SPIELEN (TEIL II)

Noch heute kann ich mich an meine Überraschung erinnern, als meine Eltern mir anboten, mir Kapital vorzustrecken, nachdem meine Kreditanträge von den Banken höflich, aber bestimmt abgewiesen worden waren. Mein Vater war schon immer ein sparsamer Mensch. Die meisten Samstage verbrachte er damit, im Schnäppchenladen kostengünstig Zahnbürsten mit steifen Borsten zu kaufen oder Batterien, die so kurzlebig waren, dass selbst Eintagsfliegen länger durchhielten. Ich glaube, das erste Mal, dass ich die Existenz des Weihnachtsmanns infrage stellte, war, als ich zu Weihnachten Schreibwaren mit dem Logo eines Durchfallmedikaments bekam, die aus einem Gratispaket stammten, das er in der Praxis von einem Pharmavertreter bekommen hatte.

Trotzdem waren meine Eltern immer großzügig. Sie haben einen sechsten Sinn dafür, wenn eines ihrer Kinder in die Miesen zu rutschen droht, und helfen sofort mit einer Finanzspritze nach, wofür ich mich oft aus Scham gar nicht richtig bedanke. Die Anschaffungskosten für ein Boot sind jedoch eine andere Hausnummer. Wir vereinbarten einen Rückzahlungsmodus, aber schon nach einem halben Jahr im Geschäft wurde klar, dass, um ein beliebtes Sprichwort zu verballhornen, gelten würde: »Willst du glücklich sein im Leben, trage bei zu anderer Glück, denn das Geld, das wir geben, kehrt nicht ins eigene Heim zurück.« Stu war ebenfalls großzügig. Er war ein eiserner Sparer und doch warf er all sein hart erarbeitetes Geld aus 13 Jahren in den Pott, um 18 Meter langsam vor sich hin rostenden Stahl in nur vier Monaten in einen voll funktionstüchtigen Buchladen zu verwandeln. Nicht zu vergessen all die Stunden, in denen wir das Boot strichen, die riesigen Gehwegplatten, die wir als Ballast über wackelige Stege an Bord schleppten, das Bodenverlegen, das Bauen des Armaturenbretts, das Nähen der Polsterungen, das Anlegen von zwei neuen Treppen, die Trennwände, die herausgerissen werden mussten, die Zentralheizung und die Stromleitungen, die eingebaut werden mussten, und eine überflüssige Kassettentoilette, die gereinigt und in der Garage verstaut werden musste. Ein Gaskochfeld, ein Waschbecken, eine Duschkabine, Schränke und ein Bett flogen ebenfalls raus. An ihre Stelle traten Hunderte über Hunderte von Büchern, die mir infolge meines Aufrufs in der Regionalzeitung größtenteils kostenlos von völlig fremden Leuten zur Verfügung gestellt wurden. Manpower, so lernte ich damals zum ersten Mal, hat eine erstaunliche Wirkkraft.

Aber um noch mal auf meine Eltern zurückzukommen: Als der Buchladen eröffnete, zeichnete sich bereits ab, dass die ganze Sache mehr als nur ein Einzelhandelsunternehmen werden würde. In den vorangegangenen sechs Monaten hatte mich die Idee von dem Buchladen so gefangen genommen wie lange nichts mehr seit meinem Pony-Spleen. Es war ein Fantasie-Job, eine Schwärmerei, ein anhaltender Tagtraum, ein wunderwunderschönes Gedankenspiel. Es sind unsere Eltern, die uns Kind sein lassen. Und meine ließen mich an der schönsten Seite des Kindseins festhalten, selbst mit Mitte zwanzig.

Ich versuchte, den kompletten *Leitfaden zum Eröffnen und Betreiben eines Buchladens* der Bookseller Association zu lesen, um mir Wissen rund um Vertrieb, Marktpotenziale, Betriebskosten und andere finanzielle Aspekte anzueignen, legte das Buch aber schon bald nach dem zweiten Absatz mit einem laut vernehmlichen »Pfff« beiseite. Allein die Kapitelüberschrift – »Das Geschäft mit den Büchern« – empfand ich als Bedrohung meines imaginären Idylls. Beim erneuten Lesen muss ich feststellen, dass ich mir viel Geld, Verwirrung und einen nicht unbeträchtlichen Kundenverlust erspart hätte, wenn ich es gründlich gelesen hätte. Da drin stehen viele vernünftige Dinge. Gleich zu Anfang sagt einem das Buch direkt, dass man gar nicht erst in den Buchhandel einsteigen sollte, wenn man nicht über folgende Kompetenzen verfügt:

- Geschäftskenntnisse: rentable Chancen erkennen/gute Bedingungen mit Lieferanten aushandeln
- Managementkenntnisse: kontrollieren und leiten/planen und umsetzen
- Finanzkenntnisse: Geschäftskonten führen/Kosten kontrollieren
- Soziale Kompetenz ...
- IT-Kenntnisse ...
- Marketingkenntnisse ...
- Die Liste geht in diesem Stil weiter.

Es dürfte den Leser inzwischen wenig überraschen, dass ich damals wie heute keine dieser Fähigkeiten besaß bzw. besitze. Stattdessen konzentrierte ich mich darauf, eine alte Registrierkasse zu kaufen und mir zu überlegen, welche spannenden Titel ich führen würde. Bücher, jede Menge davon, und etwas, wo ich das Geld aufbewahren konnte – das sollte fürs Erste reichen. Es war eine naive Herangehensweise, aber zumindest im ersten Sommer ging die Rechnung auf. Die Verkäufe überstiegen unsere Erwartungen. Jeden Abend radelte ich nach Hause, während die Einnahmen in der Blechdose vorn in meinem Fahrradkorb klapperten und die Fahrradkette anerkennend klick-klick-klackerte.

Als ich nun mehr als drei Jahre später die Themse hochtuckere, frage ich mich, ob jetzt der richtige Zeitpunkt wäre, den Laden zu schließen. Nach meinem Erfolg in London wäre es vielleicht nur passend, aufzuhören. Es ist noch nicht mal August und die drei verbleibenden Monate der Reise wirken auf einmal wenig verlockend. Ich kann ja noch nachvollziehen, weshalb es aus geschäftlicher Sicht absolut sinnvoll war, Richtung Süden zu fahren, aber was es mir bringen soll, jetzt wochenlang durch Südwestengland zu schippern, dann durch Wales und Shropshire, ein wenig in Manchester zu verweilen, quer durch die Penninen nach Yorkshire zu fahren und dann den ganzen Weg wieder zurück, will sich mir momentan nicht erschließen. Und so verfalle ich von meinem Hochgefühl direkt in eine Depression. In meinem Kopf vernagele ich alle Fenster mit Brettern und denke nur an die Strömung, gegen die ich bis Reading ankämpfen muss. Als ich im Regen beim Warten auf die Schleuse ohnmächtig werde, sagt der Schleusenwärter zu mir: »Sie sollten sich ein paar Stunden ausruhen.« Aber ich will einfach nur runter vom Fluss. Er ruft daraufhin bei der nächsten Schleuse an, dass sie ein Auge auf ein schwarz-cremefarbenes Boot mit einem Rasen auf dem Dach haben sollen.

Ich hatte eigentlich vor, in Windsor zu halten, aber auf Twitter hat mich ein Mädchen angeschrieben, deren Freund mich in Maidenhead treffen will, um mir Abendessen vorbeizubringen, und ich fahre weiter. Es dauert länger als gedacht und es wird dunkel. Das Einzige, was mich motiviert, weiterzufahren, sind die Nachrichten des Jungen, in denen er von einer Hähnchenpfanne, einer Nachspeise und einer Thermoskanne Tee erzählt. Nach 22 Uhr bin ich endlich da. Der

Junge kommt mit dem Rad zum Flussufer heruntergefahren und nachdem er höflich mit seiner Klingel auf sich aufmerksam gemacht hat, kommt er mit einem Korb mit dem noch warmen Essen an Bord und ich könnte anfangen zu weinen.

Sein Name ist Patch. Er scheint ein paar Jahre jünger als ich zu sein und ist Briefträger geworden wegen der roten Fahrräder, nur um kurz darauf zu erfahren, dass sie abgeschafft werden sollten. Daraufhin hat er die Schirmmütze behalten, aber seine Kündigung eingereicht. Patch schlägt vor, er könne sich für den nächsten Tag krankmelden und mit mir ein Stück den Fluss rauf nach Henley mitfahren, worüber ich mich sehr freue. Außerdem erzählt er mir von dem Geburtstagsgeschenk für seine Freundin, an dem er gerade bastelt. Ein hölzernes Gestell für eine Räuberhöhle, deren Stangenlänge auf ihre Körpergröße zugeschnitten ist. Zu ihrem Geburtstag wird er es in einem Londoner Park aufstellen, eine rosa Decke darüber ausbreiten und dann werden sie in ihrer Höhle picknicken, während rosa Licht ihre Wangen rosig färbt. »Wieso bauen Erwachsene eigentlich keine Höhlen mehr?«, fragt er. »Keine Ahnung«, sage ich traurig, »ich habe auch schon seit Jahren keine mehr gebaut.« Er lacht: »Aber das hier *ist* doch eine Höhle. Das Boot.«

30. SPIELEN (TEIL III)

Plötzlich ergibt alles Sinn. So eine Höhle regt nicht nur die Fantasie an, sondern stärkt auch die Selbstwahrnehmung. All die umgedrehten Möbel, die gekritzelten »Kein Zutritt für Erwachsene«-Schilder sind Ausdruck davon, wer wir sind. Ich muss daran denken, wie es mich ärgert, wenn Leute an Bord kommen und einfach ihr angefangenes Gespräch weiterführen – über eine Autoreparatur oder die schulischen Leistungen ihrer Kinder –, anstatt sich chamäleonartig an die Stille inmitten der Bücher anzupassen. Oder wie wütend ich werde, wenn Freunde oder meine Familie zu Besuch sind und anfangen, Dinge umzustellen, oder ihre Handys zum Laden anschließen. Inzwischen ist das Boot zu einem untrennbaren Teil meiner selbst geworden. Ich rede mit ihm wie mit mir selbst. Noch vor wenigen Stunden wollte ich alles aufgeben, nun erkenne ich, dass das unmöglich ist.

Es gab unzählige Räuberhöhlen in meiner Kindheit: der staubige Boden unter dem lila Drillingsblumenstrauch, die mit Bettlaken behangenen umgedrehten Wohnzimmersessel, diverse Baumhäuser. Selbst außerhalb unseres Zuhauses schufen meine Schwester und ich uns unsere Rückzugsorte. Auf dem Gelände des Krankenhausswimmingpools kletterten wir aufs Dach der Umkleidekabine und richteten unser Loft-Apartment mit aufblasbarem Spielzeug ein. Am Strand erfanden wir die ausgeklügeltste Variante von »Haus bauen«, die man bis dato von Vorpubertierenden kannte. Sandburgen waren gestern: Unser Häuserbau war zur schicken Moderne avanciert. Wir bauten Pools zwischen Meeresfelsen. Wir okkupierten mit

Seepocken besetzte Schlafzimmer mit angrenzendem Bad und beglückwünschten uns gegenseitig mit aus dem Fernsehen geklauten Phrasen. »Eine Dreifachperspektive«, trällerte ich dann und vollführte eine Pirouette auf einem Kamin aus Basalt. Es gab Penthäuser, Paläste und eine hübsche Zweitwohnung.

Damals hatten wir sogar eine Bootshöhle. Auf die Idee, die Leiter unseres Doppelstockbetts in ein Boot umzufunktionieren, um damit um die Welt zu segeln, konnte nur Rebecca kommen. Sie war der Midas der Kinderspiele: Alles, was sie anfasste, wurde zu Gold. Wir legten die Leiter flach auf die kahler werdenden Teppichfliesen unseres Kinderzimmers, jeder von uns beanspruchte zwischen den billigen Kieferholzsprossen seine eigene Kabine und wir stachen unter lautem Milchzahngeschnatter und mit einer halbleeren Tüte Cornflakes in See. Es war kinderleicht. In unserer Fantasie schlüpften wir durch die einbruchssicheren Fenstergitter und über den Meeresgrund unserer rot gepflasterten Rollschuhpiste draußen. Die große Welle der Auffahrt spülte uns über die Straße. Und dann gab es nur noch ein blaues Diorama aus Himmel und Meer, ihr und mir.

Immer, wenn ich Narrowboats sehe, muss ich an Leitern denken. An diese eine Leiter. Beide die falsche Form für ein Wasserfahrzeug, lang und flach. Sie wurden als Arbeitstiere gebaut, zum Befördern von Kohlen, Bier, von müden Füßen ins Bett. Als ich *Joseph* erstmals erblickte, hatte ich das Gefühl, dass er einen Traum in sich trug. Räuberhöhlen funktionieren nach demselben Prinzip. Sie sind im engeren Sinne keine Behausungen – sind nicht funktional, sauber und stabil –, sondern Orte, die wir wegen dem bewohnen, wozu sie *imstande* sind. Sie transportieren uns in eine andere Welt. Sie sind Orte, die uns davontragen.

31. HORROR

Zwischen Reading, wo ich wieder auf den Kanal zurückkehre, und Bristol, wohin ich unterwegs bin, liegen insgesamt 105 Schleusen. Darunter auch die berühmte Caen-Hill-Schleusentreppe, eine aus 29 hintereinander geschalteten Schleusen bestehende, fünf bis sechs Stunden dauernde Tortur, die ich ganz bestimmt im strömenden Regen hinter mich bringen muss. Es kommt, wie es kommen muss. Die Wetterstatistik stresst mich derart, als ich in der Nähe von Reading in einem Handbuch davon lese, dass ich direkt mit einem niedrigen Baum kollidiere. Ein Ast verfängt sich im Gashebel und beschleunigt das Boot auf Höchstgeschwindigkeit, sodass es direkt auf das Ufer zurast. Das Gesicht auf das Steuer gesenkt, um nicht von anderen Baumgliedmaßen geköpft zu werden, höre ich, wie die unbemannte Pinne von einem dritten hölzernen Bösewicht beiseite geschlagen wird. In dieser Pattsituation sind wir ein paar Minuten lang gefangen: Mein Bücherboot kracht gegen das Ufer, das Ufer blockiert die Weiterfahrt. Eine Mutter und ihr Kind sehen uns verängstigt zu. Ich krame meine Erinnerungen an die miserable Neunzigerjahre-Fortsetzung *Speed 2: Cruise Control* hervor, um einer möglichen Verstümmelung, einem Bootsmassaker und einem gewissen Grad an Peinlichkeit zu entrinnen. Denn das hier ist *fast genau dasselbe Szenario* wie im Film, als Jason Patric mit einem Stuntbudget von 110 Millionen US-Dollar ein Kreuzfahrtschiff, das mit einem Öltanker zu kollidieren droht, in letzter Minute stattdessen in die Karibikinsel Saint Martin steuert. Und was hat Sandra Bullock derweil gemacht? Sich schwarzgeärgert, dass sie überhaupt mitgespielt hat? Sich die Goldene Himbeere abgeholt? Sich eine Kettensäge geschnappt! Hastig krabbele ich nach drinnen, um die Papier-/Friseurschere zu holen und mit einer ihrer stumpfen Klingen auf den im Getriebe verfangenen Ast einzuhacken. Wie nicht anders zu erwarten war, schneidet die Schere jedoch nichts ein außer meinen Ringfinger, sodass ich Patrics Bugstrahlrudertechnik anwende, um das Boot zu drehen, und mit der Stocherstange den Ast wegschiebe. Auf diese Weise macht die Book Barge ihren unwürdigen Abgang aus der Kleinstadt in der Grafschaft Berkshire. Nachdem ich meine Hände mit Pflastern versorgt und mir die Blätter abgebürstet habe, mache ich mich auf den Weg nach Newsbury.

Ein paar Kilometer vor Hungerford taucht dann tatsächlich eine Kettensäge auf. An der Schleuse, an der ich mich befinde, beschneiden zwei Typen von British Waterways die Bäume um eine Lichtung herum, in deren Mitte zwei Gestalten schlafen. Angesichts des Lärms der Kettensägen, der sich füllenden Schleuse, meines Motors und meines gebrüllten Gesprächs mit den beiden Typen weiß ich echt nicht, wie sie es schaffen, weiterzuschlummern, sodass ich hinter der Schleuse warte, bis die Männer fertig sind, um auf Zehenspitzen zurückzugehen und nachzuschauen, ob sie noch am Leben sind. Das sind sie und in diesem Moment essen sie etwas, was sie Nussburger nennen und was aus losen Nüssen in einem trockenen Brötchen besteht. Das Pärchen, beide Anfang zwanzig, ist zu Fuß von London nach Stonehenge unterwegs. Sie leben in einer selbst gebauten Kommune etwas außerhalb von London. Das Mädchen wird von einem riesigen Rucksack beschwert und ist der schönste Mensch, den ich je gesehen habe. Ich nehme die beiden ein Stück mit.

Unterwegs erzählen wir uns gegenseitig aus unserem Leben ohne Geld, worin sie deutlich mehr Erfahrung haben als ich. Das Mädchen erzählt mir von einer Frau namens Peace Pilgrim, die sie zu ihrer Entscheidung inspirierte, anders als andere zu leben. Peace Pilgrim, geboren als Mildred Lisette Norman, war Amerikanerin und wuchs auf einer Hühnerfarm in New Jersey auf. Am 1. Januar 1953, als der Koreakrieg gerade begonnen hatte, machte sie sich zu Fuß auf eine Wanderung quer durch die USA, die 28 Jahre dauern würde – im Namen des Friedens. Sie trug kein Geld und kein Essen bei sich und lediglich die wenige Habe, die in die Taschen ihrer ärmellosen blauen Friedenspilgerin-Tunika passte. Damit die Welt endlich friedlich werde, müssten zunächst die *Menschen* friedlich werden, sagte sie. Das kommt uns erst einmal ziemlich offensichtlich vor. Aber, wie sie anfügte: »Letztlich steht und fällt es immer mit dem, was uns am schwersten fällt: an uns selbst zu arbeiten, um ein besserer Mensch zu werden.« Es ist eine Ironie der Geschichte, dass die Friedenspilgerin, die einen Großteil ihres Lebens zu Fuß unterwegs war, ausgerechnet bei einem Autounfall ums Leben kam, als man sie zu einem Vortrag in Indiana fuhr.

Das Mädchen fragt mich, ob ich auch für den Frieden unterwegs sei. »Nein«, muss ich zugeben. »Dann arbeitest du also an dir«, sagt sie und ich möchte sie küssen dafür. In Hungerford lasse ich sie raus. Das Mädchen setzt den Fußmarsch nach Stonehenge fort, aber der Junge muss nach Hause, um auf die Katze seiner Mutter aufzupassen, worüber ich ein wenig gehässig lachen muss.

An diesem Abend mache ich in Great Bedwyn fest und habe einen furchtbaren Albtraum, der ganz und gar nichts mit Frieden zu tun hat. In meinem Traum steigt ein

Serienkiller an einem Dorfbahnhof aus dem Zug aus und kommt zu meinem Anlegeplatz. Dann steht er auf dem Treidelpfad und sieht mein Boot lange Zeit einfach nur an. In einer Hand hält er eine halbautomatische Pistole und in der anderen ein Jagdgewehr. Letzteres benutzt er, um das Bullaugenfenster über meinem Kopf zu zerschießen. Dasselbe wiederholt er mit dem rechteckigen Fenster daneben und mit dem daneben und mit dem am hinteren Ende des Boots, knapp oberhalb des Regals mit der Lyrik. Alle vier Fenster auf dieser Seite des Boots sind nun zerstört. Ich schrecke aus meinem Schlafsack hoch, zerschlage ein Fenster auf der anderen Seite, das über der Kinderabteilung, und taumele hinaus ins Wasser. Als ich versuche, wegzuschwimmen, feuert der Mann ins Wasser, um meine Beine zu erwischen. Um ihm zu entkommen, tauche ich und taste mich am Boot entlang bis etwa zur Mitte. Hier tauche ich auf und halte mich am Dollbord fest, während mein Angreifer mir mit seinem schmalen Lächeln weiter Angst einjagt.

Selbst nachdem ich aufgewacht bin, kann ich die Angst nicht abschütteln, er warte irgendwo da draußen auf mich. Ich ziehe mein Handy unter dem Kissen hervor und rolle mich damit ganz unten in meinem Schlafsack ein. Zehn Minuten lang halte ich es in den Händen und lausche, ob ich den Mann mit seinen Waffen erneut höre, und bin zu starr vor Angst, als dass ich jemanden anrufen könnte. Ich habe Stus Nummer aufgerufen und schließlich rufe ich ihn doch an und erzähle ihm flüsternd von dem Blutbad, für den Fall, dass der Killer mich hören kann. Stus Stimme dringt leise und müde aus der Leitung, aber es reicht. Als ich auflege, kann ich endlich eine Taschenlampe einschalten und weinen.

32. REIHER

Mal wieder warte ich an einer Schleuse und beginne, mich mit einem Reiher zu unterhalten, der zwischen ein wenig Schilfrohr direkt unterhalb des Schleusentors herumstakst. Etwas, was die wenigsten Leute wissen, ist, dass man Reiher im Englischen auch »Shitepoke«, also Scheißebeutel, nennt, weil sie ihren Darm entleeren, wenn sie gestört werden. Etwas, was noch weniger Leute wissen, ist, dass das altenglische Wort für Reiher »Hernshaw« war, was meinem Nachnamen stark ähnelt. Angesichts unserer Gemeinsamkeiten, was Feigheit, die Etymologie und unsere Vorliebe für Kanäle betrifft, spüre ich eine gewisse Verbundenheit mit diesen Tieren, die zu meiner zweitliebsten Vogelart nach Tauben werden.

Der Reiher, der sich nicht gern stören lässt, sagt, ich darf ihm drei Fragen stellen. Ich hasse es, derart unter Zugzwang zu stehen, und natürlich fällt mir nichts ein. »Wärst du lieber eine Taube oder ...«, fange ich an, aber mir will partout kein anderer Vogel einfallen, also belasse ich es dabei. Meine nächste Frage ist, ob er den Schauspieler Christopher Walken kennt. Und zuletzt frage ich, ob er schon mal einen Menschen getötet hat. Er verneint alle drei Fragen.

»Und jetzt stellst du mir drei Fragen«, fordere ich ihn auf. Er fragt mich, woher ich gerade komme und wo ich heute Abend anzulegen gedenke und wie lang mein Boot ist. Das sind so ziemlich dieselben Fragen, die mir jeder stellt, dem ich auf meiner Reise begegne. Gerade als ich ihm antworte, tritt ein Mann in einem langen, cremefarbenen Mantel auf der Brücke über mir an die Brüstung und ruft mir zu: »Sind Sie allein, junge Dame?« Auch wenn ich eben laut geredet habe und er mich vermutlich gehört hat, schaffe ich es nicht, mir rechtzeitig eine Lüge auszudenken. Also murmele ich lediglich ein »Ja«, woraufhin er grinst und zu mir herunterkommt. Als er direkt vor mir steht, sieht er sich noch einmal verstohlen um und sagt dann: »Ich habe da etwas unter meinem Mantel, das dich interessieren dürfte.« Ich würde am liebsten losschreien oder wegrennen, aber ich will den Reiher nicht erschrecken, der sich womöglich noch anscheißt, und ich will um unser beider willen meinen Mut unter Beweis stellen. Also spanne ich stattdessen alle Muskeln an, um ihm eine zu verpassen, sollte er irgendwelche Anstalten einer Vergewaltigung machen.

Wie ich befürchtet hatte, fängt er an, langsam seinen Mantel aufzuknöpfen, aber darunter ist lediglich ein Winschkurbel-Holster verborgen, das er mit der Hüfte mit einem lauten »Tada!« hervorstößt. Ich bin genervt, dass er mir so einen Schrecken eingejagt und meinen Plausch mit dem Reiher unterbrochen hat, der nun davonfliegt. Aber der Mann macht auch einen gesprächigen Eindruck und so erzähle ich ihm, woher ich komme, wohin ich unterwegs bin und dass mein Boot 18 Meter lang ist. Ich würde ihn gern fragen, ob er auch findet, dass alle Reiher ein wenig wie Christopher Walken aussehen, aber dann bin ich zu schüchtern und hüpfe einfach zurück aufs Boot, nachdem er mir mit der Schleuse geholfen hat, bedanke mich noch einmal winkend und wünsche ihm einen schönen Tag.

33. WWJD?

Es ist eine allgemein anerkannte Wahrheit, dass ein alleinstehender Mann, der ein beträchtliches Vermögen besitzt, einer Frau bedarf. Es ist jedoch eine weniger allgemeingültige Annahme, dass eine alleinstehende Frau, die ein Boot von stattlicher Größe besitzt, eines Ehemanns bedarf. Diese Weisheit gibt mir eine Unbekannte mit, die ich auf dem Weg nach Bath kennenlerne. Ich stecke gerade auf halbem Weg in einer Schleuse, als ich ihr und ihrem Mann begegne. Während ihr Mann mit dem Boot zurückbleibt, kommt sie auf meins zugelaufen und beginnt, die Schützen auf ihrer Seite hochzukurbeln, wofür ich ihr zutiefst dankbar bin. Ich tue dasselbe auf meiner Seite und setze mich dann, wie es Brauch ist, auf das Tor und starre verzagt auf den Wasserschwall. In diesem Moment kommt die Frau über die Brücke zu meiner Seite gelaufen, vorgeblich, um die Zeit mit einem kleinen Plausch zu vertreiben. In Wirklichkeit will sie mich in strengstem Ton dafür tadeln, wie »selbstsüchtig« es doch sei, allein ein Narrowboat zu steuern.

»Haben Sie keinen Freund oder einen Mann?«, geifert sie.

»Nein, ich bin ganz allein, fürchte ich.«

»Haben Sie keine Ahnung, wie narzisstisch das ist?«

»Dass ich keinen Lebenspartner habe??« Ich kann ihrer Logik nicht ganz folgen.

»Weil Sie alle anderen Bootsfahrer auf diesem Kanal aufhalten, indem Sie darauf bestehen, das allein machen zu wollen. Wissen Sie nicht, dass es mindestens doppelt so lange dauert, eine Schleuse einhand zu betätigen?«

»Ich fürchte, es geht nicht anders. Es ist ja wohl kaum selbstsüchtig, sich selbst mehr Arbeit aufzuhalsen, oder?«

»Aber das macht ihr Singles ja nie!« Inzwischen hat sie sich regelrecht in Rage geredet.

»Hä?«

»Wer hat denn gerade eben die Schützen für Sie hochgekurbelt? *Ich!* Und wer wird in zwei Minuten das Tor für Sie halb öffnen? *Ich!* Letztlich ist es zusätzliche Arbeit für unschuldige Bootsfahrer wie uns – nicht für Sie. Ich habe ja nichts dagegen, wenn ein *Mann* allein auf dem Kanal fährt, aber Mädchen! Die halten nur das ganze System auf. Sie sind doch noch jung – können Sie sich nicht einen Mann suchen und uns allen damit einen Gefallen tun?«

Zum Glück für diese Frau habe ich die letzten Tage der Reise, die mich voraussichtlich morgen nach Bath führen wird, damit verbracht, mich in die Werke einer früheren Bewohnerin der Stadt zu vertiefen: Jane Austen. Erst kürzlich bin ich darauf aufmerksam geworden, dass meine Binnenwasserfahrt womöglich ein wenig eine Grobheit meines Charakters befördert hat, der normalerweise zwischen schüchtern und zurückweichend changiert, aber größtenteils auf einem soliden Bitte-/Danke-Fundament fußt. Erst gestern habe ich *Joseph* und mich selbst überrascht, als ich einen pampigen Angler mit den Worten »Verpiss dich, Arschloch!« ansprach, da er mit seiner Angel auf die Seite meines Boots einhieb, angeblich, weil ich zu schnell fuhr. Später habe ich in einen Kübel mit Stiefmütterchen hinter einer Teestube uriniert (die geschlossen war, sonst wäre ich natürlich hineinmarschiert und hätte eine Toilette gefordert). Ein wenig beschämt wegen beider Vorfälle habe ich mir geschworen, Nachsicht und Anstand an den Tag zu legen, zumindest solange ich in Bath weile. Zu diesem Zweck habe ich mir die Buchstaben W, W, J und D auf die Knöchel beider Hände gemalt: What Would Jane Do?

Während wir die Tendenz haben, ihre Romane als Liebesgeschichten mit Happy End zu lesen, war Jane Austen keineswegs eine Romantikerin. Sondern Realistin. Obwohl sie 1802 eine gute Partie abwies, da sie, wie sie erklärte, den Mann nicht liebte, ging sie nie eine Beziehung zu Tom Lefroy ein, einem Verehrer, für den sie *sehr wohl* Gefühle hatte, weil er finanziell von einem Großonkel abhängig war. Jane hätte der Dame an der Schleuse vermutlich in einem Punkt zugestimmt: Ein wenig Muskelkraft würde mein derzeitiges Leben tatsächlich deutlich leichter machen. Allerdings predigte sie auch, dass man auf die Gefühle anderer Leute Rücksicht nehmen sollte, was als Rechtfertigung dafür dienen könnte, der Dame als Vergeltung für ihre Beleidigungen mit der Faust einen blassen WWJD-Abdruck ins Gesicht zu verpassen. Aber ich habe andere Pläne.

Als sich die Schleuse leert, öffne ich meine Seite des Tors, haste die Leiter hinunter und verschwinde für zwei Minuten im Boot, um mir einen kürzeren Rock anzuziehen, eine Schicht Mascara aufzulegen und meine Lippen einen Deut röter zu färben. Als ich rausfahre, winke ich der Frau fröhlich zu, ehe ich mich an das Boot ihres Mannes heranpirsche und den Rückwärtsgang einlege, bis ich mich genau auf derselben Höhe wie er am Steuer befinde. »Hallo«, trällere ich, »ich hoffe, es macht Ihnen nichts aus, dass ich Ihnen so auf die Pelle rücke, aber Ihr Boot ist so groß und chic, dass ich nicht einfach weiterfahren konnte, ohne Ihnen vorher ein Kompliment zu machen. Sie müssen ja wirklich *sehr* stark sein, um es ganz allein zu steuern. Und es war unglaublich clever von Ihnen, Ihre Fender hochzuziehen, während meine alle abgerissen sind. Würde es Ihnen *sehr viel* ausmachen, mir das Wachs zu zeigen, mit dem die Farbe so schön glänzend bleibt?« So plaudern wir noch ungefähr fünf Minuten miteinander, wobei mein glockenhelles Lachen laut genug ist, dass es bis zum hintersten Schleusentor getragen wird, wo seine Frau innerlich brodelt und uns beobachtet. Dann greife ich nach seinem Handgelenk, tue überrascht angesichts der Uhrzeit auf seiner Armbanduhr und beschleunige das Boot: »Danken Sie Ihrer Frau bitte noch mal dafür, dass sie so *geduldig* war! Ich habe Sie schon viel zu lange aufgehalten und Ihre Frau war so *freundlich*, mir hinten zu helfen. Bitte richten Sie Ihr meinen Dank aus!« Ich werfe ihm einen Handkuss zu.

Die Worte der Frau haben mich jedoch nachdenklich gestimmt und ich überlege, ob es nicht praktisch wäre, einen Kerl anzuheuern, der das Steuern übernimmt, während ich mich zurücklehne und die moralische Landschaft von *Sinn und Sinnlichkeit* betrachte. Ich handle schnell, schließlich habe ich nicht vergessen, wie Austen einst über Elizabeth Elliot in *Verführung* schrieb, sie nähere sich als 29-jähriger Single langsam den »gefährlichen Jahren«. Mit meinen 28 Jahren bin ich nun schon ein Jahr älter als Charlotte Lucas in *Stolz und Vorurteil*, die sich mit dem tölpelhaften Mr. Collins abfindet, aus Angst, *ihr* laufe die Zeit davon. Als ein einsamer Kajakfahrer vorbeikommt, betrachte ich mit Zärtlichkeit und Verzücken seine liebreizende, lächelnde, wenngleich verschwitzte Gestalt und lade ihn sogleich für ein *Tête-à-Tête* an Bord. Mit einem galanten Gruß hievt er sein Boot auf mein Dach und ergreift an der nächsten Schleusentreppe die von mir dargebotene Winschkurbel. Ich stelle mir vor, wie ich diese Szene schildern werde, wenn ich ihn meiner Familie und meinen Freunden als meinen neuen Freund vorstellen werde. »Und wann genau hast du dich in ihn verliebt?«, werden sie fragen. »Das hat sich so allmählich entwickelt, dass ich den Zeitpunkt gar nicht benennen könnte«, werde ich verlegen erwidern. »Aber ich glaube, es muss wohl begonnen haben, als ich seinen bezaubernden Bizeps gesehen habe, wie er die fünf Schleusen in Seend bearbeitet hat.«

Leider geht unsere Beziehung schnell den Bach runter, als er vorschlägt, er könne mich den ganzen Weg bis Bradford-on-Avon begleiten. Da ich zu höflich bin, um abzulehnen, ertrage ich ihn bis Hilperton Marina, wo ich ihn losschicke, um Süßigkeiten und Limo zu kaufen. Ich hebe derweil sein Kajak mithilfe eines Passanten herunter und als ich ihn herbeikommen sehe, rufe ich ihm zu, dass man mich zu einem dringenden Buchverkaufstermin gerufen hätte, und ziehe allein und unglaublich erleichtert von dannen. Den Rest des Tages verbringe ich in vergnügter Einsamkeit, lese *Joseph* aus den ersten Seiten von *Emma* vor und erinnere mich, was Rudyard Kipling einmal über die tröstliche Eigenschaft von Austen schrieb: »Es geht nichts über Jane, wenn man in der Klemme steckt.«

An diese Worte denke ich, als ich Bath endlich erreiche und auf dem Avon neben dem Rugbyclub im Schatten der Pulteney-Brücke anlege. Seit ich London hinter mir gelassen habe, bin ich mehr unterwegs als geöffnet gewesen. Sämtliches Geld, das ich im Süden eingenommen habe, ist fort und die Bank ruft mich stündlich an, um irgendwelche Gebühren und unbezahlte Darlehen anzumahnen. Laura, die mich besuchen kommt, ist jedoch optimistisch, dass das literarische Erbe von Bath bestimmt bald schon Erfolg zeitigt, sodass ich die Liegegebühr für eine Woche bezahle und heimlich die Dusche in einem nahegelegenen Freizeitzentrum benutze. Danach haken wir uns unter und bummeln an den Schaufenstern entlang, bis ich in einem etwas sehe, das einer Jane-Jüngerin würdiger scheint als meine Leggings und mein ölverschmiertes T-Shirt. Nachdem ich mein Knöchelorakel ein letztes Mal befragt habe, gebe ich meine letzten dreißig Pfund für ein neues Kleid aus und das ganz ohne schlechtes Gewissen.

WWJD? Die Länge des Kleids beanstanden, aber das hübsche blau-rosa Muster bewundern.

34. GELD

Bath hält, was Laura verspricht. Dass man hier am Flussufer eine hüfthohe Sicherheitsbrüstung aus Metall überwinden muss, ehe man an Bord klettern kann, scheint die Kundschaft nicht abzuschrecken. Selbst der hochverehrte Oberbürgermeister Bryan höchstselbst stattet mir einen Besuch ab, bei dem er *Joseph* als »Königin des Flusses« preist. *Joseph* ist außer sich. All meine Versuche, beschwichtigend auf ihn einzureden, dass er in der Bootswelt eine Gender-Ausnahme darstellt, sind vergeblich. *Joseph* sinnt auf Rache, und zwar – was meine lang gehegte Vermutung ob seiner Goth-Sympathien bestätigt (das schwarze Gewand, seine Abneigung gegen Geplauder) – auf ungewöhnlich düstere und überraschenderweise Bath-typische Art und Weise: mit einer Fluchtafel.

Üblicherweise waren Fluchtafeln in Metall eingeritzte Botschaften, in denen die Götter angerufen wurden, begangene Ungerechtigkeiten oder Verbrechen zu bestrafen. Oft waren sie codiert oder rückwärts verfasst oder die Zeilen verliefen in unterschiedlichen Richtungen. Archäologen haben einige solcher Exemplare aus römischer Zeit in Bath rund um die heilige Quelle gefunden. Und so diktiert *Joseph,* während ich unterhalb seiner Wasserlinie Folgendes einkerbe:

Bürgermeister Bryan hat Joseph ein Mädchen genannt. Ist er aber nicht. Joseph bittet deshalb darum, dass man Bryan mit seiner Amtskette fessele und in den Fluss werfe.

Allerdings vergesse ich, es rückwärts zu schreiben, sodass ich auf der anderen Seite noch mal einen Versuch unternehmen muss:

retsiemregrüB nayrB tah hpesoJ nie nehcdäM tnnaneg. tsI re reba thcin. hpesoJ tettib blahsed murad, ssad nam nayrB tim renies ettekstmA elessef dnu ni ned ssulF efrew.

Nachdem wir beide zufrieden sind, dass Gerechtigkeit waltet, gehe ich wieder dazu über, Bücher zu verkaufen und die Anrufe der Bank abzuwimmeln, während *Joseph* weiterhin *Der Sandmann* liest.

Während meiner Zeit in Bath denke ich über den Ausspruch von Ezra Pound nach, dass in unseren Zeiten »monetäre Ungebildetheit ein Fluch ist, so wie es die Unfähigkeit, einen einfachen Text zu lesen, in früheren Jahrhunderten war«. Ich frage mich, ob er recht hat. Natürlich ist nicht jeder betroffen. Als eine alte Schulfreundin mich mit ihrem Lebenspartner besuchen kommt, beide Steuerberater, verbringen sie einen Großteil ihrer Zeit am Telefon, um sich nach den Hypothekraten für die Immobilie zu erkundigen, die sie gerade kaufen – eine wunderschöne Zweizimmerwohnung im Norden Londons, bei deren Preis einem die Kinnlade herunterfällt. Insofern scheint es, dass einige sehr wohl mit Finanzen umgehen können. Aber ansonsten gibt es viele Anzeichen dafür, dass ich nicht allein dastehe mit meiner Armut. Während ich in Bath bin, schwappen die Ausschreitungen von London auf andere Städte im ganzen Land über, sogar bis nach Bristol, wo ich als Nächstes hinwill. Die Randalierer plündern die Läden und klauen Handys, teure Turnschuhe und riesige Flachbildschirme, um sie mit nach Hause zu nehmen oder auf dem Schwarzmarkt zu verhökern, nachdem sie die leeren Regale angezündet haben und damit sämtliche Schlagzeilen sowie die Eilmeldungen der Rund-um-die-Uhr-Fernsehberichterstattung beherrschen. Das Seltsame ist, dass niemandem klar zu sein scheint, was diese Unruhen ausgelöst hat. Das unverhältnismäßig harte

Vorgehen der Polizei? Straßengangs? Das Stagnieren der Wirtschaft? Jugendarbeitslosigkeit? Das Einzige, worüber Klarheit herrscht, ist, dass die Leute meiner Generation frustriert über ihr Leben sind und zum ersten Mal darin vereint zu sein scheinen, dass sie blank sind, Blackberry-süchtig und bereit, irgendetwas an dem ganzen Scheißsystem zu ändern, in dem wir leben. Und irgendwie finde ich das insgeheim ziemlich spannend.

Meine Generation wurde in die Boom-Jahre von Kapitalismus und Gier hineingeboren. Wir wuchsen auf mit Filmen, in denen sich alles um Geld drehte, angefangen bei *Wall Street* über *Pretty Woman* bis hin zu so ziemlich jedem Film mit Tom Cruise in der Hauptrolle, der stets irgendwie das Sinnbild für den Erfolg des großspurigen Unternehmers zu sein schien. Außer in *Top Gun,* wo er einfach nur großspurig war. Und wir strengten uns all die Jahre an, gingen zur Schule und später an die Fachhochschule oder Universität und versuchten dann, in der Arbeitswelt Fuß zu fassen, und schafften es nicht und dachten: Hä? Also strengten wir uns noch mehr an. Wir gründeten eigene Unternehmen. Ich versuchte es mit dem Buchhandel und auch wenn ich nie so töricht war zu glauben, ich würde damit Millionen machen, hatte ich zumindest erwartet, dass ich davon leben könnte. Da habe ich mich getäuscht. Daraufhin habe ich beschlossen, das mit dem Geld ganz aufzugeben und stattdessen von Büchern zu leben, eine Währung, die mir deutlich besser gefällt.

Das hat jedoch nicht den Kreditrückstand beheben können, den ich mit mir herumschleppe. Auch wenn ich bislang ganz gut überlebt habe, indem ich Bücher gegen Pizza und Pinot getauscht habe, und nur gelegentlich das Bedürfnis verspüre, die Kasse zu plündern, um mir auf traditionellem

Wege ein Kleid zu besorgen, droht man mir trotzdem mit einer Klage, werde ich telefonisch verfolgt und bin in den Augen des Großteils der Gesellschaft einfach nur eine Schmarotzerin auf einem schmalen Boot, die keine Steuern zahlt. Und das nervt mich. Ich nehme an, den Randalierern geht es da ganz ähnlich.

35. BRISTOL

Was neue Finanzmodelle betrifft, scheint Bristol Vorbildcharakter zu haben. Während ich von Bath hierhertuckerte, was einen ganzen Tag in Anspruch nahm, las ich über das Bristol-Pound-System. Es handelt sich dabei um eine zusätzliche Währung, die die lokale Wirtschaft stärken soll, wobei jedes Pfund durch Sterling-Einlagen abgesichert wird, sodass damit nicht mehr finanzielle Risiken verbunden sind als bei anderen Bankinstituten. Im August 2011 wurde die Währung offiziell eingeführt, von der aktuell über 140.000 Bristol Pound in Bristol und Umgebung im Umlauf sind. Selbst der Bürgermeister erhält sein Gehalt in Bristol Pounds. Zusätzlich zur Unterstützung lokaler Einzelhändler (Ketten dürfen nicht mitmachen), so argumentieren die Begründer der Währung, habe dieses freiwillige Angebot auch Vorteile für die Umwelt, indem es die Anzahl an Waren reduziert, die quer durchs Land transportiert werden müssen.

Es gibt aber noch andere Gründe, weshalb ich die Stadt schon jetzt liebe. Noch nie war *Joseph* der Küste näher als hier und wir werden neben richtigen Hochseeschiffen wie der *SS Great Britain* liegen. Möwen werden hoch über den Dächern ihre Schatten werfen und sich als Flashmob auf die Reste eines Thunfischsandwichs auf dem Gehweg stürzen. Außerdem gibt es eine familiäre Verbindung zu der Stadt, denn mein Vater ist hier aufgewachsen. Und eine literarische Verbindung, denn *Die Schatzinsel,* eines meiner Lieblingskinderbücher, spielt zum Teil hier. Darüber hinaus ist hier ein Buchladen ansässig, der einen der reizendsten Namen trägt, denen ich je begegnet bin: Bloom & Curll, in 74 Colston

Street. Neben einem eklektischen Bestand wirbt er mit viel Platz für »Kunstausstellungen, politische Diskussionen, Poesie, Kafka oder einfach nur zum Teetrinken, Schachspielen und zum Planen der nächsten Revolution«. Ich erwarte mir Großes und fasse die Pinne fester.

Da die Stadt über eine eigene Hafenbehörde verfügt, fällt Bristol nicht in die Zuständigkeit von British Waterways, bei denen ich für meinen Gewerbeschein zahle. Aus diesem Grund muss ich bei Betreten der Stadt erst einmal blechen und einen zusätzlichen Schrieb ausfüllen, damit ich eine Woche hier vor Anker gehen darf. Der Schleusenwärter ist völlig begeistert, als er von meinem schwimmenden Buchladen erfährt, und schlägt mir vor, beim Arnolfini-Kunstzentrum anzudocken, wo ich bestimmt eine große Kundschaft finden werde. Außerdem gibt er mir den Tipp, die Stadt auf anderem Wege wieder zu verlassen – den Bristol-Kanal hinauf – anstatt auf dem Weg zurück, über den ich gekommen bin, wogegen meine rechte, Schleusen-Schützen-Winschkurbel-geplagte Schulter ohnehin schmerzhaft protestiert. Dem Rat des Wärters folgend, lege ich vor dem Kunstzentrum an und mache mich auf den Weg, ein paar Mädels zu treffen, die mein Boot in Bath besucht haben. Bristol, ich liebe dich. All die sonnengebräunten Beine, die zum Feierabend über die Hafenmauer baumeln, die Getränke locker über Hunderten von Knien gehalten, sehen aus wie eine Reihe Ausrufezeichen.

Das Erste, was ich am nächsten Morgen beim Öffnen des Ladens anvisiere, ist, Tickets für die Vorstellung von *Die Schatzinsel* im Bristol Old Vic zu ergattern. Da das Theatergebäude derzeit renoviert wird, soll das Stück unter freiem Himmel aufgeführt werden, was wahrscheinlich auch besser so ist. Ich muss an die Grabinschrift auf dem

Grabstein von Robert Louis Stevenson denken, die aus seinem Gedicht *Requiem* stammt, in der er einen Lobgesang darauf anstimmt, »Unter dem weiten Himmel der Sterne« zu liegen. Was gibt es Schöneres, als eine Vorstellung damit zu beenden, dass sich statt eines Vorhangs die Dunkelheit über die King Street senkt. Meine Leidenschaft für Stevenson zählt zu meinen längsten literarischen Affären. Als kleines Mädchen habe ich *Die Schatzinsel* gelesen, als ich krank war und nicht zur Schule gehen konnte. Ich habe das Buch geliebt – wegen seiner atemlosen Spannung und seiner ungewöhnlichen Sprache und insbesondere Ben Gunns kurioser Frage nach Cheddar: »Hast du nicht zufällig ein wenig Käse bei dir?« Danach habe ich *Entführt* gelesen, dann *Der seltsame Fall von Dr. Jekyll und Mr. Hyde.* In späteren Jahren habe ich angefangen, auch über Stevensons Leben zu lesen, und als ich herausfand, dass sein zwanghaftes Bedürfnis, Geschichten zu erzählen, von seiner Kindheit herrührte, in der er mit Husten und Fieber ans Bett gefesselt war, musste ich an meine eigene Entdeckung seiner Bücher im Krankenbett denken.

Stevensons erstes veröffentlichtes Werk heißt *Eine Binnenlandfahrt durch Belgien und Frankreich.* Es ist ein Bericht über seine Kanufahrt von Antwerpen nach Nordfrankreich, wo er seine Frau kennenlernen sollte, eine verheiratete Amerikanerin mit zwei Kindern, die elf Jahre älter war als er. Als ich im Mai in Staffordshire losfuhr, war es Stevensons Reise, die mir die Zuversicht gab, dass das Schippern über die Kanäle eines Landes nur der Auftakt zu einem Leben mit noch exotischeren Abenteuern und ungeahnten Möglichkeiten sein konnte. Auf seine Frankreichreise folgten mehrere Jahre, in denen Stevenson mit seiner neuen Familie Amerika und die Pazifikinseln bereiste, ehe sie sich auf Samoa niederließen. Berichten zufolge soll Robert Louis Stevenson infolge einer Überanstrengung gestorben sein, als er eine Weinflasche zu öffnen versuchte – ein Ende, wie es nur noch von der Legende um Dylan Thomas getoppt wurde, der angeblich seinen Tod besiegelte, indem er 18 Whiskeys hintereinander kippte.

Die Karte für *Die Schatzinsel* zu besorgen, stellt sich letztlich als so leicht heraus, dass ich mich frage, ob nicht vielleicht die schwarze Magie der Piratengötter im Spiel war: Völlig unerwartet spaziert ein Paar, bekleidet mit T-Shirts zur Show, bei mir herein. Auf meine Frage hin verraten sie mir, dass sie Platzanweiser im Theater sind. Als sie wieder gehen, haben sie den riesigsten Stapel Bücher dabei, den ich je verschenkt habe, während ich stolz meine Eintrittskarte für die Vorstellung in der Hand halte. Am Ende gehe ich zweimal. Das Stück gefällt mir beim ersten Mal so gut, dass ich Laura überzeuge, herzufahren, um am nächsten Abend noch mal mit mir hinzugehen. Es löst in mir eine gewisse Rastlosigkeit aus. Eine für mich untypische Unerschrockenheit. Und bringt mich für die seltsamen Ereignisse, die kurz darauf in dieser verwegensten aller Städte folgen sollten, so sicher auf Kurs wie die Hispaniola.

36. »FREUNDE«

Mir wird die Gewerbeerlaubnis für Bristol entzogen. Das teilt mir der Hafenmeister mit. Er sagt, der Schleusenwärter, bei dem ich bezahlt habe, hätte mir nie den Eindruck vermitteln dürfen, es sei okay, von einem Boot aus Bücher zu verkaufen. Ist es nicht. »Aber ...«

»Kein Aber.« Ich darf im Hafen bleiben und Urlaub machen oder ich verlasse die Stadt. Was allerdings gar nicht geht, da British Waterways eine Schleuse vor Bath bis nächste Woche geschlossen hat, um Wartungsarbeiten durchzuführen, und meine Passage den Kanal hoch erst für in fünf Tagen gebucht ist. Mit anderen Worten, ich bin in Bristol gefangen, ohne Gewerbeerlaubnis, und kann weder vor noch zurück. Schöner Mist.

Ich ziehe einen Liegestuhl an den Bug des Boots und setze mich hin, die Füße hochgelegt. Ich versuche, mich wie im Urlaub zu fühlen. Ein Straßenmusikant, der auf der gegenüberliegenden Brücke Saxofon spielt, preist den Morgen mit einer Interpretation von Paul McCartneys *Yesterday,* die gar nicht mal so schlecht klingt. Als er zu *Somewhere Over the Rainbow* übergeht, wird es schon schwerer zu ertragen. Ich gehe rein, hole mir ein Buch und versuche es erneut. Ich bin im Urlaub. Ich bin im Urlaub. Aus dem Augenwinkel bemerke ich einen Tumult am Kai. Menschen drängen sich um eine Stelle und deuten auf etwas im Fluss und jemand wirft einen orangefarbenen Rettungsring ins Wasser, aber das kümmert mich nicht weiter. Ich bin im Urlaub. Durch den Laden ist es fast drei Jahre her, seit ich zuletzt Urlaub hatte.

»Oi! *Oooiii! Sie da!* Auf dem Boot! Sitzen Sie doch nicht einfach rum! *Tun Sie doch etwas!*« Schnell blicke ich hoch.

»Ich? Reden Sie mit mir?«

Ich schaue mich um, aber außer mir gibt es niemanden, auf den sich über fünfzig hasserfüllte Augenpaare richten könnten. Nun, da sie meine Aufmerksamkeit haben, reden alle durcheinander.

»Was wollt ihr denn von mir?«, brülle ich zurück. Da bin ich mal *einen Tag* im Urlaub. »*Was wollt ihr von mir?*« Als ich mit den Augen ihren ausgestreckten Fingern folge, entdecke ich den Rettungsring und daneben ein geflügeltes, nasses Etwas, das offensichtlich zu ertrinken droht. Schnell steige ich vom Boot hinunter auf den Ponton, um es mir näher anzusehen. Ich gehe in die Hocke und kneife ungläubig die Augen zusammen. Ist das etwa ...

»Ist das etwa ... Ist das eine *Taube?*«

Drüben auf dem Kai beginnen die Leute zu jauchzen und ein wenig auf und ab zu hüpfen. Jadoch, jadoch, jadoch, quäken sie. Nun werde ich vollends böse. »*Ich bin im Urlaub!*«, herrsche ich sie an. »*Und ihr erwartet allen Ernstes, ich soll schon wieder eine Taube retten?*«

Aber drüben steht ein Hippiemädchen, das den Mob anführt und mindestens ebenso fuchsteufelswild wird. »Das ist ein *Lebewesen*«, kreischt sie. »Sie *stirbt,* wenn wir nichts tun.« Also schnappe ich mir schnaubend meine Stocherstange, lege mich auf den Ponton, verhake zum Festhalten meine Füße am hinteren Ende, rutsche mit der Brust über die Kante und fange die Taube nach einem beherzten Schlag mit der Stange ins Wasser mit meiner leeren Hand. Die Menge drüben dreht völlig durch. Und so halte ich die Pose, Kopf gesenkt, die Taubenfaust wie zum Black-Power-Gruß gereckt, bis selbst der Saxofonist zu spielen aufhört und langsam und anerkennend klatscht. Ein ganz gewöhnlicher Arbeitstag, möchte ich ihm zurufen. Und stelle traurig fest, dass der Urlaub offenbar schon wieder vorbei ist.

Sobald ich die triefende Taube zum Trocknen in einen Karton auf das Dach des Boots gesetzt habe, klappe ich meinen Laptop auf und beginne einen Blogeintrag. *Buchkäufer des liebreizenden Bristol,* beginnt er, *euer Hafenmeister hat mir die Erlaubnis entzogen, euch meine literarischen Waren feilzubieten. Der Handel auf dem Fluss ist, wie man mir erklärte, aufgrund einer alten Verordnung innerhalb der Stadtgrenzen verboten. Aber ich sage: Pssst. Kommt einfach als Freunde, nicht als Kunden, meine lieben Taubenfreunde und Brüder im Geiste. Stöbert in meinen Regalen, trinkt mit mir einen Tee, p-p-pickt euch ein Taschenbuch heraus und falls euch der Sinn danach steht, hinterlasst auf dem Weg nach draußen eine kleine freundliche Spende in der Keksdose. Was sind schon 7,99 Pfund unter »Freunden«? Oder ladet mich stattdessen zum Essen ein. Oder zeigt mir die Sehenswürdigkeiten. Oder gebt mir ein Bier aus und zeigt mir die besten Bars der Stadt. Lasst uns »Freunde« sein. Schicke eine SMS mit dem Text FREUND an 079.........*

Nachdem ich den Beitrag veröffentlicht habe, gehe ich raus, um ein wenig mit dem Penner und seinem Hund am Ende des Pontons abzuhängen. Als ich ihm von der Sache mit dem Hafenmeister erzähle, hält er mir einen Vortrag über die Sturheit der Behörden in Bristol. Er schwört, sich für mich zu rächen, woraufhin ich einen Arm um seinen Hund lege und mich schon etwas versöhnter mit der Stadt fühle. Mit unseren Plastikbechern mit warmem Sauvignon stoßen wir an. Aber noch ehe wir trinken können, piept mein Handy, und noch mal, und noch zweimal. Und das geht den ganzen Tag so weiter. Offenbar hat die Book Barge einen ganzen Haufen Freunde da draußen. Den ganzen Nachmittag lang kommen Leute pünktlich zu den per SMS vereinbarten Terminen, stöbern durch die Bücherregale, geben mir vagen tierärztlichen Rat für meinen gefiederten Freund, suchen sich jeweils ein paar Bücher aus und hinterlassen einen wachsenden Berg Taler neben der Tür. An diesem Abend sichte ich alle tagsüber eingegangenen Angebote hinsichtlich Unterhaltung und Unterkunft, bis ich mich schließlich für hausgemachte Spaghetti Bolognese, eine DVD und Übernachtung in Clifton entscheide. Bevor meine Verabredung mich abholt, bringe ich die Taube ins Innere des Boots, streue ein paar Müsliflocken in den Karton und stelle ein Schälchen Wasser neben ihren regungslosen Kopf, bohre Luftlöcher in die Schachtel und klebe sie anschließend mit Paketband zu. In dem Wissen, dass sie die Nacht nicht überstehen wird, bringe ich es zunächst nicht über mich, einen Namen auf die Seite zu schreiben. Aber natürlich mache ich es doch, ich Idiot. *Hier liegt Nelson III, der zum dritten Mal zum Pechvogel wurde.*

37. »CREW«

Joseph gibt mir schon von Weitem zu verstehen, dass etwas nicht stimmt, als ich ihn am nächsten Morgen von den Stufen des Pontons aus erblicke. Irgendetwas an seinem sonst mürrischen Blick ist anders. Er sieht *traumatisiert* aus. Rostige Tränen laufen seine Wangen hinab. Ganz leicht nur neigt er sich Richtung Steuerbord, wie ein abgekämpfter Läufer, der sich die stechende Seite hält. Als ich die Bugtüren öffne, entdecke ich auch, weshalb. Im Inneren des Bootes fliegt ein *Ding* gegen die Wände, eine Art Geisterwesen. Und ein furchtbarer Geruch von Tipp-Ex und kaltem Braten und faulendem Fleisch hängt in der Luft. Der Schrei, den ich ausstoße, kommt leicht gedämpft hervor durch meine Finger, die meine Nase zuhalten, und ich springe zurück auf den Ponton, wo ich mich an *Josephs* Leinen festhalte und vor Angst zittere. Keine Minute später fliegt der Dämon davon und nun erkenne ich, dass dieser gerissene Kobold die Gestalt eines Vogels angenommen hat. Ich möchte irgendetwas Lateinisches sagen, das wie eine Exorzismusformel klingt, aber heutzutage wird das an Gesamtschulen bei uns nicht mehr gelehrt, also begnüge ich mich stattdessen mit einem mutigen *Carpe Diem!*. Ich wiederhole es drei-, viermal, damit es mehr wie eine Zauberformel und weniger nach Selbsthilfe-Mantra klingt. Jedenfalls versteht dieser fliegende Albtraum den Wink und flattert davon.

Erst als ich hineingehe, wird mir klar, dass ich nicht etwa über einem Höllenloch geankert habe, sondern dass Nelson III wiederauferstanden ist! Er hat mit einer Kralle das Dach seines Kartons eingetreten, sich nach draußen gequetscht und die Wände meines guten Schiffs mit Federn, Müsli und Aa beschmiert. Die Regale haben auch etwas abbekommen, vor allem jenes mit den Autoren von L–P hat gelitten. Die Werke von Iris Murdoch muss ich sofort aus dem Verkehr ziehen. Die anderen versuche ich mit einem feuchten Lappen, einem Passionsfrucht-Spray und einem Soft & Gentle Anti-Transpirant-Deo Schwarze Orchidee zu retten, die ihren Zweck zu erfüllen scheinen. Und die ganze Zeit über denke ich: Hurra! Er lebt! Er fliegt wieder!

Die Freude ist jedoch nicht von langer Dauer. Als ich gerade ein paar weitere hartnäckige Flecken mit einem Multipack Nivea-Gesichtstücher bearbeite, taucht mein Freund mit dem Hund auf, der schlechte Neuigkeiten und ein entwendetes »Zutritt nur für Personal«-Schild im Gepäck hat. Offenbar sind gestern Abend, während ich unterwegs war, die Hafen-Nazis vorbeigekommen, um mich aus Gesundheits- und Sicherheitsgründen aufzufordern, damit aufzuhören, »Freunde« an Bord zu holen. »Diese Hornochsen!«, rufe ich aus. »Diese Dickschädel!«, echot er und hält stolz die Trophäe seiner mitternächtlichen Sabotageaktion in die Höhe, die sie, wie er mir erklärt, oben an die Stufen des Pontons gehängt haben. Auf dem Weg nach draußen schleudert er das Schild über Bord, das mit einem Plopp in der Mitte des Kanals landet, aber durch die Strömung verfänglicherweise wieder zu meinem Boot zurückgetrieben wird, wo es den ganzen Vormittag herumschwimmt und regelmäßig gegen den Rumpf knallt wie ein Richterhammer.

Sobald ich allein im Laden bin, wende ich mich wieder an meinen Blog. *Leser – nein, ALLE BÜRGER – von Bristol, Juwel am Avon, ich bitte euch. Ich habe es freundschaftlich versucht ... Aber das hat LEIDER NICHT GEREICHT. Was wir jetzt brauchen, ist »Personal«: Steuermänner/frauen* *und Seeleute am Bug, Unterfähnriche und Oberfähnriche, Kombüsensklaven, Matrosen, Deckoffiziere und Kommodore. EUER ADMIRAL BRAUCHT EUCH! Schrubbt das Deck, macht die Schotten dicht, hisst die Segel, Besanschot anknallen und dann kracht es im Gebälk! Es ist egal, unter welchem Vorwand ihr an Bord kommt, Hauptsache, ihr erzählt diesem A**** mit Ohren an der Absperrung, dass ihr nur hier seid, um mir zur Hand zu gehen, nicht etwa um Bücher zu kaufen. Alles verstanden? Rührt euch, Matrosen.*

Na gut, eventuell habe ich noch etwas erwähnt von wegen der Hafenmeister sei eine Bilgewasser saufende Landratte, was das Fass vollends zum Überlaufen brachte, denn eine halbe Stunde später ertönt ein heftiges Klopfen an der Luke und zwei Prachtexemplare der Polizei stehen bei mir im Laden. Beide sind extrem groß und müssen sich leicht unter der Decke bücken, während sie mir den Abschnitt aus der archaischen Verordnung vorlesen, der einem Mädchen den Verkauf unter Segeln verbietet, und mir erklären, dass das Klettern an Bord zum Kauf von Kinderbüchern unendlich viel gefährlicher sei, als auf dem zum Klub umfunktionierten Frachtschiff *Thekla,* das nur ein paar Meter flussabwärts am Ufer liegt, Pillen einzuwerfen und Wodka zu saufen. Ich bin entrüstet, aber ich setze einen Ausdruck von Demut auf und verspreche, das »aufrührerische« Material von meiner Website herunterzunehmen, und bedanke mich höflich, als einer der beiden Beamten mir ein Kompliment macht, dass mein Laden »sehr viel professioneller als erwartet« sei. Als sie weg sind, durchsuche ich mein Adressbuch nach dem mächtigsten Menschen, den ich kenne, was in diesem Fall leider nicht Uri Geller ist, sondern natürlich der wunderbare Bürgermeister Bryan von Bath, der mir letzte Woche unwissentlich seine Visitenkarte überlassen hat. Davon verrate ich

Joseph kein Sterbenswörtchen. Da er sich noch immer von dem Taubenspuk erholt, fürchte ich, dass er mich kielholen würde, wenn er von diesem Verrat wüsste.

Und so kommt es, dass die Book Barge über Nacht zu dem »Boot, das Bristol mit einem Buchverkaufsverbot belegte« wurde. Der Vorfall machte nicht nur in Schifffahrtsnachrichten Schlagzeilen, sondern auch in den lokalen Medien und sogar auf der BBC-Website. Laura ruft mich aufgeregt aus Cannock an, um mir zu erzählen, dass ich es bis auf den medialen Olymp, den Teletext der BBC, geschafft hätte, etwas, was ich weder zuvor noch danach je wieder toppen konnte. Um ehrlich zu sein, ist mir die ganze Angelegenheit etwas peinlich. Dem Stadtrat von Bristol offensichtlich auch, denn man bietet mir für den Rest meines Aufenthalts einen Stand auf dem Markt an – eine äußerst nette Geste, die ich erleichtert annehme. Am nächsten Morgen titeln die Nachrichten: »Waffenstillstand im Kampf Buchladen vs. Bristol«. An diesem Tag trotten wir alle ein wenig gelöster zur Arbeit.

38. SARAH, JOSEPH AB

Am Ende fällt es mir doch schwerer, Bristol zu verlassen, als ich gedacht hätte. Ich kann zwar nicht behaupten, dass es sonderlich viel Spaß gemacht hätte, meine Bücher jeden Tag vom Hafen zu meinem Stand auf dem Nails Market zu schleppen, aber ich mag die Stadt und ihre großzügigen Menschen, die mich mit dem Auto mitnehmen, mir ihre Stadt zeigen, mir einen Drink im Pub ausgeben und für mich kochen, und mit einigen stehe ich noch heute in Kontakt. Ich bezweifle, dass mein Laden auf seiner Reise je wieder so herzlich empfangen wird. Es gibt aber noch praktischere Gründe, weshalb es schwer ist, Bristol zu verlassen, und zwar, weil ich es mir eigentlich nicht leisten kann. Um nach Avonmouth und danach die Mündung des Severn rauf nach Sharpness zu fahren, braucht man wegen der starken Strömung und der Sandbänke zwei Lotsen. Und Lotsen – in der Regel vormals in der Handelsmarine beschäftigt – sind nicht billig. Die Lotsen, die ich angeheuert habe, nehmen dreihundert Pfund. Und auch wenn meine Zeit in Bristol in puncto Tauschgeschäfte erfolgreich war (wahrscheinlich habe ich bislang an keinem anderen Zwischenstopp besser gegessen, getrunken, geschlafen und Leute kennengelernt als hier), habe ich nicht genügend Geld einheimsen können, um für die Hinausfahrt aufzukommen.

Und das ist noch nicht alles. Als ich anrufe, um einen Treffpunkt auszumachen, betont der zweite Lotse, dass ich zuerst alle Punkte auf seiner Sicherheitscheckliste erfüllen muss. Dazu gehören: Seekarten des betreffenden Gebiets, das Reinigen des Tanks vor der Befüllung, der Austausch des Ölfilters, ein Nachweis über eine funktionierende Bilgepumpe, das Versiegeln der Fenster, Lüftungen und Türen, damit sie wasserdicht sind, funktionierende Navigationslichter, Handfackeln, ein Ösfass, lange Festmacherleinen, ein Anker mit Kette und Verholtau, ein Seefunkgerät und ein komplettes Fenderset. Als er fertig ist, bin ich ganz still. Ich höre, wie er am anderen Ende genervt ausatmet. »Wenn Ihnen einige Punkte Schwierigkeiten machen, kann ich die Seekarten und das Funkgerät mitbringen«, sagt er. Das ist zumindest ein Anfang. Ich rufe sofort unter Tränen Stu an.

Es spricht sehr für Stus Charakter – und die Tatsache, dass er mich nach neun Jahren, die wir zusammen waren, besser kennt als sonst irgendwer –, dass er, als er mich erblickt, wie ich im Schneidersitz am Bug des Boots sitze und meine Kniestrümpfe in Paaren sortiert ineinanderrolle, nicht zu lachen anfängt. Sondern sich neben mich setzt und mir erschöpft erklärt, dass selbst das beste Aran-Garn (ja, lieber Leser, auf diesem Schiff gibt's nur die feinsten Strumpfwaren) keinen Schutz vor dem Zusammenstoß mit dem Stahl eines anderen Boots oder dem Beton einer Schleusenmauer bietet. Hockeystrümpfe, so lautet sein Schluss, sind keine zuverlässigen Fender. Also lege ich sie beiseite und hole stattdessen ein langes Tau heraus. Jeder von uns nimmt ein Ende und wir beginnen schweigend mindestens eine Stunde lang zu knoten, bis es einigermaßen die richtige Form hat. Damit hätten wir schon mal einen. Stu hat die geniale Idee, zwei leere Milch-Plastikkanister aus dem Müll zu recyceln, die wir mit Wasser füllen und durch deren Henkel wir eine Schlaufe ziehen. Damit wären wir bei drei und hätten schon mal die Hälfte. Wo wir die anderen drei herzaubern sollen, ist uns schleierhaft. Ich schlage alle möglichen Dinge vor, angefangen bei den *Gesammelten Werken* von D. H. Lawrence in einer Plastiktüte bis hin zu meiner Müsliriegelsammlung in einem Kissenbezug. Am Ende lassen wir es darauf ankommen und bestücken nur die Seite des Boots, die der Lotse sehen wird, wenn er an Bord kommt, weil wir davon ausgehen, dass er den Betrug nicht bemerken wird, bis wir unterwegs sind. Die Fender sind damit schon mal erledigt. Ebenso wie der Anker (geborgt), die Handfackeln (ich habe Teelichter, Streichhölzer, eine Luftmatratzenpumpe und eine MacGyver-»Not macht erfinderisch«-Mentalität) sowie das Ösfass (Blumentopf mit durch Kaugummi abgedichteten Löchern). Allerdings sehen wir keinen Grund, uns wegen der Navigationslichter Stress zu machen, da wir ohnehin bei Tag fahren. Was die Festmacherleinen betrifft, so hat sich die einzige mit einer annehmbaren Länge soeben in einen der Fender verwandelt. Falls sie benötigt wird, müssen wir einfach nur vierzig Minuten vor Anker gehen, während wir das ganze Knäuel wieder aufknoten.

Da wir nicht ganz sicher sind, was das Reinigen des Tanks beinhaltet, leiht mir Stu einfach Geld, um ihn aufzufüllen. Außerdem übernimmt er die Kosten für den Lotsen. Als Nächstes kaufen wir einen neuen Ölfilter und versuchen den aktuellen herauszuzerren, schaffen es aber lediglich, ihn einzudellen. Und so verbringen wir die nächsten 24 Stunden damit, abwechselnd Wache davor zu halten, aus Angst, wir könnten das Metallgehäuse durchbohrt haben und der Motor könnte uns auf halbem Weg absaufen. Wir dichten die Fenster, die Vorderluke, die Türen und Lüftungen mit Klebeband ab, allerdings ist es billiger Kram und das meiste kommt schon wieder herunter, noch ehe wir Portishead Marina erreichen, wo wir über Nacht auf die Gezeiten und bessere Seeverhältnisse warten – und wo der zweite Lotse übernehmen wird.

Wenn die Book Barge schon auf den Kanälen völlig fehl am Platz aussah mit ihrem Plastikrasendach und ihrer Ladung von Literaturklassikern, dann könnt ihr euch vorstellen, wie seltsam sie sich in einem Seehafen mit traditionellen Fischerbooten und superteuren Luxusjachten ausnimmt. Als wir zaghaft anlegen, spüren wir die Augen von Dutzenden Poloshirt-tragenden Senior-Management-Typen auf uns, die mit stillem Ekel von ihrem frisch lackierten Deck auf unsere baumelnden Milchkanister hinüberschauen. »Ich wusste gar nicht, dass die Narrowboats hier reinlassen«, spricht uns einer an. »Ich wusste auch nicht, dass sie Narrowboats überhaupt auf offenes Wasser lassen.«

»Es ist ein *Bücherboot*«, entgegne ich mit finsterem Blick, als ob das irgendwas erklären würde.

»Na, dann viel Glück«, grinst er. »Das werden Sie da draußen gebrauchen können.« Statt den Nachmittag damit zu verbringen, nach einer Bilgepumpe zu suchen, beschließen Stu und ich, dass ein Besuch im nächstgelegenen Pub uns besser bekommen wird. Unsere Passage die Mündung des Severn hinauf ist für den nächsten Morgen bei Tagesanbruch gebucht.

39. MEER

Zu der Überfahrt habe ich auch Helens Ehemann Andy und seinen Sohn eingeladen. Aus unseren Unterhaltungen in Stratford weiß ich, dass Andy das schon lange mal machen wollte. Am frühen Abend treffen sie ein, samt Fish and Chips und einer Flasche von Helens hausgemachtem Wildkräuterschnaps. Das ist echt starkes Zeug, sodass wir überlegen, ein wenig in den Tank zu tröpfeln, damit es morgen schneller geht.

Während wir wie am Lagerfeuer in einem Kreis in der Kinderecke sitzen, beratschlagen wir, wie *Josephs* Chancen auf hoher See stehen. In der Severn-Mündung gibt es den größten Tidenhub in ganz Europa – mit über 10,5 Metern in Sharpness und fast 15 Metern in Avonmouth – und Strömungsgeschwindigkeiten von bis zu acht Knoten. Grundsätzlich ist sie nicht für Binnenschiffe und insbesondere flache Narrowboats wie meins zu empfehlen. Aufgrund ihrer Bauweise sind sie auf Wellen instabil und wenn sie eine größere Dünung erwischen, ist die Gefahr groß, dass das nicht überdachte Cockpit überschwemmt wird, da die Lenzklappen der meisten Kanalboote das Wasser nicht schnell genug abfließen lassen. Und dann gibt es da das kleine Gezeitenproblem. Timing ist alles. Wenn wir zu früh losfahren, ist womöglich zu wenig Wasser oberhalb der Severn Road Bridge, sodass die Gefahr besteht, das Flussbett zu schrammen und dabei die Schiffsschraube und/oder das Ruder zu beschädigen. Wenn wir zu spät losfahren, hat Sharpness vielleicht schon seine Tore geschlossen und dann säßen wir fest.

Vor allem aber mache ich mir Sorgen, dass der Schwindel mit meinen improvisierten Sicherheitsmaßnahmen auffliegt, wenn sie am dringendsten gebraucht werden. Plötzlich jagt es mir eine Todesangst ein, dass ich noch immer nicht weiß, wie man die Bilgepumpe einschaltet – ich schäme mich aber auch zu sehr, Andy danach zu fragen. Stunden später, als alle selig schnarchen, stelle ich mir vor, wie das Öl aus dem mit allerlei Werkzeug verstümmelten Filter tropft und wir plötzlich mitten auf dem Wasser liegen bleiben, sobald wir durch die Portishead-Schleuse hindurch sind. Als ich schließlich in einen Traum abdrifte, handelt er von einem der ersten Bücher, die mir meine Mutter als Kind vorlas. Auf dem Cover ist der titelgebende Held, Scuffy the Tugboat (zu Deutsch etwa: Schrammi, der Dampfschlepper), zu sehen, wie er mit seinem charakteristischen blauen Schornstein und seinem knallroten Rumpf übers Wasser saust. Ich sehe, wie er strahlt. Und ich sehe auch das Uferensemble aus ebenfalls wohlwollend lächelnden Tieren. Eine heitere Flussgeschichte voller Abenteuer, mit einer glücklichen Heimkehr und nur harmlosen Gefahren. Ich lächle im Schlaf.

Doch dann wandelt sich der Traum. Als ich die Szene näher betrachte, lese ich aus Scuffys albtraumverzerrter Miene einen Satz heraus, der aus einem anderen fantastischen Flussdampferroman – Joseph Conrads *Das Herz der Finsternis* – stammt und mir seither nicht mehr aus dem Kopf geht. Mit in Falten gelegter Stirn, Tränensäcken größer als Ikeataschen und geweiteten Pupillen drückt Scuffy die letzten berühmten Worte von Kurtz aus. Die Kaninchen blicken verängstigt, die Eule hat grausame gelbe Augen und auch der Fisch im Wasser blubbert: »Das Grauen! Das Grauen!«

Als ich aufwache, bin ich erleichtert, flaches Wasser und einen klaren Himmel zu sehen, und schüttele mit einem

Lachen meinen Scuffy-Albtraum ab. Dann starten wir *Joseph* und treffen an der Schleuse unseren Lotsen. Eingehend betrachtet er unsere improvisierten Fender an der Steuerbordseite, ehe er an Bord kommt und auf der anderen Seite nachsieht. Er sieht zufrieden aus, dass die Milch-Puffer *nicht* auch an der anderen Seite hängen. Und so begeben wir uns in ein Gewässer, das sich von dem eines Kanals unterscheidet wie Tag von Nacht. Grinsend beobachten wir, wie es tobt und tollt. »Darf ich mal steuern?«, bettele ich den Lotsen an und ein paar Sekunden lang spüre ich, wie die See unter uns sich dreht und wendet und ihrem eigenen Schwanz hinterherjagt. Und so stehen wir draußen an Deck, alle bekleidet mit Rettungswesten, und fühlen uns endlich wie richtige echte Seeleute. Stocksteif, den Blick stur geradeaus, wie die Moai-Statuen einer bizarren neuen Osterinsel. Nur unser Lotse scheint unbeeindruckt. Als ich runtergehe, um uns Tee zu machen, gieße ich seinen in meine Lieblingstasse von *Die Schatzinsel*, damit er nicht ganz aus unserem Abenteuer ausgeschlossen ist. Vielleicht freut er sich darüber insgeheim, denn als wir uns Sharpness nähern, räumt er ein, dass *Joseph* das schnellste Narrowboat ist, das je diese Passage bestritten hat. Natürlich weiß ich das bereits. Schließlich habe ich hingehört, wie *Joseph* die ganze Zeit über unter uns gekeucht und alles gegeben hat.

40. LOTTERLEBEN

Nach dieser Erfahrung habe ich eigentlich gar keine Lust mehr auf die Kanäle. Als ich klein war und noch nicht richtig schwimmen konnte, bat ich meine Mutter immer, Schwimmflügel aufzublasen und sie mir über meine halbkugelförmigen Bizepse zu stülpen. Die Flügel übergezogen, drehte ich mich mit dem Rücken zum Pool, hielt mich an den Sprossen der Leiter fest, kletterte vorsichtig hinab und kreischte auf, wenn das kalte Wasser meinen Badeanzug zwischen den Beinen berührte. Während meine älteren Geschwister Bahnen zogen und um mich herum ins Wasser hechteten, klammerte ich mich an die Fliesen, die den Pool umgaben, und hangelte mich rundherum, immer wieder. Später, als ich mutig genug war, loszulassen, und den aufblasbaren Buckeln an meinen Oberarmen zutraute, mich über Wasser zu halten, hasste ich es, wieder zum Beckenrand zurückkommen zu müssen, jenem Niemandsland zwischen halb aufgeschnappten Gesprächen meiner Eltern auf den Sonnenliegen und dem Nervenkitzel, Rollen im Wasser zu machen und mit meinen Geschwistern herumzutollen. So fühlt es sich an, als ich zurück auf den Kanal muss. Es bedeutet, nach wildem Herumtoben wieder in Zweierreihe und Hände haltend in den Kindergarten gehen zu müssen. Es bedeutet, in die Midlands zurückzukehren.

Ich verkaufe Bücher in Gloucester und Worcester, Stourport, Kinver, Norbury Junction und Market Drayton. Dann fahre ich nach Wales hinein auf dem Llangollen-Kanal. Ich fahre über das berühmte Pontcysyllte-Aquädukt, das längste und höchste Aquädukt Großbritanniens. Aber selbst hier verspüre ich weder die Urkraft, die mich in der Severn-Mündung erfüllte, noch die Unerschrockenheit, die ich in Bristol entwickelte. In diesen Wochen befinde ich mich in einer merkwürdigen Zwischenwelt, emotional wie geografisch. Ich bin nur eine Stunde von zu Hause entfernt, aber weder nah genug, um einfach zu Besuch zu fahren, noch sonderlich erpicht darauf. Ich fühle mich, als würde ich um diesen Ort herumstreichen wie ein verstoßenes Rudeltier, so tief gekrümmt, dass der Bauch beinahe den Boden berührt, ganz so wie mein Boot. Mittlerweile bin ich genervt, wenn mich Leute an der Schleuse ansprechen, was für eine ungewöhnliche Idee mein Buchladen doch sei, was ich zuvor stets als Lob aufgefasst hatte. Ich werde ungehalten, wenn Kunden anmerken, es müsse doch recht einsam sein, sechs Monate allein. Aber wenn Freunde oder meine Familie mich besuchen kommen, fällt mir nichts ein, worüber ich reden könnte, außer dem Boot und den Büchern. Es ist mir egal, was außerhalb dieser Blase vor sich geht, und ich bin froh, wenn sie wieder gehen.

Ungefähr zu dieser Zeit fängt jemand an, mich per Telefon und SMS zu terrorisieren. Manchmal ruft mich nachts um drei eine unbekannte Handynummer an. Oder ich bekomme spät abends eine SMS mit echt schlechten Versen, wie auf kitschigen Grußkarten. Damit kann ich leben und schalte fortan nachts mein Handy auf lautlos und lösche die SMS, sobald sie eingehen. Aber es gibt auch solche, die darauf hindeuten, dass ich den Absender kenne, und die mir unheimlich sind. Er erwähnt Details, wie das Boot von innen aussieht und wie ich aussehe. Diese SMS enthalten Andeutungen, dass wir irgendeine Beziehung miteinander gehabt hätten, kryptische Botschaften wie: »Ich werde nie den Abend vergessen, den wir miteinander verbracht haben« oder »Ich vermisse es, deine Finger auf mir zu spüren«. Diese Nachrichten schaffen es zum ersten Mal seit dem furchtbaren Albtraum mit dem Serienkiller, dass ich mich schutzlos ausgeliefert fühle, wenn ich nachts aufwache und sie lese. Gleichzeitig will ich mein Handy nicht ganz abschalten, falls ich es im Notfall benötige. Aber selbst wenn ich es lautlos stelle, bemerke ich den Eingang einer neuen Nachricht sofort durch das Aufleuchten des Displays, das mich zuverlässiger als der Lichtkegel eines Leuchtturms vor dem Bösen warnt, das in der Dunkelheit lauert. Ich schlafe schlecht – und tue noch etwas anderes, das ich seit meiner Kindheit nicht mehr getan habe und das mir vielleicht noch mehr Angst einjagt: Ich schlafwandle. Mitten in der Nacht stehe ich auf, gehe zu den Fenstern hinüber und öffne das obere, schmale, rechteckige. Es öffnet sich nach innen und gerade mal so weit, dass man einen Arm durchstecken kann. Dann wache ich meist durch die Kälte auf. Ein anderes Mal wache ich in meinem Schlafsack auf. Heiß und schweißgebadet. Als ich eine Taschenlampe anknipse, entdecke ich den Grund dafür: Ich stecke von Kopf bis Fuß in Regenkleidung. Meine Hände sind schmutzig und an meinen Füßen klebt ebenfalls Schlamm. Am Morgen sehe ich, dass ich die Festmacherleinen neu vertäut habe. Im Schlaf habe ich hübsche Schleifchen reingeknotet.

Inzwischen habe ich die Hälfte der Reise hinter mir und die Leute fangen an zu fragen, was ich vorhabe, wenn ich wieder zu Hause bin, worauf ich keine Antwort weiß. Ich weiß nicht genau, wann mir erstmals die Idee kam, mit der Book Barge nach Paris zu fahren, jedenfalls ist es schon lange her. In London hatte ich ein Boot liegen sehen, das den Ärmelkanal überquert hatte. Es war ein schwimmender Zirkus. Ein großes Trapez konnte auf dem Dach ausgeklappt werden und ein paar Mädchen führten für das Publikum auf dem Treidelpfad eine Vorstellung auf. Vielleicht war das der

Moment, als die Idee in mir Gestalt anzunehmen begann, die Route Richtung Frankreich zu nehmen, aber ich verschwendete darauf nicht viele Gedanken. Als ich den Bristol-Kanal hochtuckerte, kam mir diese wahnwitzige Idee wieder in den Sinn. Ich habe den Lotsen nach seiner Visitenkarte gefragt, wenn auch halb im Spaß, damit ich seine Dienste im darauffolgenden Jahr erneut in Anspruch nehmen könnte, wenn es um eine weitaus gefährlichere Überfahrt nach Calais ginge. Er hat mir unverhohlen ins Gesicht gelacht.

Nun jedoch, da der Herbst am Kanal einzieht und mir die fallenden Blätter auf die Stimmung drücken, treibt mich diese Idee auf ganz neue Art um. Ich habe einen Kinderstadtplan von Paris, den ich nach Feierabend oft auf dem Schreibtisch ausbreite. Es ist eine kunterbunte, alberne Karte, auf der nichts maßstabgetreu ist. Autos fahren verkehrt herum die Avenue de la Republique hinunter und eine große rote Kaffeetasse nordöstlich des Gare du Nord lässt den TGV, der unter ihr dahinjagt, winzig erscheinen. Auf einem Bateaux-Mouches-Ausflugsboot wedeln zwei Leute mit den Armen und rufen etwas, während eine schwarze Katze Richtung Pont Neuf stolziert. Die Sorbonne trägt eine Harry-Potter-Brille. So stelle ich mir die Stadt vor, in die ich mich mit meinem Buchladen zwängen möchte. Als ich am nächsten Tag im strömenden Regen am Steuer stehe, spreche ich laut in meinem Schulfranzösisch mit all den imaginären Kunden, die die Stufen zu meinem Traumboot herunterkommen. Infolge meiner beschränkten Kenntnisse driften unsere Gespräche schon bald in den kulinarischen Bereich ab, sodass ich nach einer höflichen Begrüßung und meiner Nachfrage, ob sie Geschwister haben oder ein Haustier, verkünde: »J'espère fermer le magasin pour cinq minutes«, und sie einlade, sich mit mir ein Schinkensandwich und »jus d'orange« zu genehmigen. Was für ein angenehmer Arbeitsalltag das sein wird, seufze ich. Immer nur Café-Small Talk und keine Streitereien um Kreditrückzahlungen.

Wenn mich nun *echte* Menschen nach meinen Zukunftsplänen fragen, rücke ich geradewegs mit meinen Plänen einer Grand Tour de Gallien heraus. »Den Sommer verbringe ich auf dem Canal Saint-Martin und danach werde ich voraussichtlich noch ein wenig durchs Land schippern«, sage ich leichthin.

»Das klingt ganz wunderbar«, entgegnen die Leute dann begeistert, »wieso schreiben Sie nicht ein Buch?«

»Tja, warum eigentlich nicht?«, tue ich gelangweilt. Und dann zeige ich ihnen meine Regale mit Neuanschaffungen französischer Titel. Da ist einmal *Warum französische Frauen nicht dick werden* und *Warum französische Kinder keine Nervensägen sind* und, mein Lieblingsbuch zu dieser Zeit, *Pariser Chic: Ein Styleguide* vom Model Inès de la Fressange. Allein wenn ich den schicken roten Band mit Bauchbinde und Aquarellpapier in den Händen halte, fühle ich mich der zeitlosen Eleganz und dem mühelosen Glamour bereits ein wenig näher.

Irgendwo südlich von Middlewich gerate ich jedoch außer mir, als ich lese, dass elastische Beinkleider in Frankreich als modischer Faux-pas gelten, und tausche das Buch bei der erstbesten Gelegenheit am Stadtrand von Sale gegen fünf Packungen Chips und einen Chomp-Riegel. Bei meinem Tauschgeschäft mit einem zehnjährigen Mädchen bestehe ich darauf, dass es dieses Buch sein muss. Es bleibt ihr keine andere Wahl, sie wird stilvoll und anmutig aufwachsen, gemusterte Chiffonkleider mit abgewetzten Bikerstiefeln tragen, Blazer mit Sneakers kombinieren und nicht eher ruhen, ehe sie nicht *en personne* die Stadt der Liebe besucht hat, um sich ihren eigenen marineblauen Eric-Bompard-Pullover mit V-Ausschnitt zu besorgen.

41. LIEBESLEBEN (TEIL 1)

Ich begegne einem Mann mit einem Tarotset. »Du befindest dich auf einer Reise«, sagt er, woraufhin ich mir ein zynisches Schnauben nicht verkneifen kann. »Klappe, ich sage dir nur, was die Karten sagen. Du befindest dich auf einer Reise«, wiederholt er, »und zwar, weil du glaubst, alle zu Hause halten dich für einen Versager.« Aua. Nun setze ich mich gerade hin und stelle meinen Whiskey ab. Seine Katze springt auf meinen Schoß und schnurrt über den Karten. Er fährt fort. »In der Vergangenheit warst du oft impulsiv und hast die Dinge vielleicht nicht richtig durchdacht.« Zudem erwähnt er eine Königin, die ziemlich feministisch und cool klingt.

»Aber was ist mit der Zukunft?«, frage ich. »Was hält sie für mich bereit?«

»Du wirst überlegter vorgehen. Siehst du diese Karte hier? Sie steht für Wissenschaft, für Vernunft.«

»Mit anderen Worten alles, wofür ich nicht stehe?«

»In Zukunft wirst du mehr darauf achten«, beharrt er.

»Super. Klingt total spaßig«, bemerke ich, lehne mich zurück und kippe den Rest von meinem Jack Daniels.

»Dann gibt es da zwei Männer«, fängt er wieder an. »Den Prinzen der Scheiben und den Prinzen der Stäbe.«

»Klingt beides traumhaft«, entgegne ich euphorisch. »Sind sie reich? Gut aussehend? Potenzielle Investoren für die Book Barge? Französische Adlige?«

»Ich kann dir leider keine Details nennen«, seufzt er, »weißt du noch, was ich dir übers Tarotlegen gesagt habe?«

»Ja«, sage ich und nicke wie eine brave Schülerin, »die Karten können nicht voraussagen, was sich ereignen wird, sondern lediglich dabei helfen, die Situation richtig zu deuten, in der man sich befindet.«

»Genau.« Er sieht zufrieden aus. »Ich kann dir nur Möglichkeiten anbieten. Was du für dich herausliest, ist *dir* überlassen. Genau wie bei Büchern. Du suchst dir die Stellen heraus, die dich am meisten ansprechen, und überblätterst jene, die keine Relevanz für dich haben.« Er schenkt mir mehr Whiskey ein und sitzt eine Weile nachdenklich da.

»Können wir für deine Katze die Karten legen?«, frage ich.

Ich lerne ihn mitten in meiner Midlands-Depression/Paris-Obsession kennen. Er und seine Frau laden mich auf ihr Boot ein, um zu duschen und mit ihnen zu Abend zu essen. Das Angebot ist zu verlockend, um Nein zu sagen, also lege ich sofort an und sitze zwanzig Minuten später vor ihrem Holzofen, trinke Wein und lasse meine Haare trocknen. Ich mag beide sehr gern. Wir plaudern bis spät in den Abend hinein und der Mann bietet mir an, am nächsten Tag noch ein Stück mit ihnen zu fahren und mir mit der Schleuse zu helfen. Nun mag ich sie umso mehr. Doch obwohl ich früh aufgestanden bin und wie verabredet an ihrer Luke geklopft habe, ist es inzwischen schon zehn Uhr morgens und wir sitzen seit zwei Stunden mit einem Tarotset und Whiskey da und niemand macht Anstalten loszufahren.

»Erzähl mir mehr über meine Prinzen«, bettle ich, nachdem wir das Schicksal der Katze gedeutet haben (Kreuzzüge, Heldenmut, Katzenjunge, Entenleber). Doch er besteht darauf, dass Liebe ein Mysterium sei und ich sie erst erkennen würde, wenn sie mir gegenüberstünden. »Ist einer ein Geschäftsmann und der andere Gärtner?«

»Klingt nach einer eher unwahrscheinlichen *ménage à trois*«, sagt er lachend, »aber falls dir da zwei einfallen, auf die das zutrifft ...« Doch mir fällt niemand ein. Also reden wir stattdessen über sein Leben, angefangen bei seiner verrückten ersten Ehe mit einer völlig Fremden, nachdem er von seiner Ex-Freundin wochenlang eingesperrt und mit Halluzinogenen zwangsgefüttert wurde. Ich lasse mir diese Geschichte gleich zweimal erzählen, einfach, weil sie so gut ist. Und dann reden wir über seine aktuelle Ehe, in der er glücklich ist, aber dennoch dann und wann den Drang verspürt, allem zu entfliehen, sich ein Boot zu schnappen und die Welt zu umsegeln. »Wie jeder andere auch«, tröste ich ihn. Und als wir schließlich doch den Motor anschmeißen, sagt er mir, es gäbe nur eine Sache, die es über die Liebe zu wissen gibt, und zwar sollte mich die Liebe zum Singen bringen. Und dann stimmt er auf einmal das Trinklied *Fathom the Bowl* an, ein stumpfsinniges Seemannslied, und lässt mich den Refrain in meinem besten brummigen Bariton singen und zum ersten Mal seit Wochen fühle ich mich wieder halbwegs glücklich. *Wir loten die Bowle aus, wir loten die Bowle aus, bring mir die Schöpfkelle, wir loten die Bowle aus.*

42. LIEBESLEBEN (TEIL II)

Ein Mädchen, mit dem ich in meinem ersten Job in einer Paparazzi-Agentur in London zusammengearbeitet habe, kommt mich drei Tage auf meinem Boot besuchen. Die Hälfte der Zeit liest sie mir eine Liebesnovelle aus der *Women's Weekly* von Anfang bis Ende vor. Die Zeitschrift ist berühmt für ihre Retro-Cover und ihren unterkühlten Frauenhass, der einem als Frau gelegentlich den Atem stocken lässt; so ergeht es auch meiner Freundin, als sie vorliest. Sie liest laut vor, um uns die Zeit zu vertreiben. Sie liest laut vor, weil wir am Abend zuvor eine kleine Auseinandersetzung hatten, als sie den Motor einschalten wollte, um ihr iPhone zu laden. Sie liest laut vor, weil ich sie anbettle, nicht aufzuhören. Es ist eine furchtbare Liebesschnulze, aber sie liest, bis ihr die Stimme versagt, sodass ich nach drinnen rennen muss, um Rotweinnachschub zu holen und ihre Stimme zu ölen. Dann liest sie im Schein der Taschenlampe, bis wir zu Bett gehen, und liest den ganzen Vormittag. Als sie fertig ist, habe ich etwas Neues über Liebe gelernt. Es ist die Erkenntnis, dass es uns immer wieder überraschen kann, wie viel Liebe wir für unsere Freunde empfinden.

43. LIEBESLEBEN (TEIL III)

Mein Universitätsdozent hat mal gesagt: »Wenn Sie die Liebe begreifen wollen, müssen Sie die metaphysischen Dichter studieren.« Also fingen wir mit John Donne an. Folgendes habe ich damals von John Donne über die Liebe gelernt:

- die Entdeckung Amerikas = Fummeln
- ein Floh, der zwei Liebende beißt = Sex
- der Hellespont = der Abstand zwischen den Brüsten

Ich dachte mir damals so: Nee, oder? Letztlich habe ich in der Prüfung aber dann doch etwas Elaborierteres geschrieben.

Und das lerne ich heute von John Donne über die Liebe:

John Donne schrieb ein Gedicht mit dem Titel *Ein Abschied: Mit dem Verbot, zu trauern*. Es ist 36 Zeilen lang. Darin erklärt er seiner Liebsten, dass ihre Beziehung trotz seiner Abwesenheit fortbestehen wird. Donne sagt, seine Liebste sei der »stete Fuß«, »schweift der andere weit hinaus / so neigt er sich und lauscht ihm nach / Und reckt sich, kehrt der Freund nach Haus«. Das erinnert mich an Stu. Es erinnert mich daran, wie ich, kurz nachdem wir uns kennenlernten, für ein paar Monate nach Westafrika ging, weil ich die Reise organisiert hatte, noch ehe wir einander kannten. Also stellte er mir eine Kiste zusammen, die er in Dschungelgeschenkpapier einwickelte. Darin hatte er drei Kartoffeln, einen BIC-Kugelschreiber mit blauer Mine, ein Notizbuch, Durchfalltabletten, Dove-Seife und Vitaminpillen mit zugehöriger Kalkulation, wie ich sie mir einteilen sollte, gepackt. Außerdem war darin »eine spezielle Kleiderauswahl«, damit ich als Ausländerin nicht so sehr auffallen würde, darunter »zwei besonders hässliche Hüte«. Damals ging ich – und kam wieder zu ihm zurück. Bevor ich an die Uni ging, machte er mir ein ähnliches Survivalkit, diesmal in einem Schulranzen mit lauter Ansteckern darauf und einer Hulk-Brotdose darin. Und ich ging – und kam wieder zu ihm zurück. Dann zog ich nach London – und zwei Jahre später zog ich *bei ihm* ein. Donne sagt: »Dein Festsein rundet meinen Kreis, / Und endet mich, / wo ich begann«.

Als ich ihn verließ, gab mir Stu lediglich die schwarze Mülltüte, in die ich meine Klamotten packen konnte. Ich schaue mir die Karte an, auf der ich mit blauem Kuli meine gesamte Route eingezeichnet habe, alle Strecken, die ich mit dem Boot schon zurückgelegt habe, und alle Kanäle im Norden, die noch vor mir liegen. Die Form, die sich ergibt, sieht jämmerlich aus und wankt von Anfang an, dreht Schleifen und stockt ständig. Es ist ein zerschlissener, zerfledderter Kreis, wenn man ihn überhaupt so nennen kann. Ich stelle mir vor, dass er die Umrisse einer fernen Insel darstellt.

Eine andere Lektion, die ich von Donne gelernt habe, lautet: »Niemand ist eine Insel.« Doch die Beweislage ist eindeutig: Ich bin Kartografin und Schiffbrüchige und beanspruche dieses Land für mich.

44. GLÜCK

Wenn man nach Manchester reinfährt, kommt man direkt am Old-Trafford-Stadion vorbei – dem Theater der Träume, wie es genannt wird. An diesem Abend findet ein Spiel statt und so stehen davor wartende Grüppchen und lehnen sich über die Brückenbrüstung. Ein paar Leute winken mir zu, als ich darunter durchfahre, und ich wünsche ihnen im Gegenzug laut viel Glück, woraufhin sie jubeln und mit ihren Flaschen anstoßen. Ich sehe einen Jogger, der nach Atem ringend anhält, den Kopf zu den Knien gesenkt. Als er den Motor hört, schnellt er nach oben wie die klappbaren Stadionsitze und läuft weiter.

Ich lege in Castle Quay in der Nähe eines Radiosenders und einiger schicker Restaurants an. Obwohl es Anfang Oktober ist, herrschen geradezu sommerliche Temperaturen und das Geschäft brummt. Eine Folkband spielt auf dem Bug meines Boots und drei Autoren sitzen aufgereiht für eine Signierstunde bereit. In den Midlands und in Wales herrschte ein Mangel an Tauschbereitschaft, sodass es sich bisweilen mehr nach Betteln angefühlt hat, aber hier in Manchester stellt sich wieder eine ausgeglichene wechselseitige Beziehung ein. Außerdem erfahre ich große Unterstützung für das Anliegen meiner Rundreise – unabhängige Buchhandlungen im Allgemeinen, nicht nur meine, in den Fokus zu rücken. Die Kunden, die bei mir vorbeikommen, erzählen mir von Buchläden, die sie in Manchester vermissen, und bloggen begeistert über meinen. Einige rufen sogleich Freunde per Handy herbei oder twittern Fotos von meinen Regalen. Wieder andere fragen mich, welche Stationen ich als Nächstes anlaufe, und stellen den Kontakt zu Freunden und Verwandten in jenen Orten her.

Ja, man kann sagen, die Book Barge wird hier regelrecht verwöhnt. Ab und zu lasse ich den Laden kurz unbeaufsichtigt, um die weiße Fußgängerbrücke hinaufzurennen und mir das Ganze von oben anzuschauen, manchmal mit meiner Kamera, manchmal aus reiner Neugier. Die Ellenbogen auf der Brüstung, beobachte ich dann entzückt, wie die Leute hineingehen und herauskommen oder sich hinabbeugen, um durch die Fenster zu spähen, oder ein Buch mit rausnehmen und sich zum Lesen in die Sonne setzen. Ich gebe mich aber auch mit viel weniger zufrieden: ein Mann mit dunklem Anzug und Handy am Ohr, der zu spät zur Arbeit kommt und einen kurzen Blick auf das Boot wirft; ein Kind, das einen Tennisball von *Josephs* Stahlschulter springen lässt; ein alter Mann, der sich an der Lippe des Dachs festhält, um sich abzustützen und einen Kiesel aus seiner Sandale zu schütteln. All das schafft eine Art Anerkennung, eine kleine Verbindung. Und es erfüllt mich mit ein wenig Stolz.

Die Idee, dass jemand anderes meine Gefühle für das Boot nachempfinden könnte, war mir bis Manchester nie gekommen. Ein paar Tage nach meiner Ankunft kam eine Frau namens Claire an Bord. Sie lud mich zu einer Literaturveranstaltung ein, zu der ich leider aufgrund eines anderen Termins nicht gehen konnte, was ich äußerst schade fand. Sie kaufte zwei Bücher und als sie ging, befiel mich eine seltsame Traurigkeit, da ich vermutlich nie die Gelegenheit bekommen würde, sie besser kennenzulernen und mich mit ihr anzufreunden. Ein paar Tage später machte mich jemand auf einen lobenden Blogeintrag über meinen Laden aufmerksam. Er war von ebenjener Frau. Ich war dankbar für die netten Worte in ihrem Beitrag, aber eine Stelle gegen Ende ließ mich erstarren. Darin beschrieb sie, wie sie sich gefühlt hatte, als sie mein Boot verließ, und führte ein Zitat aus einer Kurzgeschichte an, die sie bei mir gekauft hatte, *Glück* von Katherine Mansfield. Das Zitat lautet wie folgt:

Zwar war Bertha Young schon dreißig, aber noch immer gab es für sie Augenblicke wie eben, da es sie danach verlangte zu rennen, statt zu gehen, die Bordsteinkante auf und ab zu tänzeln, einen Reifen zu treiben, etwas in die Luft zu werfen und wieder aufzufangen oder stillzustehen und zu lachen – über nichts – einfach so über nichts zu lachen.

Das hat mir viel bedeutet. Das Schwierigste daran, allein und für sich allein zu arbeiten, ist manchmal die Tatsache, dass man niemanden hat, mit dem man die schönen, aber auch die schlechten Momente teilen kann. So treffend wie das Zitat von Mansfield hat noch nie jemand die schönsten Aspekte meines Berufs beschrieben, diese grundlose Freude, die selbst ein beiläufiger Kommentar eines zufriedenen Kunden in mir auslösen kann, oder das Wehklagen der Leinen in der Nacht. Manchmal werde ich schon ganz aufgekratzt, wenn ich einfach nur der flirrenden Lichtshow zuschaue, die das Wasser an meine Decke wirft, oder wenn ich auf eine Brücke zufahre und einen Blick auf das Gesicht eines vorübergehenden oder vorbeifahrenden Passanten erhasche und darin ein Ausdruck von Sehnsucht liegt.

Wenn Mansfield dieses Gefühl Glück nennt, dann muss es wohl stimmen. Ich hätte nie gedacht, dass ich auf einem 18 Meter langen Kanalboot auf einem winzigen Nebenarm des Bridgewater-Kanals das Glück finden würde. Doch es ist noch mehr als das, es ist eine Art Selbstvertrauen, von dem ich bislang nicht wusste, dass ich es besitze. Ein paar Wochen später lese ich in einem Artikel im *Guardian* von einem anderen Schriftsteller, Haruki Murakami, was für ihn Glück bedeutet. Darin erzählt er von seiner Kindheit und wie er in dem Wissen aufwuchs, dass er die Erwartungen, die seine Eltern an ihn stellten, nie erfüllen können würde, und wie er ihre Enttäuschung spürte, schon von klein an. Woher haben Sie dann das Selbstvertrauen genommen, das zu tun, was Sie tun wollten, wird er gefragt. Und Murakami antwortet: weil er immer wusste, was er liebt, und führt Lesen, Musikhören und Katzen auf. »Ich weiß noch immer genau, was ich liebe. Das ist eine Form von Selbstvertrauen.« Bei diesen Worten denke ich an mein Boot und an meine Bücher. Ja, ich liebe beide. Und noch etwas Drittes, einen Menschen, der einst diese Liebe erwiderte.

45. BLAU

Auf dem Leeds-und-Liverpool-Kanal gibt es nicht viel Anlass für Glücksgefühle. Stattdessen gibt es Plackerei, Tränen und im Fall von einer Frau außerhalb vor Keighley jede Menge Ärger. Aber mehr dazu später, ich bin in Eile.

Tatsächlich habe ich bei dieser Reise ständig das Gefühl, unter Zeitdruck zu stehen. Meine sechsmonatige Erlaubnis, durchs Land zu fahren, ist natürlich großzügiger als die 80-Tage-um-die-Welt-Wette des Phileas Fogg und dennoch will es mir einfach nicht gelingen, dieselbe Gelassenheit und Genauigkeit an den Tag zu legen wie dieser Gentleman. Die Tage unterwegs auf Fahrt sind lang und zunehmend nervenaufreibend. Es dauert oft eine ganze Woche, um von einer größeren Stadt zur nächsten zu gelangen, wo das Geschäft erfahrungsgemäß am besten läuft. Dazwischen nehme ich in der Regel überhaupt kein Geld ein.

Ich liebe den Roman *In 80 Tagen um die Welt.* Ehe Jules Verne zum Stift griff, um die Geschichte aufzuschreiben, zeichnete er zunächst die beiden Figuren Fogg und Passepartout auf Karton, schnitt sie aus und ließ sie über die drei Ozeane und Kontinente seines Romans wandern, indem er ihre Pappfiguren mit Hutnadeln auf eine Wandkarte pinnte. (Als ich einige Zeit später von meiner Reise heimkomme, stelle ich verzückt fest, dass meine Eltern die Route der Book Barge ähnlich festgehalten haben. Zwar ist kein aus einer Cornflakespackung ausgeschnittenes Boot auf die Karte gepinnt, aber die Datumsangaben und Pfeile und anderen Angaben lassen es so aussehen, als hätte der Wahnsinn System.)

Auf dem Leeds-und-Liverpool-Kanal begreife ich auch erstmals, wieso Jules Verne seinem Helden einen Butler an die Seite gestellt hat. Denn es gibt da ein kleines unbedeutendes topografisches Detail: die Penninen, die die beiden Städte trennen, die dem Kanal seinen Namen geben. Und Berge bringen Schleusen mit sich. Und zwar jede Menge. In meinem Kanalreiseführer sind sie als kleine schwarze Pfeilspitzen eingezeichnet und kommen wie spaßig hochgezogene Augenbrauen daher. Was für abscheuliche Monster. In Wigan sind es 21 hintereinander. Die Hälfte erledige ich allein, ehe ich in einem der längeren Becken auf Grund laufe und warten muss, bis wieder ein Boot kommt, das zusätzliches Wasser einströmen lässt, damit ich wieder Auftrieb habe. Danach bleibe ich immer dicht hinter dem Boot und erledige die restlichen Schleusen zusammen mit der Besatzung, einem Mann mittleren Alters und einem Teenagerjungen. Auf dem Boot gibt es noch zwei andere Personen, die jedoch vor dem Fernseher sitzen bleiben und die ich erst sehe, als wir alle am Ende der Schleusentreppe in den Pub einfallen. Als mir der ältere Mann die beiden vorstellt, wird mir klar, wie überflüssig mein Selbstmitleid ist. Es sind seine Adoptivkinder, die beide schwer geistig und körperlich behindert sind. Der Junge, der ihm vorhin zur Hand gegangen ist, ist der Freund seiner leiblichen Tochter. Er sagt, es sei ein echter Vollzeitjob, für diese Familie zu sorgen. Es klingt in der Tat enorm anstrengend. Dies sei sein erster Urlaub seit fünf Jahren, erzählt der Mann weiter, während er das Erbrochene von einem seiner Kinder aufwischt. Ich möchte ihn fragen, wie er das hier – die Schleusen, die Verantwortung für drei Kinder, die zusätzliche Belastung mit zwei behinderten Kindern, den Regen, der hinter uns auf die Scheiben niederschießt – als Urlaub bezeichnen kann. Aber ich traue mich nicht.

»Ich weiß auch nicht«, sagt er, als ob er meine unausgesprochene Frage irgendwie erahnt hätte, »vielleicht haben wir alle ein wenig eine Wahnstörung.«

Als ich in Blackburn eintreffe, bin ich kurz davor, alles hinzuschmeißen. Die ganze Nacht mache ich kein Auge zu, weil ich draußen eine Jugendgang mit Spraydosen höre. Ich bin mir sicher, dass sie es auf *Josephs* seriöse schwarze Gestalt abgesehen haben und dass das Ergebnis kein Banksy sein wird. Am nächsten Morgen finde ich ihn jedoch bis auf die alten Kritzeleien aus Rost und Schlamm unangetastet vor. Auf der gegenüberliegenden Wand hingegen lese ich, dass die Beziehung zwischen Keri und Adam zu Ende ist und dass Ellie unter ihren Altersgenossen als übergewichtige »F****« gilt. Ich rufe Graeme an und bitte ihn, mir einen Tag auszuhelfen.

Graeme ist der beste Passepartout, den sich ein Reisender, dem die Zeit davonrinnt, wünschen kann. An diesem Tag absolvieren wir 13 Schleusen und überfahren eine rote Ampel bei der Einfahrt in den 1.500 Meter langen Foulridge-Tunnel, um den Pub auf der anderen Seite noch eine halbe Stunde vor Anbruch der Dunkelheit zu erreichen. Auf dem Weg dorthin gehen wir der Ursache auf den Grund, weshalb die Schiffsschraube nicht mehr dreht. »Oh Gott, es ist ein Kopf, ein *Menschenkopf*«, jammere ich, einen Arm im Propellerkasten. Finster blicken wir uns an.

»Bist du *sicher*, dass du einen Kopf gefühlt hast?«, fragt er und zieht langsam die langen, roten Gummihandschuhe über, um sich selbst ein Bild von der Lage zu machen.

»Definitiv. Ich habe *ein Ohr* gespürt«, weine ich. Graeme wird bleich, geht aber in die Hocke, um selbst nachzufühlen.

»Soso ... ein Kopf also, was?«, sagt er nach zehn Minuten Fummelei. Ich blicke hinunter auf die 15 Meter blauen Elektrokabel und diverse Damenstrumpfwaren, die er entwirrt und herausgezogen hat.

»Ich bin mir *fast sicher,* dass da eine Nase war«, beharre ich kleinlaut.

Es ist die Selbstlosigkeit von Leuten wie Graeme und dem Familienvater in Wigan, durch die ich in die schreckliche Geschichte mit der Frau in Keighley hineingerate. Ich hatte mich den ganzen Morgen mit mehreren Drehbrücken hintereinander herumgeschlagen. Lasst mich eins zum Thema Drehbrücken sagen. Sie sind kleine Scheißer. Die Logik der Drehbrücke beruht auf der Annahme, dass man immer mindestens zwei Besatzungsmitglieder hat. Einer bleibt an Bord und fährt durch, sobald die Bahn frei ist. Der andere springt kurz ab, flitzt rüber, entriegelt, schwenkt auf, wartet, bis das Boot durch ist, schwenkt zu, verriegelt und trottet über die Brücke zurück, um auf dem Treidelpfad von seinem (hoffentlich) wartenden Boot abgeholt zu werden. Wenn man allein ist, bricht diese hübsche, kleine, arbeitsteilige Idealwelt am Kanal in sich zusammen. Beziehungsweise endet, wie in meinem Fall, mit einem Blutbad.

Nun, in einigen Fällen ist es gerade so noch möglich, an der Nicht-Treidelpfad-Seite des Kanals anzulegen. Dazu muss man einfach (einfach!) nur die Bootsnase auf den Brückendrehpunkt ausrichten, auf neutral schalten, um ein wenig das Tempo zu drosseln, übers Boot rennen, die Festmachleine schnappen, mit Schwung in die Hecke springen und das Boot an einem Baumstumpf anbinden, während man die Brücke aufschwingt. Dann zieht man das Boot am Tau durchs Wasser, fällt unweigerlich hinein, greift sich eine Achterleine, sobald man durch ist, hält sie zwischen die

Zähne geklemmt, während man die Brücke schließt, und klettert zurück aufs Boot. Dieses mühelose Manöver setzt voraus, dass man nur mit Nesseln und Schlamm am Ufer zu kämpfen hat. Gibt es dort eine Backsteinmauer, Stacheldraht, ein Privatgrundstück, einen Dobermann oder andere Hürden, dann ist man am Arsch.

Ich versuchte gerade meinen vierten Sprung über den Bug, als ich die Keighley-Frau entdeckte, wie sie den Treidelpfad hinauflief, eine Plastikhaube zum Schutz vor dem Nieselregen über ihrem merkwürdig orangefarbenen Haar und eine Tüte Lebensmittel in jeder Hand. Mir erschien sie in diesem Moment wie ein Engel, vom Himmel geschickt. »Ahoi!«, rief ich, »würden Sie mir vielleicht kurz helfen?« Sie hielt an und ihre Augen bohrten sich in meine wie Blutegel.

»Was genau müsste ich denn machen?«, erkundigte sie sich.

»Oh, das ist ganz leicht. Sie müssten einfach nur die Brücke auf der anderen Seite aufschwingen, während ich durchfahre, und hinterher wieder schließen.« Sie stellte ihre Einkaufstüten ab und ich rannte nach hinten zum Steuer, während ich den Göttern dankte. Doch als ich mich mit der Stocherstange vom Ufer wegstieß und das Boot wieder in die Mitte des Kanals drehte, bekam ich einen Schreck, als ich entdeckte, dass sie nicht auf der Brücke, sondern unmittelbar rechts von mir stand und der Gewitterhimmel von Yorkshire sich in ihrem sich verdunkelnden Gesicht spiegelte.

»Junge Dame«, fauchte sie mich an. »Wie können Sie es wagen?«

46. HAMMEL

Die Hölle selbst kann nicht wüten wie eine Keighley-Frau, die man bittet, eine Brücke zu öffnen. Solche Lektionen sind es, die man als schwimmende Buchhändlerin lernt. Und es ist eine überaus wichtige Lektion, ohne die man sonst womöglich jahrelang in dem Glauben lebt, dass Kanäle idyllische, harmlose Gewässer seien. Dass Bootsfahrer und Passanten friedlich Seite an Seite lebten. Dass Schafe dumme, unschuldige Viecher seien und in keinster Weise an den Grausamkeiten beteiligt, die folgen sollten.

Zu Anfang denke ich, dass die Frau sich verhört haben muss. »Entschuldigen Sie«, sage ich, »ich glaube, da haben wir uns missverstanden. Ich wollte nur, dass Sie die Brücke für mich aufziehen, damit ich durchfahren kann. Es ist ziemlich schwer allein.« Wütend stampft sie mit ihrem Stiefel auf.

»Ich habe Sie *sehr wohl* gehört. Und ich halte es für abscheulich – *abscheulich* –, eine kleine, gebrechliche alte Dame um so etwas zu bitten.« Sofort schaue ich mich nach einer kleinen, gebrechlichen alten Dame um, ehe mir klar wird, dass sie damit das robuste, von der guten Landluft des Keighley Valley gestärkte Muskelpaket Anfang, Mitte vierzig meint, das vor mir steht.

»Ach sooo, okay. Wissen Sie was? Kein Problem, ich versuch's einfach allein. Schönen Tag noch.« Und drehe mich weg.

Doch die Dame rührt sich nicht vom Fleck, sondern steht weiter da, die Hände in die Hüften gestemmt, und stampft ab und an gereizt mit den Absätzen in den Schlamm. Hinter ihr lugt ein Schaf über die Steinwand, um nachzuschauen, was es mit dem seltsamen pfeifenden Geräusch auf sich hat, das sie aus dem linken Mundwinkel ausstößt, als sie erneut laut aufstampft, woraufhin das Tier vor Schreck geradewegs über die Mauer auf den Treidelpfad plumpst. Da Schafe nun mal so sind, wie sie sind (Ärsche), kippen zwei weitere Schafe über dieselbe Mauer, sodass ich es nun mit einer griesgrämigen Dame aus Keighley und drei Viechern zu tun habe, die alle glotzen, während ich mit einem Fuß auf dem Boot stehe, mich mit dem anderen im Stacheldraht verheddert habe und meine Geduld langsam ein Ende hat. »Hören Sie, wenn Sie mir nicht helfen wollen, hat es nicht viel Sinn, wenn Sie weiter herumstehen und mir zuschauen«, brülle ich zu der Frau. »Das wird noch eine Weile dauern.«

Daraufhin zieht die Frau ab, aber die Schafe sind wie gelähmt, sodass ich sie ebenfalls anschreie. Ich habe die seltsamsten Dinge über die Schafe hier oben gehört. Angeblich sind sie klüger als die im Süden und besitzen Problemlösefertigkeiten. Ich habe gehört, dass welche es geschafft haben, Viehgitter am Boden zu überwinden, indem sie sich über die Schulter abrollten wie beim Militär. Wenn ich mir die drei mit ihrem hämischen Grinsen und ihrem langsamen Kauen so anschaue, glaube ich das gern. Um sie zu verscheuchen, spritze ich mit meinem nutzlosen, stahlverknoteten Bein Wasser auf, aber das am weitesten entfernte Schaf fungiert wie ein Airbag und sorgt dafür, dass die anderen beiden von der Wand abprallen und wieder direkt vor mir auf ihren Hufen zum Stehen kommen, nachdem sie zurückgewichen sind. Und dann höre ich von weiter unten vom Treidelpfad, wie die Frau kreischend zurückkommt: »Was machen Sie mit diesen armen Tieren? *Was tun Sie da?*«

»Die haben mich komisch angeguckt«, schreie ich zurück.

»Na ja, wer würde das nicht«, schnaubt sie: »Schauen Sie sich doch Ihr Boot mal an. Was ist das überhaupt?«

»Ein Buchladen«, schäume ich.

»Ja, klar«, entgegnet sie und marschiert erneut kopfschüttelnd davon.

An diesem Punkt gebe ich auf. Ich fahre das Boot zurück zur Treidelpfadseite, lege an, setze mich in den Schlamm und lasse zu, dass mir die Schafe ins Gesicht lachen. »Ihr seid allesamt Arschlöcher«, sage ich ihnen. »Und nie wieder werde ich einem eurer ertrunkenen Kameraden die letzte Ehre erweisen.« Denn ich hatte, so oft es mir möglich war, meine Reise quer durchs Land unterbrochen, um ihre aufgedunsenen Leiber aus dem Wasser zu ziehen und ihnen ein anständiges Begräbnis unter einer Hecke zuteilwerden zu lassen. Ein Stück den Treidelpfad hinunter kann ich noch immer die Frau beobachten, die auf einer Bank sitzt und ein Auge auf mich hat. Flankiert von ihren weißen Einkaufstüten wie Brötchenhälften sieht sie aus wie das Würstchen, das sie ist. Erst jetzt verstehe ich den alten Mann, mit dem ich mir auf dem Kennet-und-Avon-Kanal die Schleuse teilte. Er hatte seine Festmacherleinen quer über den Treidelpfad gespannt, während er auf das Leeren der Schleuse wartete. Ein Radfahrer war direkt in die Falle hineingerast und über den Lenker geflogen. Daraufhin war ein Streit zwischen dem alten Mann und dem Radfahrer entbrannt, weil der alte Mann sich weigerte, sich zu entschuldigen. »Es ist unser Kanal«, wiederholte er immer wieder und bezog mich in diesen größenwahnsinnigen Imperialismus mit einer Armbewegung mit ein. »Das Wasser ist für Bootsmänner, Straßen sind für Blödmänner«, fasste er triumphierend zusammen.

Inzwischen bin ich bereit, mit ihm gemeinsam in den Krieg gegen die Ungläubigen zu ziehen. Lasst sie uns mit unseren Stocherstangen gleichsam Lanzen von ihren Drahteseln schubsen, eine große Heckwelle erzeugen, um die Angler am Ufer fortzuspülen, Landminen aus Hundehaufen legen, um Spaziergänger abzuschrecken, und hohe Geschütztürme über unseren Luken errichten, um Gaffer mit unseren schimmligen Clementinen auszuschalten. Gute Güte: Mit einem Mal abgestoßen von meiner eigenen Blutrünstigkeit, wird mir bewusst, dass ich nicht nur auf engen Kanälen, sondern auch *engstirnig* unterwegs bin.

35 Minuten später kommt ein junges Paar mit einem Kindersportwagen vorbei und öffnet die Brücke für mich. Die Frau auf der Bank ist längst weg. Während ich den Kopf in den Händen vergraben und darüber geweint hatte, welches Monster die Binnenwasserstraßen aus mir gemacht hatten, war sie rübergekommen und hatte mir grob auf die Schulter getippt. Die Schafe hatten sich derweil in ihrer unendlichen Yorkshire-Weisheit aus dem Staub gemacht. Mein wässriger Blick ließ immerhin die Keighley-Frau sanfter erscheinen. Ihr orangefarbener Lippenstift sah weniger giftig aus. Als sie ihren Mund öffnete, kam jedoch ein Schwall bitterer Soße heraus. »*Ich versteh das einfach nicht*«, kochte sie vor Wut und kauerte sich zu mir, um ihre Finger fest um meinen Arm zu keilen. »*Legen Sie sich doch einfach einen Bus zu.*«

47. JOSEPH

Es gibt einen Song von Lyle Lovett, in dem er davon singt, dass er gleichzeitig ein Pony und ein Boot haben will. Ich habe ihn nie selbst gehört, aber einmal Auszüge aus dem Text in einem Buch über Hemingway gelesen. Das Lied handelt davon, dass es gar nicht so abwegig ist, sich ein Pferd und ein Boot zu wünschen. Wenn man Schwein hat und beides bekommt, so geht der Text, kann man einfach aufsatteln und überglücklich auf dem Ross auf dem Deck auf dem Meer sitzen. Meine eigene Melodie dazu erfindend, singe ich das Lied, während wir beide weiterziehen, *Joseph* und ich. Inzwischen rede ich mit dem Boot mehr als je zuvor. Er hört mir gut zu und bewahrt die Geheimnisse sicher auf. Zwischendrin sammle ich die Namen aller Boote, an denen wir vorbeikommen, so wie ich früher Pferdenamen alphabetisch aufgelistet habe. In der Regel sind sie ziemlich enttäuschend – *Narrow Escape, Tranquility, Dreamcatcher, Willow, Moor to Life, Lucky Duck, Tardis* –, aber ich lese die Liste des Tages trotzdem laut vor und lasse sie mir so lange auf der Zunge zergehen, bis ich über *Pendragon* oder *Iron Maiden* stolpere oder *Cirrhosis of the River* vergesse und noch mal von vorn anfangen muss.

Joseph besitzt für ein Narrowboat eine besondere Anmut. Angesichts des überschaubaren Mobiliars im Inneren liegt er nicht tief im Wasser, sodass ich mir vorstellen kann, er würde übers Wasser tänzeln. Im Laufe der Zeit ist die Pinne locker geworden und das Zittern, das von ihr ausgehend meine Arme erfasst, hat zuletzt zu einer merkwürdigen unterschwelligen Nervosität beigetragen. *Joseph* gehört mir inzwischen bereits seit drei Jahren, aber erst seit Kurzem weiß ich den heiteren Schein seiner Scheinwerfer und den warmen Atem seines Auspuffs zu schätzen, über den ich meine Zehen hängen lasse. Ich bin ziemlich planlos, was das Nachziehen der Propellerwellen-Stopfbuchse oder das Prüfen des Öl- und Wasserstands angeht, aber *Joseph* hat mich noch nie für meine Nachlässigkeit bestraft. Ich schrubbe nur selten seine lackierte Außenhaut und habe noch immer nicht meine improvisierten Fender ersetzt. Ich stelle mir immer vor, dass er den Staub und die Kratzer wie einen Lieblingskapuzenpulli trägt. Ich habe zu schätzen gelernt, dass *Joseph* an einem kalten Morgen gleich beim ersten Mal anspringt und den ganzen Tag ohne zu murren läuft, wenn die Sonne ihre heißen Hände auf sein Metall presst. Das nenne ich Tüchtigkeit.

Heute sind wir auf dem Weg nach Saltaire, einer sorgsam geplanten Mustersiedlung, die Mitte bis Ende des 19. Jahrhunderts von dem Tuchfabrikanten Titus Salt als Wohnsiedlung für seine Fabrikarbeiter erbaut wurde. Neben all seinem wunderbaren sozialen Engagement hegte er auch Sympathien für die sogenannte Temperenzbewegung und verhängte ein Verbot gegen die »Bierläden« in der Siedlung, um dem Laster der Trinksucht Einhalt zu gebieten. Dieser historische Hintergrund treibt mich ein wenig um, da ich zugesagt habe, einem lokalen Buchklub namens *Wein oder Nichtwein, das ist hier die Frage* mein Boot zur Verfügung zu stellen.

Wir befinden uns in der letzten Schleuse vor Saltaire, der Hirst's-Schleuse. Sie ist knapp über drei Meter tief und hat ein leckendes Hintertor, um den schrecklichen Umstand euphemistisch zu umschreiben, dass das Wasser, das es hereinlässt, mein Boot zu fluten droht. Vielleicht bin ich müde vom frühen Aufstehen, vielleicht weniger aufmerksam als sonst, weil wir unserem Ziel so nah sind. Jedenfalls sehe ich, wie das Wasser auf *Josephs* Heck spritzt, als das Wasserlevel in der Schleuse sinkt, aber ich mache mir keine Sorgen, bis ich ein rechteckiges Strohding am Boot vorbeischwimmen sehe und mir klar wird, dass es meine Fußmatte ist. Das Wasser in der Schleuse ist nun fast bis auf Kanalniveau vor uns gefallen, sodass ich es für die praktischste Lösung halte, raufzugehen und eines der Tore zu öffnen, die Leiter wieder runterzuklettern, rauszufahren und den Schaden zu begutachten, sobald wir dem Wasserschwall entkommen sind. Aber als ich wieder auf dem Boot bin und bereit, rauszumanövrieren, fällt mir auf, wie still es hier unten ist, bis auf das Wasser, das sich über das Heck ergießt. Der Schlüssel im Zündschloss ist noch immer umgedreht, aber der Motor ist nicht zu hören und in diesem Augenblick wird mir klar, dass irgendetwas Grauenhaftes passiert ist und ich das Boot an Seilen rausziehen muss. Währenddessen läuft und läuft Wasser auf uns herab und als ich die Abdeckung des Motorraums anhebe, hat sich darin bereits ein Swimmingpool gebildet.

Auf jedem anderen Kanal wäre es kein größeres Problem, das Boot aus der Schleuse zu ziehen. Der Leeds-und-Liverpool-Kanal hingegen ist anders. Die Schleusen hier sind kürzer – 18 Meter –, genau so lang wie Joseph. Insofern ist das Boot eingekeilt und als ich mir die Lage noch mal von oben auf der Schleuse anschaue, wird mir klar, dass mir jemand helfen muss, indem er das Heck herumzieht, während ich gleichzeitig den Bug mit den Beinen wegschiebe. Also rase ich noch mal die Leiter runter und versuche, zumindest das Heck aus dem Wasserstrahl zu ziehen, aber ich kann es nicht bewegen.

Erst in diesem Moment bemerke ich das Gesicht eines Grundschulmädchens, das von oben in die Schleuse hinunterspäht. Noch ehe ich ihr zurufen kann, ist sie verschwunden. Sekunden später ist sie wieder da, diesmal mit einem älteren Mädchen, vermutlich ihre Schwester, so um die acht, neun Jahre alt. Bitte, bitte, bitte lass sie zu jung sein, als dass sie ohne Aufsichtsperson von der Schule nach Hause gehen. »*Holt eure Eltern*«, schreie ich, woraufhin sie erneut wegrennen und mit ihrem Vater wiederkehren.

Es ist ein einziger Schlamassel. Als das Boot kurz hinter der Schleuse vertäut liegt, beginne ich, mit einem Pflanzenkübel Wasser aus dem Motorraum rauszuschippen. Die Familie, die mir beim Rausmanövrieren geholfen hat, ist bereits heimgegangen. Ich bin vermutlich immer noch eine halbe Stunde Fahrtzeit von Saltaire entfernt, zu weit, um das Boot den ganzen restlichen Weg von Hand zu ziehen. Also muss ich weiterschippen und hoffen, dass der Motor den Kanalschleim aus seinen Lungen abhustet und mir den Gefallen tut, wieder anzuspringen. »*Joseph*«, sage ich und bin mir völlig bewusst, wie armselig es ist, einen leblosen Stahlrumpf mit Bücherregalen, einem vertrockneten Garten und verrosteten Flanken zu lieben, »bitte, verlass mich nicht.«

48. TRENT (TEIL 1)

Nach Saltaire kehrt Ruhe ein. Insgesamt war ich zehn Tage dort, die längste Zeit, die das Boot, abgesehen von London, an einem Ort verbracht hat. Während dieser Zeit trocknete es. Dann trieb es davon, während ich die Nacht nach einem sehr feucht-fröhlichen Buchclub-Abend bei neuen Bekannten verbrachte. Am nächsten Morgen fand ich es, hübsch säuberlich aufgereiht zwischen zwei Fabriken, wo es auf mich wartete.

Und so ziehen wir weiter nach Leeds. Das Wetter rüttelt uns jeden Morgen unter einer Bettdecke aus Eis wach, mit seinen kalten Händen und einem Mundgeruch nach feuchtem Laub. Mein Vater kommt zu Besuch. Die Heizung funktioniert nicht, solange ich nicht tanke. Tanken kann ich nicht, bevor ich nicht Leeds erreicht und ein paar Bücher verkauft habe. Die Kälte tut mir an den Backenzähnen weh und ich füge »Zahnarzt« auf der wachsenden Liste von Tauschgeschäften über meinem Schreibtisch hinzu.

Als ich die Stadt endlich erreiche, lege ich an der Uferpromenade von Granary Wharf an, wo sich früher unter den dunklen Mauerbögen eines Viadukts direkt unter dem Bahnhof von Leeds ein Einkaufszentrum befand. Es wird ein angenehmes, mäßig rentables Wochenende.

Ehe ich die Stadt verlasse, nehme ich das Boot mit zum Clarence Dock, ein großes, neu entwickeltes Uferquartier. Hier befindet sich auch ein Museum für Militärgeschichte, was auf meinen Nachbarlieger abzufärben scheint, der sein Boot in ein deutsches U-Boot verwandelt hat. In Kriegsschiffgrau gestrichen, ohne Fenster, besitzt es einen Kommandoturm und ein Periskop. Mir entfährt ein Schrei, als ich den Kapitän höchstselbst erspähe, der einen Bart und eine Marineuniform trägt und, wie ich leicht gekränkt feststellen muss, mit seinem Boot deutlich größere Ambitionen hat als ich. Während ich nur Schreibmaschinen, Babar den Elefanten und Anthologien von Solschenizyn an Bord habe, hat er ein Sonargerät, eine Sirene und eine Morsetaste dabei. Zum ersten Mal seit Wochen bin ich halbwegs dankbar für meinen künstlichen Rasen. »Steck dir das in deine Torpedo-Imitation!«, gifte ich geistig. Dann kommt ein Mädchen mit seinen Eltern vorbeigelaufen und piepst: »Mummy, Daddy, *schaut mal!* Ein lustiges Kriegsschiff«, und alle drei bleiben stehen und machen Fotos, ohne auch nur den Kopf zu heben, als ich mit meinem »Buchladen offen«-Aufsteller und meinen laminierten »Autoren-Signierstunde«-Postern herausgestapft komme.

Die ganze Nacht lang verfolgen mich Bilder aus *Das Boot* in meinen Träumen und ich bin von mir selbst genervt, dass ich mich davon so aufwühlen lasse. »*Joseph* ist ein hervorragendes Boot«, rede ich mir immer wieder gut zu. »Er hat ein Müsliriegelarsenal und eine(n) Literaturkanon(e) an Bord. Wer hat es schon nötig, Zerstörer zu jagen, wenn es Proust gibt, mit dem man sich abends beim Lesen im Bett duellieren kann? Das Leben als Buchhändlerin ist genauso gut wie das eines Möchtegern-U-Bootfahrers«, sage ich mir vor. Doch am Morgen ist das U-Narrow-Boot das Erste, was ich sehe, als ich meine Türen aufmache. Am liebsten möchte ich seinen Kapitän zu einem Stocherstangenturnier herausfordern, aber ich fürchte, mein schlichter Eichenstumpf fühlt sich womöglich gedemütigt durch den militärisch aufgemotzten Bajonettaufsatz an seinem. Und so verdrücke ich mich, nachdem ich noch einen letzten Blick auf meinen Erzfeind geworfen habe, der uns hämisch hinterherzugrinsen scheint. Ich schmecke Blut im Mund, doch es ist nur mein kaputter Zahn.

Auf dem Weg nach Keadby schlage ich deutsche Marinedienstgrade nach und lerne sie auswendig. Ich beginne mit den Unteroffizieren, aber der harte, dringliche Klang der Begriffe passt so gut zu meiner düsteren Stimmung, dass ich mich bald schon die Dienstgrade bis hinauf zum Admiral hocharbeite. »Oberleutnant zur See!«, belle ich entzückt den Elektrizitätswerken zu, an denen wir vorüberziehen. »Hauptgefreiter! Bootsmann! Oberstabsbootmann! Flotillenadmiral!« Es ist eine spannende Abwechslung und als ich später am Abend Stu treffe, um mit ihm unser Glück auf dem Trent zu versuchen, strotze ich wieder vor Selbstbewusstsein und lechze nach Abenteuern.

Es gibt ein fantastisches Buch von Sara Levine, ebenfalls große Robert-Louis-Stevenson-Anhängerin, mit dem Namen *Treasure Island!!!* (die Ausrufezeichen stammen von ihr). Getreu dem Feuereifer des Originals beschließt Levines Heldin, nach dem Kodex der Seefahrer zu leben: Tapferkeit! Entschlusskraft! Unabhängigkeit! Hornblasen! Und so krempelt sie ihr Leben komplett um, einen Papagei und das Kündigungsschreiben im Gepäck, verlässt ihren Freund, ihre Freunde und gibt einen Großteil der Sicherheit ihres Vorstadtlebens auf. Genau so fühlte ich mich, als ich von zu Hause aufbrach, und ich fühle mich nun wieder so, als ich mit dem Boot die Keadby-Schleuse verlasse. Der Schleusenwärter hat mir geraten, noch einen Tag zu warten. Heute Nacht wird eine Bore, eine Gezeitenwelle, erwartet und für unterwegs ist schlechtes Wetter angesagt. Durch das Wasser, das die Flut den Trent hinuntertreibt, werden wir länger als üblich unterwegs sein und den ganzen Weg bis Torksey runterfahren müssen, da die Strömung zu stark ist, um schon früher, bei Gainsborough, anzulegen. »Das wird schon«, beruhige ich Stu und zwei Männer auf einem anderen

Narrowboat, die hinter uns folgen. »Wir sind schließlich auf Kanalbooten unterwegs, was soll da schon passieren?«, füge ich verächtlich an.

In den ersten Stunden behalte ich recht. Stu hat die Füße hochgelegt und trägt meine Sonnenbrille, um sich vor dem grellen Sonnenschein zu schützen, in den wir hineinfahren. Ich bin drinnen und wärme Tomatensuppe auf einem Campingherd auf und versuche, ganz im Einklang mit meiner neuen germanophilen Leidenschaft das Lied *Der junge Geißhirt* aus *Meine Lieder, meine Träume* zu jodeln. Dafür, dass wir beide blutige Anfänger sind, machen wir uns ganz gut. Stu folgt der Karte und vermeidet die Untiefen, ich bin derweil bereits bei Strophe drei: »Ein Prinz, der in seinem Palast war, hörte / Läi odl läi odl läi hi ho / Wer auf dem Wege zur Rast war, hörte / Läi odl läi i odl-o / Und im Lokal hörte man zur Speise / Läi odl läi odl läi hi ho / Biertrinker mochten die frohe Weise ...« – »*Scheiiiße!*«

Den Topf mit der Suppe in der Hand, renne ich die Treppe hoch, um nachzuschauen, worüber Stu flucht. Ein riesiger, mit Kies beladener Lastkahn steuert geradewegs auf uns zu und mir fährt ein Schreck in die Glieder, als mir klar wird, dass wir ausweichen müssen, um dem Schiff die tiefe Fahrbahn zu überlassen. Hinterher können wir jedoch darüber lachen und ich übernehme die Pinne eine Weile, damit Stu essen kann, bevor es richtig dunkel wird. Als die Dunkelheit schließlich anbricht, bringt sie Regen mit sich. Und bald auch Blitz und Donner. Um sie vor dem Regen zu schützen, setze ich mich mit der Karte hinter die Luke auf die Treppe, wo es trockener ist, und rufe Stu zu, wenn Inseln oder enge Flussbiegungen kommen, damit er weiß, wie er steuern muss. Wir haben alle Lichter auf dem Boot ausgeschaltet, da die Reflektionen auf dem Wasser es noch schwerer machen, etwas zu sehen. Das Einzige, was wir angelassen haben, ist eine rote Fahrradlampe, die mit Paketband an der Backbordseite festgemacht ist, falls wir einem weiteren Frachter begegnen sollten.

Aus irgendeinem Grund stimmen die geografischen Angaben auf der Karte nicht mit dem überein, was Stu draußen sieht. Ein paarmal kündige ich eine Kurve an, aber da ist keine. Dann, wenn unverhofft eine kommt, zieht er die Pinne zu spät und zu heftig rüber, sodass uns die Strömung eine 360-Grad-Umdrehung machen lässt, wie bei einem Teetassen-Karussell – allerdings auf einer Wildwasserbahn. Es ist wirklich furchteinflößend und zudem bis auf die aufzuckenden Blitze stockfinster und ich fange an zu wimmern. Ich hole die einzige Rettungsweste an Bord und biete sie Stu an. »Ich glaube, wir werden kentern. Ich möchte, dass du sie hast. Es tut mir so leid.« Ich sehe ihn an, wie er mit grimmig zusammengepressten Lippen und weit aufgerissenen Augen dasteht, den Blick fest auf den Fluss geheftet. »Bring mir mal die Karte«, sagt er. »Ich verstehe einfach nicht, wieso das mit den Kurven nicht passt.«

Ich reiche sie ihm. Ich kann es nicht fassen, dass wir derart die Kontrolle über das Boot und den Fluss verloren haben. Es ist erst 21 Uhr, aber um uns herum sieht es aus, als wäre es tief in der Nacht. Der Wind lässt meine Haare unter meiner Mütze auf Halbmast wehen. *Wir fahren auf einem Kanalboot!*, möchte ich schreien. *Wie konnte das passieren?*

Plötzlich habe ich genug von den Blitzen und den kleinen entersäbelartig hochschnellenden Wellen, die mein Boot angreifen. Ich habe genug von dem gewalttätigen Grollen des Donners. Also setze ich mich auf das überflutete Heck und versuche, zum ersten Mal in meinem Leben etwas wahrhaft Mutiges zu tun. »Stu«, beginne ich, doch meine Worte werden vom Wind weggetragen und gegen einen Baum am Ufer gepeitscht, sodass er nicht einmal bemerkt, dass ich etwas gesagt habe. Ich stehe wieder auf. »Stu«, sage ich und spreche diesmal direkt in sein Ohr. Er dreht sich zur mir und überrascht stelle ich fest, dass er mir ebenfalls etwas mitzuteilen versucht. Mit verzerrter, verwirrter Miene blickt er hinunter auf die Karte. Ob er dasselbe denkt wie ich? Dass es noch andere Werte gibt als die aus den Abenteuergeschichten für Kinder? Dass Tapferkeit Liebe sein kann! Dass Entschlusskraft Empathie sein kann! Dass Unabhängigkeit zusammen gelebt werden kann! Dass Hornblasen auch durch Klavierunterricht ersetzt werden kann? Er hält mir die Karte hin. »Ich bin verloren ohne dich, Stu.« Doch er hört mich nicht, da er lauter schreit. Und über meine Worte und den Regen und den Sturm schnappe ich ein paar seiner Worte auf: »... Kart... falsch herum! ... Idiot! *Du Idiot!*«

49. TRENT (TEIL II)

Wir verpassen die Anlegestelle in Torksey, selbst jetzt, da wir die Karte richtig herum halten. Also drehen wir um, versuchen es ein zweites Mal und finden, als wir endlich vertäut sind, einen Pub. Die beiden Männer von dem anderen Narrowboat stoßen zehn Minuten später dazu und sind ebenso traumatisiert wie wir, sodass wir alle zusammen am Tisch sitzen und den Schrecken mit Bier herunterspülen. Ich erinnere mich nur noch an zwei Dinge von diesem Pubbesuch. Erstens, wie der Schleusenwärter aus Keadby sehr viel später hereinkommt und unsere beiden neuen Freunde sofort aufspringen, die Fäuste geballt, um Rache dafür zu nehmen, dass er uns unter solch gefährlichen Bedingungen auf den Fluss geschickt hat. Wir können sie jedoch zurückhalten, indem wir die Gefahren herunterspielen, kaufen ihnen mehr Bier und schaffen es sogar, über einige der Vorkommnisse der Nacht zu lachen. Besänftigt nehmen sie wieder Platz und begnügen sich damit, ihm böse Blicke zuzuwerfen.

Die andere Sache, an die ich mich erinnere, ist, wie ein alter Mann mit dichtem schwarzen Haar ganz allein an einem Tisch in unserer Nähe sitzt. Er hört unseren Erzählungen zu und gesellt sich kurzerhand zu uns. Ich kann nicht anders, als immerzu die dichte, tiefschwarze Matte auf seinem Kopf anzustarren, und angesichts dessen, dass ich gerade erst den Zorn des Trent überlebt habe, nehme ich an, kann es nicht so schlimm sein, wenn ich ihn direkt frage, wie er zu so einer faszinierenden Frisur kommt. Der Mann ist höchst erfreut über meine Frage. »Ziehen Sie ruhig dran«, fordert er mich auf, »alles echt, alles Natur.«

Daraufhin ziehe ich kräftig an seinem Haar, ebenso wie die drei Männer. Anerkennend nicken wir alle. Der Mann erzählt uns von einem Shampoo gegen Haarausfall, das er erfunden hat. »Schauen Sie sich um«, sagt er und lässt den Arm über die anderen Trinker schweifen, »nicht eine Glatze unter den Jungs hier. Alle benutzen es. Lässt das Haar dicht wie Wolle wachsen.« Ich lasse den Blick über die trinkenden Männer zu meiner Linken gleiten, deren Mähnen ebenfalls schwarz und dicht sind. Dann drehe ich mich um und inspiziere die andere Hälfte des Raumes, die ähnlich stark behaart ist. Wir sind völlig ungläubig. Und mit einem Mal ist der ganze Trent-Spuk vorbei und uns ist leichter ums Herz. Wir bestellen noch eine Runde und reden über Reisepläne, Rapunzelmähnen und all die heiteren Dinge, die die Zukunft bereithält.

Da Stu am nächsten Tag arbeiten muss, bietet sich meine Mum an, zu kommen und ihn zurück zu seinem Auto zu bringen, das noch immer in der Nähe von Keadby steht. Durch einen doofen Zufall gibt es zehn Meilen entfernt einen gleichnamigen Pub. Als wir uns schließlich finden, ist es bereits nach Mitternacht und ihr Portemonnaie wurde um einiges erleichtert, weil sie durch die ganze Verwirrung die mautpflichtige Brücke zwischen den beiden Pubs viermal überqueren musste. Nachdem wir Stu abgesetzt haben, verirren wir uns noch einmal gründlich, als wir durch Gainsborough fahren, sodass es bereits drei Uhr ist, als wir am Boot ankommen. »Bleibst du bei mir heute Nacht?«, bettle ich meine Mum an. Ich möchte sie, plötzlich todmüde und kindisch weinerlich, bei mir haben. Gemeinsam gehen wir den langen Ponton entlang zum Boot, wobei der Lichtkegel der Taschenlampe in jede Ritze des Stegs dringt und das darunterliegende rumpelnde Wasser beleuchtet.

Es war meine Mutter, die mir das Lesen beibrachte. Einen Großteil meiner Kindheit war die Lektüre die Bibel. Unsere Eltern waren regelmäßige Kirchgänger und wir besuchten eine Klosterschule, die von deutschen Nonnen geleitet wurde, wo die Lektüre der heiligen Schrift noch auf dem Stundenplan stand.

Während eines Einstufungstags für die Grundschule, an die bereits meine Geschwister gingen, warnte der Schulleiter meine Mutter, dass ich vermutlich das erste Jahr wiederholen müsste. Sie hatte versäumt, mir das Alphabet beizubringen. Zudem bestand ich den Schuhschleife-Bindetest nicht und mir wurde eine »Gleichgewichtsstörung« attestiert. Vermutlich in der Hoffnung, *drei* Fliegen mit einer Klappe zu schlagen, bestellte meine Mutter daraufhin einen Alphabetisierungskurs aus den USA namens »Stepping Stones« und gemeinsam machten wir uns daran, bis zu Beginn des Schuljahrs aus mir ein die Schrift beherrschendes Schulkind mit Gleichgewichtssinn und sauber geschnürten Schleifen zu machen.

Unser Vorhaben machte nur langsame Fortschritte. Also musste ich auf meine älteste Schwester Claire zurückgreifen, um mir dabei zu helfen, meine erste Valentinskarte zu schreiben. Damals war ich in meinen dunkeläugigen Klassenkameraden Warren McGlone verliebt. »Lieber Wurm«, schrieb sie gemeinerweise, »willst du mit mir gehen?« Ich verstand nicht, woher seine eiskalte Abfuhr rührte, bis mich eine Freundin auf die absichtlich falsche Schreibweise aufmerksam machte. Warren mied mich den ganzen restlichen Februar lang. Worte haben Gewicht. In diesem Moment beschloss ich, sie mir alle anzueignen.

An diesem Abend, als meine Mutter und ich zum ersten Mal seit jenen Kindheitstagen wieder Seite an Seite schlafen, liegen wir auf den Boden eines schwarzen Boots gebettet, das zusätzlich als Buchladen fungiert. Über uns und hinter uns stehen so viele Wörter aufgereiht, aber uns reichen zwei, die wir uns über das gemeinsame Kopfkissen hinweg zulächeln.

»Gute Nacht.«

»Gute Nacht.«

In dieser Nacht schlafe ich so gut wie seit Monaten nicht mehr. Früh am Morgen steht sie auf dem Ponton, eine Hand in die Hüfte gestützt, die andere winkt mir zum Abschied hinterher. Mir ist, als ob ich meinen ersten Schultag antreten würde. Mir ist, als hätte ich sie nie mehr geliebt als in diesem Augenblick.

50. TRENT (TEIL III)

Ich bin unterwegs nach Newark. Es ist ein herrlicher Morgen und der Fluss liegt ausgebreitet da wie Hüpfekästchen auf dem Asphalt. Am Ufer galoppieren eine Weile Jagdreiter neben uns her, bis sie schließlich langsamer werden und ihren Hut ziehen, woraufhin ich laut johle und wie wild zurückwinke.

An den Ufern verbauen kaum Gebäude die Sicht und ein seltsames Gefühl von Freiheit erfüllt mich von Kopf bis Fuß. Dies sind die Augenblicke, die nur mir gehören. Wenn Leute mich fragen: »Was haben dir diese Monate unterwegs gegeben?«, kann ich einen ganzen Schrank präsentieren, in dem einer neben dem anderen auf dem Bügel hängt. Ja, ich könnte genau zeigen, wie jeder Tag in diesen Monaten ein klein wenig abgeändert wurde. Hier und da ein wenig ausgelassen, um den Wind einzufangen, gedrückt und zerknittert, wo ich zur Musik aus den Kopfhörern und dem tiefen Bass des Motors zu lange am Heck mit den Beinen über dem Dollbord gezappelt habe. Und schaut, die Abnäher: hier, wo ein großer Raubvogel mit einem Flügelschlag auf meinem Bug landete, hier, wo zwei Kinder zu mir aufs Boot gesprungen sind und gegen ihren Vater auf dem Treidelpfad um die Wette fahren wollten. Diese Erlebnisse verliehen ihnen Form, den letzten Schliff. Diese Monate waren ein hervorragender Schneider und haben mir alles perfekt auf den Leib zugeschnitten.

Und so lache ich und ziehe Rettungsweste, Kapuzenpullis, meine wasserdichte Hose und die wasserdichten Schuhüberzieher aus, als ich Graemes Gesichtsausdruck in

Newark sehe. *Das ist ein neuer Tiefpunkt,* bedeutet er mir. Er hat den Schlamm, meine fettigen Haare und den Schlafanzug entdeckt, der aus meinen Stiefeln herauslugt. Ich drehe eine Pirouette. Als wir gemeinsam zu Mittag essen, erzähle ich ihm, wie toll es wäre, wenn ich den Bootsrumpf mit Wasser auffüllen und ein Schwimmbad daraus machen könnte, sodass ich auf einer Luftmatratze auf dem Boot den Trent runterfahren und dabei in den dahinziehenden Himmel blicken könnte.

In Nottingham – meinem letzten Halt vor zu Hause – kommen ein paar Kunden an Bord. An diesem Wochenende werde ich immer nervöser angesichts meiner bevorstehenden Rückkehr und fange an, wie verrückt zu putzen, was ungewöhnlich für mich ist. Außerdem werde ich immer stiller. Sonntagnachmittag werden meine Nerven zusätzlich strapaziert durch einen lauten Aufprall auf dem Dach. Als ich rausrenne, um nachzuschauen, entdecke ich einen Mann, der ausgestreckt auf dem Kunstrasen liegt. Er hat sich von der darüberliegenden Brücke hinuntergestürzt. Auch wenn ich anerkennen muss, dass bisher noch niemand sein Leben und seine Gesundheit riskiert hat, um an Bord zu kommen, bemerke ich schnell, dass er a) unversehrt, b) betrunken und c) der Star eines kranken Handyvideos ist, das drei Kumpels von ihm von der Brücke herunter filmen. Sofort beginne ich zu brüllen, was ein paar Polizisten vom nebenan gelegenen Gerichtsgebäude herbeilockt, von denen einer den Burschen den Treidelpfad hinterherjagt. Die anderen kommen zu mir an Bord, um eine Tasse Tee zu trinken und mich über die Kriminalitätsstatistiken der Stadt Nottingham aufzuklären, was zu einem hässlichen Missgeschick mit einem schlecht getimten panischen Schnauben in meinen heißen Tee direkt über meiner noch unvollendeten Putzarbeit führt.

Aber natürlich ist nicht alles schlecht hier. Zum Beispiel verfügt Nottingham über den einzigen Pub in ganz Großbritannien, bei dem der Kanal direkt im Gebäude verläuft. Dagegen stinkt die schwimmende vietnamesische Bar, für deren Besuch ich bei einer Tour durch Südostasien ein kleines Vermögen bezahlt hatte, total ab – bislang meine einzige Wasserbarerfahrung. Damals hatte man uns mit einem kleinen Motorboot außer Sichtweite der Küste raus aufs Meer gefahren, uns auf einem großen Gummiring ausgestattet mit Bier raus ins Wasser geworfen und dann mit einem Megafon in regelmäßigen Abständen immer wieder »Feiert, Leute. Feiert bis *zum Umfallen!*« zugerufen, bis meine Finger ganz blau vor Kälte waren und meine klappernden Zähne Glassplitter aus dem grünen Flaschenhals meines Bia-Saigon-Biers schlugen.

Kurz hinter Nottingham entdecke ich zudem etwas, wonach ich die ganze Zeit Ausschau gehalten habe: ein Boot mit meinem Namen. Die *Sarah Louise* ist so schwarz wie *Joseph* und beinahe ebenso lang. Also fahre ich rüber, mache ein paar Fotos von beiden nebeneinander und als ich den Trent-und-Mersery-Kanal weiter hinuntertuckere, bin ich deutlich vergnügter als damals, als ich den Kanal verließ.

Mein letzter Abend auf dem Boot fällt mit Halloween zusammen. Die Uhren wurden bereits zurückgestellt, sodass ich, als ich vertäut bin und ein paar Blätter vom Dach gefegt habe, in der Dunkelheit zum nahegelegenen Dorf gehen muss, wo ausgehöhlte Kürbisse mit Teelichtern und Pappskelette mich von den Türschwellen und Fenstern finster anblicken. Zum Abendessen treffe ich ein paar Freunde und als ich wieder allein zurück im Laden bin, schneide ich mit einem Teelöffel einen Halbmond in den Victoria Sponge Cake, den mir eine Kundin mitgebracht hat. Wie die runden Küchlein, die man traditionell zu Allerheiligen in Gedenken an die Toten backt. Dieser Brauch war der Vorläufer, womöglich sogar die Inspiration zu der Halloweentradition von »Süßes oder Saures?«. An Halloween, einen Tag vor Allerheiligen, wurden diese Küchlein an kleine Kinder und Arme ausgegeben, die singend und für die Verstorbenen betend von Tür zu Tür zogen. Dahinter stand der Glaube, dass die Seelen an diesem Tag aus dem Fegefeuer auf die Erde aufstiegen, um Kraft zu schöpfen, und sie sollten deshalb mit Kuchen gestärkt werden.

Dabei muss ich an all die Kuchen denken, die ich während meiner Reise empfangen habe, womöglich aus ähnlichen Beweggründen. Monatelang zog ich von Stadt zu Stadt, um eine sterbende Zunft zu preisen und mein eigenes Leben zu verlängern. Vielleicht war es eine Art Fegefeuer, eine vorübergehende Phase der Bestrafung und Reinigung; eine Art Wartezeit, um herauszufinden, was das Schicksal für mich bereithält. An der Klosterschule lernten wir diesbezüglich einen Psalm auswendig, Psalm 66. »Wir gingen durch Feuer und Wasser«, hieß es darin. Und die ganze Zeit über all die Ablässe von Kunden mit ihren Kreditkarten, die wohlmeinenden Bloggergebete und Twitterverse. Und immer wieder diese Kuchen. Bergeweise Kuchen.

»Netter Versuch«, sage ich laut zu mir selbst im Kerzenschein. »Nenn es Fegefeuer, so viel du willst, darauf fällt sowieso niemand herein. Am Ende ist es nur eine bequeme Ausrede, um dein gutes altes katholisches Schuldgefühl wegen all der Kalorien zu besänftigen.«

51. ZUHAUSE

Die Book Barge kehrte am 1. November 2011 in ihren Heimathafen Barton Marin zurück. Sechs Monate waren vergangen, seit sie an einem strahlenden Morgen Anfang Mai aufgebrochen war. Insgesamt hatte sie rund 1.700 Kilometer durch 707 Schleusen zurückgelegt, 1.172 Bücher verkauft und 223 getauscht. Ich war nie ein Fan von Zahlen, aber diese gefielen mir zunächst.

Bis ein Fotograf einer hiesigen Tageszeitung mich mit Büchern die Worte »1.700 Kilometer« auf der Promenade legen ließ und mich fotografierte, wie ich sichtlich angespannt am Bug sitzend auf die sorgsam arrangierten Bücher blickte. Seither bin ich nicht mehr so begeistert von den Zahlen, aber als ich einen Blogeintrag über meine Rückkehr schrieb, fand ich keine Worte, die es besser auf den Punkt gebracht hätten.

Mir blieben zwei freie Tage, ehe ich den Laden wieder aufmachte. Die meiste Zeit davon verbrachte ich damit, vor dem Laptop zu sitzen und mir zu überlegen, wie ich ausdrücken konnte, was ich empfand, während ich nur diese Zahlen hatte und keine Worte dafür fand. Am Ende lieh ich mir Worte von jemand anderem, die sehr gut passten. Sie stammen aus *Der Wind in den Weiden*, Kapitel sieben, das den Titel *Der Flötenspieler im Morgengrauen* trägt. Es beschreibt, wie der Maulwurf und die Ratte nach dem verschwundenen Sohn ihres Freundes, dem Otter, suchen. Auf dem Heimweg unterhalten sie sich und diese Unterhaltung fasst das Leben auf dem Wasser besser zusammen als die andere über das Vergnügen, in einem Boot herumzuplanschen:

»Ich fühle mich so seltsam müde«, sagte der Maulwurf und beugte sich erschöpft über die Riemen, während das Boot dahintrieb. »Du wirst jetzt wahrscheinlich sagen, das kommt daher, dass ich die ganze Nacht wach gewesen bin, aber das ist es nicht. Zu dieser Jahreszeit machen wir das doch ständig. Nein, es fühlt sich eher so an, als hätte ich etwas sehr Aufwühlendes und Furchterregendes erlebt und als sei es eben erst zu Ende gegangen; und doch scheint nichts Besonders passiert zu sein.«

So kehrte ich auf das Boot zurück, machte den Laden auf und nach einer Woche beschlich mich die schreckliche Erkenntnis, dass womöglich alles wieder von vorn beginnen würde; das Geschäft würde wieder langsam vor sich hindümpeln, die Rückzahlungsfristen für die Schulden würden immer dringender werden und die Frage, ob ich den Laden dichtmachen musste, würde wieder ihre hässliche Fratze zeigen. Was die ersten beiden Punkte anbetraf, lag ich richtig, aber seltsamerweise kam mir Letzteres diesmal nicht einmal mehr in den Sinn.

52. PARIS (TEIL 1)

So sollte die Reise enden: Ende November auf dem Canal Saint-Martin in Paris. Und da bin ich und stehe auf einer der Eisenbrücken der Stadt. Ab und an wirbelt der Wind das trockene Laub vom Treidelpfad hoch und da ich weine, fühle ich mich wie gefangen im Wintergestöber einer Schneekugel. Ich habe eine Umhängetasche, einen Rucksack mit meinem Laptop darin und einen schwarzen Rollkoffer. Ich habe Klamotten für genau einen Monat und meine Kinderkarte von Paris, die mir sagt, dass ich mich auf der Passerelle Bichat, unweit von einem Park namens Jardin Villemin, befinde.

Von diesem erhöhten Punkt aus kann ich über die Schleuse zu dem Eisentor gegenüber schauen – zu genau der Stelle, an der Audrey Tatou im Film *Die fabelhafte Welt der Amélie* in einem rotem Kleid Steine übers Wasser hüpfen lässt. Ich habe mir diesen Moment immer wieder haargenau vorgestellt. Ich kenne jedes Detail, wie der Kanal verläuft, wie ein gebrochener Ellenbogen in einem grauen Gips aus Straßen. Ich weiß, in welchem Buch eine Referenz dazu vorkommt und wie die Book Barge eines Tages hier liegen wird, im grünen Schein des Frühlings. Ich weiß, dass man am Set von *Amélie* letztlich für das Steinehüpfen auf Computeranimation zurückgriff, weil Audrey Tatou es nicht hinbekam. Ja, das war alles nur gefälscht.

Ich komme nach Paris auf der Suche nach einem glorreichen Ende. Es ist erst 14 Tage her, dass ich mit dem Boot in meinen Heimathafen eingelaufen bin. Meine Kunden sagen mir: »Du warst weg, da dachten wir, du hättest zugemacht.« Ich balle die Fäuste, wenn sie dann fragen: »Und was willst du jetzt machen?« Also bin ich erneut davongelaufen. Ich bin nach Paris gekommen mit hundert Pfund und Kleidung für einen Monat, Umhängetasche, Rucksack und einem schwarzen Rollkoffer, bei dem am Bahnhof St. Pancras ein Rad abgebrochen ist. Und so ziehe ich ihn vom Bahnhof zur Seine, runter zum gepflasterten Gehweg und zu Shakespeare & Company, dem berühmten Buchladen, wo ich um eine Übernachtungsmöglichkeit bitte und im Gegenzug meine Dienste anbiete. Leider haben sie keinen Platz. Diese Möglichkeit hatte ich nicht bedacht. Also laufe ich die gesamte Länge des Kanals ab und wieder hinunter zu dieser Brücke. Der Rollkoffer humpelt mir einbeinig hinterher.

Meine Pläne sind dahin. Eigentlich wollte ich nach einem Anlegeplatz recherchieren, Französisch lernen, Geld verdienen, Weihnachten nach Hause fahren und im Frühjahr mit dem Boot zurückkehren. Und nun stehe ich hier und kann nichts anderes tun als auf dieser Brücke stehen und heulen. Alles fühlt sich beschwerlich an. Ich habe eine ganze tiefe Manteltasche voller Kieselsteine dabei, die ich übers Wasser springen lasse. Ich sehe dabei zu, wie jeder Stein einmal hüpft und ins Wasser plumpst. Ich sehe, wie sie sich zu großen Sisyphoshaufen im Wasser auftürmen, und plötzlich bin ich all meine nutzlosen Bemühungen und all den unendlichen Frust leid.

An diesem Abend schlafe ich in einem Schlafsaal in einem Hostel und trete früh am nächsten Morgen den Rückweg zum Bahnhof an, um heimzufahren.

Laura fragt mich: »Hast du eigentlich je herausgefunden, wer dir all diese Stalker-SMS geschickt hat?« Ich schüttele den Kopf und zeige ihr die neuesten Nachrichten, denn tatsächlich hat der Telefonterror nie aufgehört. Sie ist stinksauer. »Und du hast noch immer keine Ahnung, wer dahintersteckt?« Ich verneine. »Dann wird es Zeit, das herauszufinden.«

Laura tippt die Nummer von meinem Display ab und drückt auf »Anrufen«. Nachdem es ungefähr eine Minute lang geklingelt hat, wird der Anruf an die Mailbox weitergeleitet, auf der Laura eine fingierte Nachricht hinterlässt: »Ich sitze hier im Pub und warte auf dich. Ich bin schon zwei Stunden hier und mache mir langsam Sorgen. Entweder du rufst mich in den nächsten fünf Minuten an oder ich rufe die Polizei an, um dich als vermisst zu melden.«

Dann lehnen wir uns zurück und schlürfen unseren Wein. Und tatsächlich, es sind keine fünf Minuten vergangen, da piept ihr Handy und sie hat eine neue Nachricht von ihm: »Du musst dich verwählt haben.«

Laura lässt nicht locker: »Tut mir leid. Ich muss die falsche Nummer erwischt haben, aber aus irgendeinem Grund wird dein Name nicht angezeigt. Wer ist denn da? Dann kann ich die Nummer neu einspeichern.«

Antwort: »Ich bin Taj Wong. Aus Barnet. Und wer bist du?«

Laura: »Komisch, das ist eigentlich kein Name, den man so einfach vergisst ... Hast du ein Bild von dir bei Facebook?«

Antwort: »Ja, wir können uns ja anfreunden.«

Kurz darauf durchstöbern wir sein Profil. Ich habe diesen Typen noch nie gesehen.

Laura schreibt: »Du kommst mir irgendwie bekannt vor. Haben wir uns vielleicht mal auf der Book Barge getroffen? Bist du mit der Besitzerin befreundet?«

Antwort: »Die Boat (sic) Barge? Da bin ich einmal im Sommer gewesen. Aber ich habe nicht mit ihr geredet.«

Rätsel gelöst. Darauf stoßen wir an. Er ist ein Irrer, das ja, aber keiner, dem ich vermutlich noch mal begegnen werde. Aus Freude über unseren gelösten Fall tippen wir auf einer unsichtbaren Schreibmaschine herum und summen die Melodie zu *Mord ist ihr Hobby*. Dann piept Lauras Handy erneut.

Komischer Kauz: »Hey Laura, auch ohne dein Facebook-Foto gesehen zu haben, bin ich mir sicher, dass du ziemlich heiß bist.«

Später: »Du klingst echt sexy in deinen SMS. Lust auf ein Treffen?«

Noch ein paar SMS später: »Laura? Bist du noch da? Magst du mich anrufen?«

Laura bemerkt daraufhin: »Was geht bloß in seinem Kopf vor? Wie sehr muss man jeglichen Bezug zur Realität verloren haben, um so einen Scheiß rauszuhauen, sich zurückzulehnen und allen Ernstes zu erwarten, dass eine freudige ›Klar, lass uns heiraten‹-Nachricht zurückkommt? Vollkommen irre!«

Aber er machte weiter. Nun erhielten wir beide dieselben Nachrichten. Wir riefen uns jedes Mal an, wenn wir eine bekamen, und waren immer wieder erstaunt über diese Schamlosigkeit, Dummheit, Hartnäckigkeit und Dreistigkeit. Ich sah, wie er seinen Felsbrocken aus 140 Zeichen den Berg hinaufrollte und dieser direkt wieder runterrollte, wenn ich auf Löschen drückte. Und am nächsten Tag wieder. Und am Tag darauf auch wieder. In seinem 1942 erschienenen Essay *Der Mythos des Sisyphos* erkennt Albert Camus in dem unermüdlichen Kampf eine treffende Metapher für die Absurdität des menschlichen Lebens. Aber er sieht noch mehr darin. »Wir müssen uns Sisyphos als einen glücklichen Menschen vorstellen«, schrieb er. »Der Kampf gegen Gipfel vermag ein Menschenherz auszufüllen.« Also dachte ich mir: Dann werde ich mir den schlimmsten von allen vornehmen.

Ich werde es wie Taj Wong machen. Ich werde genau so weitermachen wie bisher. Ich werde den Laden weiterlaufen lassen, an meinem Traum festhalten und mich vermutlich noch tiefer in die Schulden hineinreiten.

53. PARIS (TEIL II)

Ich weiß zwar nicht, wie eine Stadt die Gedanken eines Menschen lesen kann, aber irgendwie schien Paris Wind von meinen törichten Plänen gekriegt zu haben und meinte so: »Liebe Güte, echt jetzt? Du willst genau dieselben Fehler noch mal machen? Bist du *vollkommen* bescheuert?« Aber natürlich hat Paris das alles auf Französisch gesagt und überdies viel zu schnell, sodass ich es nicht ganz verstanden habe, selbst als ich noch mal höflich nachfragte: »Répétez, s'il vous plaît?« Also rief mich Paris gerade einmal einen Monat später wieder zu sich. Diesmal benutzte es aber keine so subtilen Mittel wie ins Wasser plumpsende Kieselsteine, kein Platz im Buchladen und ein abgebrochenes Rollkofferrad, um mir mitzuteilen, dass ich erst mal mein Leben in den Griff kriegen sollte. Diesmal setzte es auf einen toten Buchhändler.

George Whitman ist der Grund, weshalb ich überhaupt zum Buchhandel kam. Er war der Besitzer der berühmten Pariser Buchhandlung Shakespeare & Company, die, wie allen Bibliophilen bestens bekannt sein dürfte, am Ufer der Seine im Schatten von Notre Dame liegt und eine literarische Legende ist. Hier in Whitmans »Krimskramsladen des Herzens« konnten Samuel Beckett und Henry Miller, Lawrence Durrell und William Burroughs, Jack Kerouac, Allen Ginsberg und Arthur Miller und unzählige andere Schriftsteller und völlige Neulinge vorbeischauen, durch die Bücher stöbern, sie ausleihen, sie kaufen, diskutieren, schreiben, schlafen und sich einfach zu Hause fühlen. Whitman führte den Laden mit finanzieller Nachlässigkeit und großer Exzentrik. Er war berühmt für seine Offenheit gegenüber Fremden und seine mysteriöse Lebensgeschichte, die in Amerika begann und ihn über den Dschungel von Panama ins Nachkrieg-Paris führte, genauer gesagt zu einer bescheidenen Leihbibliothek, die in einem Hotelzimmer angesiedelt war. Ich wollte nichts lieber als George sein. Oder ihn zumindest heiraten.

Als er am 14. Dezember 2011 im Alter von 98 Jahren starb, schickte ich eine E-Mail an seinen Laden. Darin stand nicht viel; nicht viel mehr, als was ich euch gerade erzählt habe – dass Goerge Whitman der Grund war, weshalb ich Buchhändlerin wurde. Und das war alles. Bis ich einige Tage später eine Einladung zur Beerdigung bekam, vermutlich aus Versehen. Diesmal hatte ich kein Geld für den Zug, also rief ich meinen Bruder an. »Wir sehen uns in letzter Zeit so wenig«, fing ich an. »Weißt du, was wir machen sollten? Einen Tagesausflug. (Paris? Lust, auf einer Beerdigung abzuhängen?)« Und weil Paul nun mal ist, wie er ist, zögerte er nur einen Bruchteil einer Sekunde, ehe er meinte: »Klar.« Und nach kurzer Überlegung: »Kommen da jede Menge coole Leute und heißt das, dass ich schwarze Klamotten tragen muss, die cool sind?«

Als wir am Friedhof Père Lachaise eintreffen, gibt es ein wenig Verwirrung ums Parken, weil mein Französisch so schlecht ist. Der Pförtner hat verstanden, dass wir zur Trauergesellschaft gehören, und winkt uns direkt auf das Friedhofsgelände, wo wir aber nirgends einen regulären Parkplatz finden, sodass wir das Auto einfach hinter ein paar großen Mausoleen abstellen. Wir fühlen uns schlecht deswegen und noch schlechter, als wir sehen, dass all die coolen jungen Leute in ihren coolen schwarzen Klamotten vor dem Hauptgebäude eine einzelne Rose in der Hand halten, während wir mit leeren Händen dastehen. Paul meint daraufhin allen Ernstes: »Wenigstens bin ich angemessen angezogen.«

Er trägt einen komplett schwarzen Sportanzug von Superdry und eine dazu passende schwarze Superdry-Laptoptasche in der Hand. Nach einer Weile kommt jemand auf uns zu und sagt irgendetwas auf Französisch, wahrscheinlich so was wie: »Woher kannten Sie den Verstorbenen?« Oder: »Wo ist Ihre Rose?« Vermutlich Letzteres, denn nur ein paar Minuten später erbarmt sich eine Frau und bietet mir ihre eigene Blume an. Wir folgen der Trauergesellschaft die Stufen hinunter zu einer Kapelle (ein wenig früher als in der Traueranzeige angekündigt) und reihen uns in die anderen Trauernden ein. Es gäbe die Möglichkeit, die Leiche zu sehen, aber das dichte Gedränge macht es unmöglich. Und so stehen wir respektvoll in der Mitte des Pulks und warten darauf, dass die Trauerfeier beginnt.

Das Seltsame ist, obwohl George Whitman Amerikaner war, wird der Trauerdienst auf Französisch abgehalten. Ich gebe mir größte Mühe, der Rede zu folgen, aber nach einer Weile gebe ich auf und beginne, die Gesichter der Menschen um uns herum zu studieren. Das Erste, was mich überrascht, ist, wie aufgewühlt die Leute aussehen. Ich will ja nicht herzlos erscheinen – denn auch wenn ich noch nicht bei vielen Beerdigungen war, weiß ich, dass man traurig ist und ein paar Tränen vergießt. Nein, was mich wirklich erstaunt, ist die Tatsache, dass die Trauerbekundungen beinahe hysterisch und unkontrolliert sind, was ich angesichts dessen, dass George 98 Jahre alt war, nicht erwartet hätte. Die Trauernden sind außerdem sehr jung; kaum über das Teenageralter hinaus. Wir befinden uns in einer Kapelle mit sehr jungen, sehr aufgewühlten Schülern und als mir das klar wird, werde ich ein wenig nervös. Jemand hält eine lange Rede über den Verstorbenen und selbst mit meinen beschränkten Französischkenntnissen entnehme ich seiner Rede, dass der

Verblichene ein geliebter Freund, ein geliebter Sohn und ein geliebter Enkel war. Das bringt mich ins Wanken. Die Frau neben mir wirft mir ein mitfühlendes Lächeln zu und schnieft. Ich ziehe an Pauls Arm, bis er zu mir sieht. »Er war 98«, forme ich lautlos mit dem Mund.

»Danke für die Übersetzung«, flüstert Paul sarkastisch zurück.

»Neiiin, nein, nein«, bedeute ich. »Er war 98! Wie kann man mit 98 noch ein Enkel von jemandem sein?«

Ich halte mir ein Taschentuch vors Gesicht, vorgeblich, um meine Trauer zu verbergen. Vor allem aber, um meine Scham zu verbergen. Dann nehmen wir uns an den Händen und bahnen uns so höflich, aber auch so schnell wie möglich mit gesenkten Köpfen den Weg durch die schluchzende Menge zum Ausgang. Als wir draußen stehen, kriegen wir keinen Ton heraus, beißen uns stattdessen auf die Lippen, schütteln den Kopf und ringen die Hände.

Trotz allem finden wir schließlich doch noch Georges Beerdigung, noch bevor sie überhaupt angefangen hat. Kleinlaut sitzen wir ganz hinten, blicken auf unsere Füße und das Schwarzweißfoto auf dem Liederheft. Darauf starrt George schräg an uns vorbei, den Daumen nachdenklich über die Lippen gelegt, eine Zigarette zwischen die Finger geklemmt. Das Haar, das er stutzte, indem er die Spitzen mit einer Kerze ansengte, fällt ihm lockig über die Stirn.

Als wir gehen, teilt ein Mann Ausgaben von Georges drei Lieblingsbüchern aus. Eins ist *Don Quixote,* eins ist eine Anthologie von Walt Whitman. Aber mir drückt man Dostojewskis *Der Idiot* in die Hand. Mein Bruder und ich schauen es aufmerksam an und erinnern uns an die Zeilen eines Gedichts, das bei der Trauerfeier verlesen wurde: *Camerado, dies ist kein Buch.*

Ich bin es, den du hältst und der dich hält,

Aus diesen Seiten springe ich in deine Arme – Tod ruft mich hervor …

Es ist ein Zeichen, *eine Botschaft*. Es mag eine Weile gedauert haben, aber hier, auf den weißen Stufen von Père Lachaise, vernehme ich sie endlich laut und deutlich. Und so steht es geschrieben: Der Idiot, der Idiot, *der Idiot*. Und das bin ich wirklich.

Mein teurer Freund, wer du auch seist, nimm diesen Kuß,

Ich gebe ihn dir besonders, vergiß mich nicht.

Mir ist wie einem, der nach getanem Tagewerk sich eine Weile zurückzieht …

54. PLAN

Nach meiner letzten Ehrerweisung ruht George in Frieden, während ich nach Hause fahre und über alle Momente nachdenke, in denen ich mich wie ein Arsch verhalten habe. Meistens blicke ich dazu gedankenverloren durch das Bullauge nach draußen auf den Hafen, auf die zweispurige Fahrbahn und auf das Argos-Lager, aber eines Morgens fällt mein Blick auf ein halb abgesoffenes Kajütboot am Ponton gegenüber. Es ist Teds Boot.

Es ist unklar, ob er schon tot war, bevor das Boot sank (er hatte in den letzten Wochen immer schlechter Luft bekommen), oder ob er, als das Boot in der Nacht sank, mit ihm untergegangen ist. Hinterher stellt sich heraus, dass Teds Boot schon eine ganze Weile stetig sank. Er hatte seit Monaten mit einem Eimer das durch ein kleines Leck eindringende Wasser rausgeschippt. Als ich davon erfahre, überrascht es mich nicht: »Also war *er* genauso ein sturer Dummkopf.« Wir hatten mehr gemeinsam, als ich je zugegeben hätte. Da es zu schrecklich ist, mit anzusehen, wie sie versuchen, sein Boot aus dem Wasser zu ziehen, drehe ich mich vom Fenster weg zu meinem Schreibtisch. Ich drehe die Uhr um, die nur tickt, wenn sie flach auf dem Rücken liegt, zähle zwanzig Sekunden und leere dann jede Schublade meines Aktenschranks auf den Fußboden. Briefe von der Bank, Buchrechnungen, Mahnbescheide, deren weiße Briefumschläge sich zu unzähligen überlappenden Bruchlinien übereinanderschichten. Ohne mir einen Platz freizuräumen, setze ich mich auf die fragile Tektonik meiner Zahlungsrückstände.

Ein Freund eines Freunds fragt mich, was meine Exitstrategie ist. »Hä?«, entgegne ich. Wir sitzen beim Abendessen und ich hoffe, dass ich weitere Fragen umgehen kann, indem ich taktisch klug mein Wasserglas umkippe. Er folgt mir in die Küche, wo ich die Schränke öffne, um nach einer Küchenpapierrolle zu suchen, um damit mein Platzdeckchen und meinen Rock zu trocknen. »Ich meine, du hattest deinen Spaß, es war eine ›Erfahrung‹ ...« Ich unterbreche ihn, ehe er mit den Zeigefingern Anführungszeichen um dieses furchtbare Wort in die Luft malen kann.

»Tatsächlich will ich heute Abend einen Plan erstellen«, sage ich mit einem strahlenden Lächeln. »Einen Fünf-Punkte-Plan.«

Er nickt mitfühlend und legt mir eine Hand auf die Schulter. »Das ist vernünftig. Ich freue mich, dass du zu derselben Erkenntnis gelangt bist wie wir alle.« Mit dem anderen Arm winkt er in Richtung Esszimmer. Ich folge seiner Geste zu der kleinen Runde, die um den Tisch sitzt und gerade gemeinsam über ein Video auf jemandes Handy lacht.

»Ehrlich gesagt weiß ich nicht, ob Exitstrategie das richtige Wort ist ...«

»Wie würdest du es denn sonst nennen?«, fragt er.

»Einen ›Aufbruch‹, so wie ich es bisher auch gehalten habe – auch wenn es im Wesentlichen wieder auf einen unprofitablen schwimmenden Buchladen hinausläuft.«

Seine Hand lässt mich los.

»Vielleicht ist ›Wiedereinstieg‹ eine bessere Beschreibung«, fahre ich fort. »Ein Fünf-Punkte-Plan für einen grandiosen Wiedereinstieg. Hey, lass uns gern mal irgendwann darüber reden. Nur damit wir ›auf dem gleichen Stand‹ sind«, sage ich und benutze ebenfalls gedachte Anführungszeichen wie er, ehe ich mich leise zurück zu den anderen schleiche.

Der erste Schritt meines Fünf-Punkte-Plans besteht darin, mir einen **Schredder zu kaufen**. Dazu besorge ich mir ein echt knuffiges braun-weißes Kaninchenbaby mit gesundem Biss, das ich in kürzester Zeit anhand erster kleinerer Jobs trainiere: eine Zahlungserinnerung für Anlegegebühren und eine Übersicht meiner Krankenkassenbeiträge. Er ist ein schneller Zermalmer, sodass ich ihm die nächsten Schreiben, eingespannt in eine alte Underwood-Schreibmaschine, zum Fressen gebe. Dann steht er auf seinen Hinterbeinen, während seine Pfoten auf der Tastatur herumtippen, und macht sich, nachdem er anfänglich fälschlicherweise das Farbband ins Visier genommen hat, genüsslich über meine ungedeckten Lastschrifteneinzüge her. Ich beginne, dieses Tier wirklich ins Herz zu schließen, und nenne ihn Napoleon Bunnyparte, wobei ich zutiefst hoffe, dass er davon keinen Komplex davonträgt.

Natürlich beseitigt die Tatsache, dass ich die Beweise verschwinden lasse, nicht meine Finanzprobleme. Meine Kundenkonten bei den Großhändlern sind gesperrt, bis ich meine Schulden beglichen habe. Meine Bankkarten sind ebenfalls gesperrt, sowohl meine privaten als auch meine geschäftlichen. Ich muss mir **dringend Bargeld beschaffen** und so finde ich mich wie viele andere Menschen in finanziellen Notlagen schon bald im Büro einer Kurzzeitkreditfirma wieder. Allerdings will ich kein Geld leihen, sondern schlage vor, dass sie mir einfach Geld geben. Am besten jede Menge, denn ich biete mich im Gegenzug als Autorin an. Ich habe von solchen Firmen echt beschissen geschriebene Briefe erhalten – und zwar viele. Und aus sicherer Quelle weiß ich, dass die meisten Empfänger diese Schreiben einfach garniert mit einer Karotte und einem Zeilenschalthebel an ihr Kaninchen verfüttern. Tatsächlich stellen sie mich für eine

Probezeit ein, in der ich mich als äußerst fähig erweise. Ich erweitere meine freiberufliche Tätigkeit noch um das Thema Berufsunfähigkeitsversicherung. *Haben Sie schon einmal darüber nachgedacht, wie Sie Ihre Rechnungen bezahlen sollen, wenn Sie kein regelmäßiges Einkommen beziehen?*

Als zwölf Monate später mein Konto wieder gefüllt, die Schuldner befriedet und meine Kündigung eingereicht sind, ist es an der Zeit, den nächsten Schritt meines Masterplans anzugehen, der den Buchladen langfristig finanziell tragfähig machen soll. In dem Jahr, in dem ich mich in der freien Wirtschaft prostituiert habe, sind mir zwei Schlüsselbegriffe begegnet: Diversifizierung und Bildung. Letzteres scheint mir relativ offensichtlich zu sein. Verkleidet als Semi-Autorität (Bibliothekarin mit Hornbrille und Bleistiftrock) an Schulen gehen und jedes erdenkliche Mittel nutzen, um die Kids mit Büchern anzufixen. »Siegertypen lesen!«-Poster aufhängen. Gelegentlich Filmadaptionen vorstellen! Kinder mit Harry-Styles-Stickern zum Lesen verführen! Dann ihre offenen Arme mit Vampirschnulzen und Zombieapokalypse-Romanen füllen, massenweise kostenlose Lesezeichen verteilen, das gesamte Bibliotheksbudget eines Jahres in 14 Tagen verprassen und sie dann an die nächstgelegene schwimmende Buchhandlung verweisen, damit sie sich ihren nächsten Leseschuss setzen können.

Was die »Diversitäts«-Strategie betrifft, war ich weniger sicher. In der Vergangenheit habe ich viele Dinge ausprobiert, angefangen bei Kastanien an einer hübschen Schnur (Lesezeichen *und* Bastelmaterial für den Herbst in einem) bis hin zu »Einkaufen bei Kerzenschein« zu Halloween (Ergebnis: Wachsflecken auf Büchern, kein ausreichendes Licht, um Wechselgeld korrekt rauszugeben). Auch meine »Ein Buch zum Preis von einem!«-Sticker, meine selbst gestrickten Schutzumschläge und mein im Selbstverlag herausgegebenes Kochbuch mit dem Titel *Back dir deine eigene royale Hochzeit* haben meine Einnahmen nicht wesentlich gesteigert. Nachdem ich monatelang hin und her überlegt habe, komme ich zu dem Ergebnis, dass es wohl das Beste ist, wieder ein Klo einzubauen, damit potenzielle Kunden länger herumstöbern.

Dies bringt mich zu Punkt fünf des Fünf-Punkte-Plans: **die Wildcard.**

55. WILDCARD

Ich schreibe an Jeff Bezos, Gründer, Präsident und CEO von Amazon. Das heißt, das stimmt nicht. Genauer gesagt schreibe ich an eine kleine Firma in Australien namens Clothing for Correspondence (Kleidung gegen Korrespondenz), die, wie der Name schon verrät, die Korrespondenz ihrer Klienten übernimmt im Gegenzug für Kleidung. Als Anhängerin von Tauschgeschäften schicke ich ihnen einen Brief mit einem grünen Gürtel und ein atemberaubendes Schal/Handschuh-Set. Das bekomme ich daraufhin zurück:

Lieber Jeff Bezos, Gründer, Präsident und CEO von amazon.com,

sind Sie ein Fan von Meg Ryan? Schon okay, falls nicht. Sie ist ein ganz bestimmter Typ von niedlich, auf den nicht jeder steht. Wie steht es mit Liebeskomödien insgesamt? Und ich rede hier nicht von Jennifer Aniston oder Katherine Heigl, Gott bewahre. Ich meine die Klassiker, wie Rendezvous nach Ladenschluss *aus den 1940ern, in dem sich zwei verfeindete Ladenangestellte als anonyme Brieffreunde »überraschend« ineinander verlieben. Hirnrissig, was? Den Film gibt es bestimmt auch in einer Videothek bei Ihnen um die Ecke.*

1998 wurde ein zweifelhaftes Remake gedreht, diesmal unter dem Titel e-m@il für dich. *Darin spielt Meg Ryan Kathleen Kelly, Inhaberin eines kleinen charmanten Buchladens voller liebenswürdiger Macken und Familienwerte. Tom Hanks spielt Joe Fox, den Erben der bösen Buchhandelskette*

Fox & Sons, *die gegenüber von Kathleens Laden einzieht und ihr ihre Lebensgrundlage zu entziehen droht. Was beide nicht ahnen: Dank großartiger neumodischer Medien wie »Chatroom« und »elektronischer Post« schreiben sie sich anonym Briefe hin und her und, Sie haben es bestimmt schon erraten, verlieben sich ineinander.*

Die Welt hat sich seit 1998 jedoch verändert. Erstens ist es nicht mehr möglich, sich anonym über das Internet zu verlieben. Wenn Kathleen Kelly NY152, den E-Mail-Schreiber ihrer Träume, gegoogelt hätte, hätte sie diesen »Nickname« schon bald auf Joe Fox, den Mann ihrer Geschäftsalbträume, zurückführen können. Und ihre kleine sich anbahnende Liebesgeschichte wäre im Nu zerplatzt wie eine Seifenblase.

Zweitens, die Angst vor einem kaufhausartigen Buchladen erscheint aus heutiger Sicht amüsant und altmodisch. Und das alles nur, weil Sie, Jeff Bezos, Ihrer Zeit voraus waren. Schon 1994 gründeten Sie amazon.com, eine kleine Geschäftsidee, die sowohl Kathleen Kelly als auch Joe Fox später vor Angst erzittern lassen würde. »Bücher im Laden verkaufen?«, haben Sie damals gelacht. »Hört auf, in Chaträumen zu flirten, und fangt endlich an, eure kastenförmigen Laptops dazu zu benutzen, Gewinn daraus zu schlagen!«

Denken Sie gerade dasselbe wie ich, Jeff Bezos? Angesichts dessen, wie sehr sich die Buchbranche seit e-m@il für dich *verändert hat, und angesichts dessen, dass Sie dabei eine zentrale Rolle gespielt haben, ist es vielleicht an der Zeit für ein neues Remake. In dieser neuen Version spielen Sie sich selbst – Gründer, Präsident und CEO von amazon.com – und ich werde mich selbst spielen. Im Sinne einer Modernisierung des Stoffs würde ich vorschlagen, wir lassen das antiquierte Motiv des anonymen Kennenlernens weg. Ich heiße Sarah Henshaw, lebe in Großbritannien und führe eine kleine*

Indie-Buchhandlung auf einem zu einem Buchladen umgebauten Narrowboat namens The Book Barge. Sie finden mich auf Twitter, Facebook und auf meinem Blog.

Offen gestanden: Mein Herz hat keinen Sprung gemacht, als ich Ihr Foto auf Wikipedia gesehen habe. Als ich allerdings las, dass Sie auf der Forbes-Liste der Milliardäre stehen, habe ich schon ein klein wenig Bauchkribbeln verspürt. Da es sich ja um eine Liebeskomödie handeln soll, bin ich bereit, Sie am Ende zu küssen.

Offen gestanden, Teil zwei: In dieser neuen Filmversion gibt es einen unerwarteten Kniff. Ich bin bereits in dem Wissen um Ihre Marktdominanz in die Buchbranche eingestiegen und habe es absichtlich getan, weil ich wusste, dass Sie den unabhängigen Buchläden den Rang ablaufen, und mir das nicht gefiel.

Ich bin nicht so glücklos wie Kathleen Kelly, die ihren Buchladen schließt und ihn gegen eine Karriere als Kinderbuchautorin tauscht. Ich werde weiterhin Bücher verkaufen, weil ich glaube, dass es genug Platz für uns beide gibt. Außerdem fehlt es mir nicht völlig an unternehmerischem Verständnis, mir ist schon klar, wie Sie ticken. Logistikzentren machen sich viel besser als Bücherlager als ein Narrowboat und ein größeres Lager bedeutet mehr Auswahl und Kunden lieben eine große Auswahl. Logistikzentren haben außerdem den Vorteil, dass man Massenrabatte in Anspruch nehmen kann, wodurch man günstigere Bücher anbieten kann, und Kunden lieben günstige Bücher.

Was ich im Skript für unseren Film vorgesehen habe, ist, dass Sie allmählich verstehen, wie ich ticke. Sie entern mein Narrowboat und entdecken, dass das Verkaufen von Büchern eine Kunst für sich ist. Und weil vermögende Leute Kunst lieben, sind Sie unheimlich fasziniert und laden mich zum Abendessen ein. Irgendwas mit Tischdecken, Kerzen und Beethovens Mondscheinsonate im Hintergrund. Bei Austern und Champagner fragen Sie mich, ob es eigentlich schwer sei, tagein, tagaus ein Geschäft zu führen in dem Wissen, dass die Einnahmen kaum die wichtigsten Bedürfnisse wie Essen und Schlafen abdecken. »Klar, es ist schwer. Aber auch befriedigend.« Meine Augen leuchten, als ich Ihnen erkläre, mit welcher Leidenschaft ich über die Kanäle schippere und Menschen im ganzen Land meinen Buchladen bereitstelle, ohne eine feste Anschrift zu haben. Sie sagen daraufhin: »Ein bisschen wie beim Buchhandel im Internet, oder?« Und ich antworte: »Nicht so ganz, nein.«

Dann erkläre ich, dass mein Laden nicht einfach nur ein Ort ist, an dem man Bücher kaufen kann, sondern auch ein Ort, an dem man Lesungen erleben, andere Bücherfreunde und Schriftsteller und Gleichgesinnte treffen kann. Ich erzähle Ihnen, wie begeistert die Leute reagieren, wenn sie die Book Barge entdecken. Wie sie eine romantische Ader trifft, die in jedem von uns schlummert.

Bei der Erwähnung von Romantik wird das in Sachen Liebeskomödien erfahrene Publikum hellhörig werden und sich erwartungsvoll auf den Sitzen nach vorn lehnen.

Aber wir widersetzen uns diesen Erwartungen und widmen uns stattdessen dem Thema der vermögenden Wohltäter. Ich erzähle Ihnen, wie in früheren Zeiten wohltätige Stifter der letzte Schrei waren. Wie es damals zum guten Ton gehörte, jenen, die unlukrativen, aber kulturell und kreativ wertvollen Berufen nachgingen, Anerkennung und Unterstützung zukommen zu lassen. Und dass wir in diesem Moment nicht die Mondscheinsonate von Beethoven hören würden, wenn es diese edlen Spender nicht gegeben hätte.

Spoiler-Alarm: Bis Ende des Films werden Sie und ich einhand das Mäzenen-System auf den Kopf gestellt haben. Wie versprochen, kriegen Sie einen Kuss von mir. Kein »Kuss als Vorgeschmack auf mehr«, sondern eher ein »Gott sei Dank verdrängen Sie nicht mein Geschäft oder übernehmen die Book Barge«-Kuss. Jene Art von Kuss, die laut und deutlich sagt: »Danke, dass Sie die Kunst hinter meiner Arbeit anerkennen und mir – völlig unverbindlich – finanziellen Rückhalt gewähren.«

Sie wissen, von welcher Art Kuss ich rede, oder? Rufen Sie mich an, um mehr herauszufinden …

Herzlichst,
Sarah xxx

56. DÄMLICH

Ich habe Post bekommen – aber nicht von Jeff. Die Handschrift gehört eindeutig Stu. Der weiße Umschlag besteht aus zwei kleineren Umschlägen, die aufgeschlitzt und ineinandergeschoben wurden. Ein Streifen durchsichtiges Klebeband hält sie zusammen. Auf der Briefmarke ist ein Olympia-London-2012-Logo abgebildet. Nichts an dem Umschlag weckt in mir das Bedürfnis, ihn aufzumachen. Mir ist einfach nur schlecht bei dem Anblick.

Seit jenem Moment auf dem Trent habe ich keine Versuche mehr gewagt, Stu zu sagen, was ich empfinde. Nachdem ich nach Hause zurückgekehrt war, haben wir uns noch eine ganze Weile viel gesehen, aber allmählich lag eine wachsende Spannung zwischen uns. Vielleicht hatte er ebenfalls erwartet, dass ich den Buchladen nun aufgeben würde. Ich erinnere mich an ein Gespräch zu jener Zeit, darüber, was wir mit unserem Vermögen machen würden, wenn wir im Lotto gewännen. Stu sagte, er würde einen großen Kran anmieten, der das Boot aus dem Wasser heben und es auf die Größe eines Legosteins verschrotten würde.

Wenn Stu regelmäßig auf dem Heimweg von der Arbeit bei mir vorbeischaute, fand er mich von Heizlüftern umringt und die Taste des Wasserkochers mit einem Wörterbuch beschwert, damit ein stetiger warmer Dampf meine kalten Wangen wärmen würde. Dann wartete er hinten bei der Lyrik, den Neuerscheinungen und der Keksdose, bis ich fertig war mit dem jeweiligen Kunden, der nach kostenlosem Tee fragte oder sich erkundigte, ob meine Bücher nicht besonders feucht wären hier auf dem Boot. Wenn die Kunden dann gegangen waren, brachte Stu wortlos das »Buchladen offen«-Schild und die Pinne von draußen herein, um sie über Nacht einzuschließen. Dann streichelte er dem Kaninchen freundschaftlich über die Stupsnase und wartete, bis ich die Kasse gemacht hatte. Manchmal gab es keine Einnahmen, die ich hätte abrechnen können, und wir gerieten in Streit.

Als ich Stu kennenlernte, war das anders, weil wir nicht miteinander redeten, geschweige denn stritten. Wir arbeiteten zusammen in einem Sportzentrum, ich hinter der Bar, er als Wachmann. Damals kam er, wie später auf dem Boot, um am Ende des Abends die Kassenabrechnungen abzuholen und das Wechselgeld zu prüfen. Wenn ich hörte, wie sich die Bartür öffnete und die Kasse klingelte, lief ich geradewegs aus der Küche heraus den Flur entlang zum Schrank mit den Reinigungsmitteln. Manchmal machte ich vorher einen kurzen Stopp auf der Damentoilette, um einen prüfenden Blick auf meine Haare im Spiegel zu werfen. Dann ging ich zurück zur Bar, den großen Staubsauger im Schlepptau, und während Stu seine Bögen ausfüllte und prüfte, ob ich die Kühlschränke aufgefüllt hatte, saugte ich die ganze Zeit, damit er nicht an meinen unbeholfenen Antworten oder meinem trockenen Mund merken würde, dass ich verliebt in ihn war. In dieser Wolke aus Lärm schwebte ich regelrecht dahin, einfach nur weil ich in einem Raum mit ihm war.

Wir hatten vermutlich insgesamt kaum sieben Wörter miteinander gewechselt, als ich ein paar Monate danach spät abends eine SMS bekam, in der nur stand: »Vielleicht lachst du ja jetzt, aber hättest du vielleicht Lust, mit mir mal was trinken zu gehen? Stu. xXx.« Genau diese Küsse am Ende machten mich misstrauisch. Ich dachte, vielleicht hätten die Mädchen auf der Arbeit irgendwie erahnt, dass ich Gefühle für ihn hatte, und wollten mir jetzt einen fiesen Streich spielen. Also schaltete ich einfach mein Handy aus und versuchte zu schlafen. In meiner nächsten Schicht mied ich nicht nur Stu, sondern infolge meiner verschiedenen Verdachtstheorien, wer die Nachricht geschickt haben könnte, auch alle anderen. Trotzdem wachte ich in der nächsten Nacht ständig auf und griff nach meinem Handy, um mich an der süßen Hoffnung zu berauschen, die sich noch immer in meinem Postfach befand. Am nächsten Morgen antwortete ich.

Weshalb Stu überhaupt mit mir ausgehen wollte, ist mir bis heute ein Rätsel. Ebenso, wieso er mich weiterhin einlud, in den Pub, ins Kino, in den Zoo, zum Picknick. Ich sagte kein Wort, lief rot an und war die ganze Zeit über unbeholfen. Am Ende gingen wir dazu über, uns gegenseitig in unseren Zimmern zu besuchen und auf dem Bett liegend Musik zu hören. Erleichtert darüber, dass andere Stimmen die Distanz zwischen unseren Lippen überwanden, entspannte ich mich schließlich. Wir fuhren gemeinsam in den Urlaub. Wenn wir vom Strand zurückkehrten, musste ich mich auf eine Mauer setzen, damit er mir mit den Händen den Sand von den Füßen fegen konnte.

Ich weiß nicht genau, woher die Worte kamen, die ich an jenem Nachmittag auf dem Boot an ihn richtete. Er war wie üblich vorbeigekommen und ich war ziemlich gut gelaunt wegen irgendwas. Vielleicht weil mehr Kunden als üblich da gewesen waren oder neue Bücher eingetroffen waren. Was auch immer es war, jedenfalls machte ich ihm Tee und plapperte fröhlich vor mich hin und in einer Redepause fragte er mich plötzlich, wie ich meine Ausgaben für den Monat zu decken gedenke und ob er damit rechnen müsse, wieder mal einen verheulten Anruf zu bekommen, in dem ich ihn anbettele, mir über die Runden zu helfen, bis das Geschäft im Frühjahr wieder mehr anlief. Ich begann zu schreien. »Es läuft doch schon besser! Schau dir nur mal meinen Umsatz heute an.«

»Du machst dir etwas vor. Die Zahlen sind schlechter als je zuvor.«

»Das ist nicht mehr dein Geschäft. Was kümmert es dich, wenn es scheiße läuft?«

»Weil ich das nicht mehr mit ansehen kann. Ich halte das nicht mehr aus. Du musst endlich mal Ordnung in dein Leben bringen.«

»Und du musst *gehen.* Lass mich allein. Geh. Das ist meine *Entscheidung.* Das ist es, was ich *will.*«

In diesem Moment kommen zwei Kunden zur Tür herein. Ich schluchze so heftig, dass ich diese hässlichen Luftschluckgeräusche mache, und Stu steht mit verzerrter Miene einfach da, auf der untersten Stufe der Eingangstreppen. Die beiden erkennen sofort, dass sie in einen Streit hineingeraten sind, und reden extra laut und fröhlich, als ob sie für uns einspringen wollten. Doch in diesem Augenblick gibt es keine Worte zwischen uns. Es gibt nichts, dass sich noch aneinanderreihen ließe.

Vielleicht eine halbe Stunde später schickt er mir eine SMS, in der er sich entschuldigt und mir angesichts des vielen Schnees eine sichere Fahrt wünscht. Dabei fällt mir ein, wie ich einmal, zu Anfang unserer Beziehung, an ihm vorbeifuhr, als er auf dem Weg zur Arbeit war. Ich sah ihm so lange im Rückspiegel nach, bis ich in eine Hecke fuhr. Ich fühlte mich dämlich deswegen. Aber ich war verliebt. Ich war nie verliebter und nie dämlicher als in jenem Moment, als ich ihm zurückschrieb: »Das ist alles zu kompliziert. Lass uns uns eine Weile nicht mehr sehen. xx.«

57. ABER

Mittwochs gebe ich in der Schulbibliothek einen Kurs im Kreativen Schreiben. Die meisten schreiben über den Tod oder One Direction, einmal verfasste jemand sogar einen verblüffenden Haiku, der beide Themen miteinander verband. In meiner heutigen Stunde schauen wir uns an, was einen guten ersten Satz ausmacht. Dafür haben die Schüler ihre Lieblingsbücher aus dem Regal gezogen und sitzen nun um einen Tisch herum, lesen der Reihe nach den Buchanfang vor und diskutieren, was diesen Einstieg gut oder weniger gut macht. Es ist April und nach einem kalten Winter ist endlich der Frühling eingekehrt. Das Mädchen, das als Nächstes dran ist, beschwert sich über die grelle Sonne, sodass ich aufstehe, um die blaue Jalousie herunterzulassen, und dann beginnt sie vorzulesen: »Aber ich wollte nicht zu Großmutter! Ich hasste es, dorthin zu gehen.«

Ein guter Anfang, sind wir uns alle einig. »Was ist so ungewöhnlich an dem ersten Wort?«, frage ich.

»Dass es normalerweise in der Mitte vom Satz steht und nicht am Anfang?«, schlägt ein Mädchen schüchtern vor.

»Richtig! Super! Man nennt es eine Konjunktion – ein Satzglied, das zwei Satzteile miteinander verbindet. Und welchen Effekt erzielt man damit, dass man damit einen Satz beginnt?«

»Man will wissen, was zuvor geschah?«

»Ganz genau.«

»Und kann man ›aber‹ auch am Ende eines Satzes benutzen?«, will eine Achtklässlerin wissen.

»Wieso nicht?«, sage ich. »Dann würden wir wissen wollen, was danach kommt.«

Als der Kurs vorbei ist, hole ich mein Fahrrad aus dem Metallständer vor dem Eingang und radle heim. Mein Weg führt mich über den Kanal, nicht weit entfernt von der Stelle, wo mein Boot liegt, das derzeit einer Kloumwandlung unterzogen und mit ein paar Extras ausgestattet wird. Spontan beschließe ich, einen Umweg zu nehmen und vorbeizuschauen. Alle Bücher, Regale und anderen Möbel wurden für die Umbauten herausgenommen, damit eine neue Decke eingezogen und gestrichen werden kann. Es ist das erste Mal, dass ich das Boot in den neuen Farben sehe. Innen ist es nun nicht mehr schwarz und cremefarben, stattdessen ist der gewölbte Streifen unterhalb der Decke in Dunkelgrau gestrichen und die Seitenwände sind ebenso wie die Decke strahlend weiß. Der Gesamteindruck gefällt mir. Ich setze mich auf den lippenförmigen Rand am Vordereingang und hole mein Handy heraus, um Stu zu erzählen, wie fabelhaft es aussieht. Der Brief, den er mir letztes Jahr geschickt hat, fällt mir dabei aus der Tasche.

Die Ecken sind nach all den Monaten in meiner Tasche ganz zerknittert und geknickt und die Lasche bleibt vom vielen Auf- und Zuklappen nicht mehr haften. Das Blatt Papier ist zweimal der Länge nach und zweimal quer gefaltet. Obenauf steht eine Rückantwortadresse und wenn man das Blatt auffaltet, kommt ein Satz zum Vorschein, den ich sofort wiedererkenne: »Vielleicht lachst du ja jetzt, aber hättest du vielleicht Lust, mit mir mal was trinken zu gehen?«

Auf dem Blatt stehen all die Worte, die wir uns in unseren Anfangstagen auf dem Bett liegend aus Songs borgten. Dort stehen Auszüge aus Liedtexten von Bands und Singer-Songwritern, die wir mögen. Alles, angefangen von Mike

Skinner bis hin zu Karen Carpenter, Beck, Maximo Park, Foreigner und den Flaming Lips und vielen, vielen anderen. Das ganze Blatt ist über und über bekritzelt. Oben drüber steht: »This ain't a love song.« Und darunter: kein Name. Der Brief stammt vom Prinz der (CD-)Scheiben.

Als ich den Brief wieder in den Umschlag zurückstecke, falte ich ihn so, dass seine Frage obenauf liegt. Sie enthält das einzige Wort, das wir brauchten und das wir nie wieder brauchen werden: jene Konjunktion, jenes Bindewort. Damals hatte ich ihm darauf geantwortet, was ich auch heute noch sage: Ja. Ja. Es gibt kein »aber«.

58. DER BUCHLADEN, DER DAVONSCHWAMM

15. Oktober 2011, Saltaire, Yorkshire

Gestern war es noch hier; schwarz und cremefarben und schmal, mit drinnen auf dem Boden liegenden gekrümmten Pizzarändern und Buchrücken, die die gesamte Wand bedeckten. Auf der Bank standen ungeleerte Plastikbecher. Flaschen entleerten ihre langen Schatten auf die Heizung. Auf dem Schreibtisch hatte ein Taschenbuch seine Kapitel zeltartig über einer Lampe aufgeschlagen.

»Gestern war es noch hier«, versuche ich zuversichtlich zu klingen, aber aus meinem Kopf, noch immer voll vom gestrigen Gelage, tropft der Selbstzweifel von meinen Mundwinkeln heraus und lässt meine Worte zusammenkleben.

»Gestern war es noch hier«, pflichtet mir James bei und verbirgt seinen Ekel hinter einer Maske höflicher Verblüfftheit. Charlotte, seine Tochter, führt in ihrem Samstagsfußballoutfit einen Kosakentanz auf dem Treidelpfad auf. Seit wir aus dem Auto ausgestiegen sind und entdeckt haben, dass das Boot davongeschwommen ist, ist sie immer wieder in der Hocke umhergetanzt.

Als sie gehen, muss ich mich erst einmal eine Weile auf eine Bank setzen. James hat versprochen zurückzukommen, sobald er Charlotte bei ihrem Spiel abgeliefert hat. Immer wieder rede ich mir gut zu, dass es nicht weit sein kann. Immerhin ist es 18 Meter lang. Und sehr schwer. Es ist ein *Buchladen,* beruhige ich mich selbst. Ich bin voller Hoffnung. Aber je länger ich auf der Bank sitze, desto finsterer werden meine Gedanken und ich gehe davon aus, dass das Boot gestohlen wurde, gesunken ist oder angezündet wurde.

Nach ein paar Minuten tröstet mich der Gedanke, dass ich das Boot womöglich selbst weggebracht habe. Das klingt plausibel. Der Albatros aus Wodka-Tonics und billigem Primitivo, der sich mir heute Morgen im Kopf drehte, lässt vermuten, dass ich die Schuldige bin. Bei dem Buchklub war jede Menge Alkohol im Spiel, also wer sagt, dass nicht jemand auf die Idee kam, eine kleine Schwippstour zu unternehmen? Wahrscheinlich muss ich einfach nur den Treidelpfad ein paar Meter abgehen, um es wiederzufinden. Falls nicht, habe ich vielleicht die Türen offen stehen lassen – weit offen sogar – und irgendwelche Jugendlichen holen sich angesichts der wenig aufregenden Spritztour bei 7 Kilometer pro Stunde den Kick, indem sie auf dem Dollbord Kleber schnüffeln. So oder so, ich muss mich aufraffen und losgehen. Die überraschende Erkenntnis, dass ich das kann, lässt meinen Kopf für einen Moment aufklaren.

Während ich den Pfad entlanggehe, verfliegt der Schrecken des Morgens allmählich. Zuerst war ich in einem fremden Zimmer in einem mir unbekannten Haus aufgewacht. Es schien, als wäre ich über Nacht gewachsen, sodass das Bett zu klein war. Meine Füße hingen durch ein Loch im Holzrahmen ins Leere und erst als ich mich aufsetzte, wurde mir klar, weshalb; ich lag auf der oberen Matratze eines Kinderstockbetts. Noch beunruhigender jedoch war das Gesicht des kleinen Mädchens am unteren Ende der Leiter. Sie hatte braune Haare, eine Brille und trug einen rosa Schlafanzug. Ich konnte mich nicht erinnern, ihr jemals zuvor begegnet zu sein, aber sie schien mich gut zu kennen. »Na endlich bist du wach. Ich habe ein Kanalboot auf dem Teppich gebaut.

Willst du mitspielen, Sarah?« Ich war viel zu verängstigt, um abzulehnen.

In diesem Moment, als ich an einer imaginären Pinne stand und zu der ehrgeizigen Abenteuerreise eines kleinen Mädchens aufbrach, kam mir der Gedanke, dass ich womöglich tot und im Jenseits gelandet war. Dass die Geisterwelt die Gestalt eines Kinderzimmers hatte, überraschte mich wenig. Das war eigentlich nur die logische Konsequenz nach Jahren, in denen ich mich geweigert hatte, endlich erwachsen zu werden. Was mich wieder zurückholte, waren der Duft von Toast, der durch die Tür hereinwehte, und fünf Minuten später das Auftauchen einer Frau namens Sam, die einst, vor langer Zeit letzte Nacht, auf meinem Boot einen Buchklub namens *Wein oder Nichtwein, das ist hier die Frage* geleitet hatte. »Dann hast du jetzt auch meine Tochter Charlotte kennengelernt«, lächelte sie freundlich.

Ich muss nicht weit laufen, um das Boot zu finden. Vor lauter Erleichterung wird mir schwindelig und ich übergebe mich in eine Hecke. Nachdem ich mir den Mund abgewischt habe, taumele ich überglücklich auf meinen Buchladen zu, der ziemlich genau in der Mitte des Kanals treibt, mit von Bug und Heck ins Wasser hängenden Leinen. Das Boot rührt sich keinen Zentimeter vom Fleck, als ob allein die losen Leinen es an der Stelle verankern würden. Es gibt für mich keine Möglichkeit, ranzukommen, solange es sich nicht ein wenig zu meiner Seite oder zum gegenüberliegenden Ufer bewegt, also setze ich mich im Schneidersitz auf den Boden und warte darauf, dass eins von beidem passiert.

Eine Viertelstunde später kommt ein alter Mann auf dem Treidelpfad entlang. »Ist das deins, Mädchen?«, fragt er. Ich nicke lächelnd. »Da wirst du aber lange warten müssen, das Wasser ist vollkommen regungslos.« Erneut nicke ich. Wir beide betrachten schweigend einige Minuten lang das Boot, ehe er kichert. Nachdem er sich wieder gefangen hat, dreht er sich mit ernster Miene zu mir. »Wissen Sie, was Sie brauchen, um die Zeit totzuschlagen? Sie brauchen ein gutes Buch«, sagt er, bricht erneut in heftiges Kichern aus und schickt sich nur widerstrebend zum Gehen an. Während er davongeht, höre ich ihn, wie er immer wieder vor sich hinmurmelt: »Ein gutes Buch! Das ist es, was sie braucht! Ein gutes Buch«, und sein Lachen raschelt zusammen mit dem Laub im Wind.

Doch das brauche ich nicht, nicht im Moment. Stattdessen beobachte ich mein Boot, bis es zu mir kommt, und werde so lange warten, wie es nötig ist. Durch die Fenster kann ich drinnen an der Wand den Werbeslogan ausmachen, den ich aus *Der große Gatsby* geklaut habe; ein Buch, das ich immer für perfekt gehalten habe. Ich habe mich in vielen Dingen getäuscht, aber dieser Fehler bringt mich zum Lächeln. Es ist die letzte Zeile des Werks, in der es sinngemäß heißt, dass man immer gegen den Strom ankämpfen muss, dass es uns unablässig zurücktreibt. Ich habe das immer für den besten Schlusssatz aller Zeiten gehalten. Jetzt jedoch weiß ich nicht mehr so genau, wie viel Wahrheit darin steckt. Wenn ich mir den unbeweglichen Buchladen so anschaue, bin ich mir nicht sicher, wohin ihn die Strömung tragen wird. Meine Schwester hatte recht, niemand weiß, was sich unter Wasser befindet. Vielleicht ist es ein Wesen längst vergangener Zeiten oder vielleicht gibt es eine Kraft, die das Wasser still vorwärtsträgt. Alles, was unter der Wasseroberfläche liegt, ist für das Auge unsichtbar.

Insofern gibt es ein besseres Ende, aber wie das aussieht, das wird die Zeit, mein Vater vom anderen Ufer, zeigen. Die Pinne wirft einen Schatten auf das Wasser, der aussieht wie der Zeiger einer Uhr, der die Stunden vermisst. Beziehungsweise, wenn ich die Augen zusammenkneife, wirkt er vielmehr wie ein Zauberstab.

ENDE

DANKSAGUNG

(aka DAS GOTT SEI DANK!-NOTIZBUCH)

Dafür bin ich dankbar:

1. Avocados.
2. Bezaubernde Babys.
3. Comics.
4. Dass selbst *Dem Acquisitor* ab und zu die Worte fehlen.
5. Echo, um die Botschaft in ~~den Onlinevideos des Acquisitors~~ dem Song *Running Up That Hill* von Kate Bush vernehmen zu können.
6. FUDs. Auch wenn meine Liebe zu ihnen schnell schwand, als ich feststellte, dass man weniger Zeit vertrödelt, wenn man sich einfach hinter einen Busch hockt.
7. Graeme – du schuldest mir ein Tattoo ...
8. Hugh und alle anderen bei Constable & Robinson.
9. Indie-Buchhändler – wir kämpfen Seite an Seite.
10. Jed – Inzwischen glaube ich an Seeungeheuer.
11. Kameradschaftliche Unbekannte in ganz Großbritannien, die mich ernährt, eingekleidet, frisiert, gewaschen, gewässert, gebettet, beraten, beschuht, alkoholisiert und ermutigt und – vor allem – mit ihrer Freundschaft aufgerichtet haben. Ihr habt Bücher gekauft, Bücher getauscht, ihr habt mir beim Passieren von Drehbrücken und Schleusen quer durchs Land geholfen. Ich kann euch gar nicht genug danken.
12. Lee Rourkes *Der Kanal.*
13. Mr. Johnson.

14. Nicholsons *Waterways Guides* – ich wäre aufgeschmissen gewesen ohne euch.
15. Offensichtlich kann ich nicht jedem Pub einzeln danken, aber immerhin doch The Dog and Doublet an der Birmingham-und-Fazeley-Schleuse dafür, dass sie morgens um neun Uhr an einem Sonntag so umsichtig auf meine platzende Blase reagiert haben.
16. Papa und Mama – ihr habt *dieses* Buch und *jenes* Boot erst überhaupt möglich gemacht. Ich hab euch lieb.
17. Quellen der Ruhe – jene Stunden, in denen ich keine Anrufe von HSBC-Mitarbeitern bekam.
18. Rebecca – meine allererste Schiffskameradin, meine letzte Kapitänin. Lass uns bald mal wieder eine Reise auf der HMS Doppelstockbettleiter unternehmen.
19. Skorbutjungs.
20. Thematische Fachliteratur: ~~*Leitfaden zum Eröffnen und Betreiben eines Buchladens*~~ *Anleitung zum Müßiggang/Die Kunst, frei zu sein.*
21. Unverhältnismäßig große Portionen Lasagne – ich habe dich vermisst, Babe.
22. Vann, David – für eine hilfreiche Betrachtungsweise von Schulden.
23. Wellcome Trusts wohlig warme Duschen und das leckere Frühstücksbüfett – und meine wundervolle Schwägerin Christy dafür, dass sie mich in diese Welt eingeführt hat.
24. XL-Kapuzenpullis – dank euch kann man mehr als 15 Schichten wie einen Handschuh überstülpen und fettige Haare verbergen.
25. Yorkshire Tea.
26. Zero – in Worten – null Prozent Mwst. auf Bücher in GB.
27. Twitter. Liebe soziale Medien, ich habe mich getäuscht, was euch angeht.

28. *Maidens' Trip* von Emma Smith.

29. Paul – du hast alle meine Kekse gemampft, mich aber auch nach Paris gefahren. Ich würde sagen, damit hast du was gut.

30. British Waterways – ihr wart für mich stets Engel in blauen T-Shirts.

31. Barry, Simon, George und alle anderen am Hafen Barton Marina, wo dieser Buchladen aus der Wiege gehoben wurde.

32. Der kleine Junge in Nottingham, der mein Herz zum Hüpfen brachte, als er laut verkündete, die Book Barge sei »die größte Überraschung im ganzen Universum«. So was von!

33. Bristols Hafenmeister – der verstanden hat, dass Regeln der Vergangenheit der Vergangenheit angehören.

34. Freunde und Besatzungsmitglieder von Bristol. Ihr seid meinem Aufruf gefolgt. Eure Stadt ist stolz, ebenso wie *Joseph*.

35. BBC Bristol – danke für die Publicity!

36. Victoria Sponge – wahrhaft die Königin der Kuchen.

37. Die unerwarteten Korkenzieherfähigkeiten des unterschätzten Inbusschlüssels.

38. Rob Isaacs – als ich pleite war, hast du mir eine einträgliche Beschäftigung besorgt und mir deine Wohnung zur Verfügung gestellt.

39. Anna Sewell – und meine Schwester Clare dafür, dass sie mir vor langer Zeit einmal *Black Beauty* als Buch und Hörspielreihe geliehen hat.

40. Napoleon Bunnyparte – meine Glücksbringer-Hasenpfote.

41. Freunde, die mir in vielerlei Hinsicht mehr geholfen haben, als ihnen bewusst ist – Ali, Katie, Laura, Helena, Twinny, Fran, Kate, Chris, Graham, Emily und Helen.

42. Jamie – für deine Liebe und Güte, wenn sie am dringendsten gebraucht wurden.

43. www.canalplan.org.uk

44. Helen, Andy und www.wildsidepreserves.co.uk
45. www.clothingforcorrespondence.com
46. www.denstore.bigcartel.com
47. www.tommedwell.com
48. Amazon – solange ihr keine Steuern zahlt, steht es 1:0 für miiich.
49. Schleusenwärter – man findet sie zwar nur selten und in großen Abständen, aber sie sind eine große Erleichterung.
50. James, Sam, Charlotte und Bin Weevils – danke, dass ihr mir das Gefühl gegeben habt, zur Familie zu gehören.
51. JD Narrowboats – mit *Joseph* habt ihr wirklich ein Prachtexemplar gebaut.
52. Zumindest gerade keine Danksagung schreiben zu müssen ...
53. Dass das Glas tendenziell halb voll ist.
54. Sechs Monate ganz ohne Frostbeule!
55. Sechs Monate ganz ohne Zirrhose!
56. Die vier prallen Kissen, die ich mir unter den Rücken gestopft habe, um im Bett dieses Buch zu fabrizieren.
57. Niemals ein Winschkurbel-Holster getragen zu haben.
58. Endlich – 18 Monate später – saubere Fingernägel.
59. Tschechow – dafür, dass er es wild getrieben hat (und zwar *nicht zu knapp!* Jüngst erschien ein *Guardian*-Artikel darüber, dass er nachweislich – mindestens – 33 Liebhaberinnen hatte, ehe er mit 44 Jahren starb).
60. Das Mysterium des Schlafsacks: Was macht er nachts mit unseren Socken?
61. Jede Gelegenheit zum Ausschlafen.
62. Bibliotheken – kämpft weiter!
63. Angenehme Überraschungen: Sonnenschein mitten im Sommer in GB; der Zahnarzt, der mir sagt, ich brauche keine Füllung; die gelegentliche Langlebigkeit von Tauben.

64. Schwäne, die fliegen.

65. Dinge, die sich reimen, bis sich die Balken biegen.

66. Kakteen und andere pflegeleichte Zimmerpflanzen.

67. Desserts in all ihren kalorischen Formen.

68. Leute, die Hardcover kaufen.

69. Das Wagnis, zu hoffen (Obamas Worte, nicht meine).

70. Jen Campbell für ihren herausragenden Beitrag zum Buchhandel und ihren Einsatz für meinen Blog.

71. ... wie leicht einem Lügen über die Lippen kommen.

72. Meinen Traum einer Buchhandlung in Frankreich – noch immer quicklebendig und mit gesundem Appetit auf Macarons.

73. Claire Massey, Simon Savidge und all die anderen engagierten Buchblogger weltweit.

74. Sechs Monate ganz ohne Weil-Krankheit!

75. Sechs Monate, ganz ohne ein Wehr runtergefallen zu sein!

76. Die 7 Kilometer pro Stunde, mit denen ich das Land erkunde.

77. Naivität.

78. Die höfliche Antwort von Red Bull, die auf meine Anfrage nach einem Sponsoring für die Überführung meines Boots nach Paris wie folgt antworteten: »Vielen Dank, dass Sie Red Bull kontaktiert haben. Wir sponsern einige der extremsten Stunts und gefährlichsten Sportarten der Welt. Nach Prüfung Ihrer Bewerbung können wir Narrowboatfahren leider weder in die Kategorie Extremstunts noch Extremsportarten einordnen. Wir wünschen Ihnen aber viel Erfolg für Ihre künftigen Kanalabenteuer.«

79. Mein treues Lastenrad ...

80. ... und mein feminineres Damen-Citybike.

81. Southern Comfort.

82. Das schlichte Lesezeichen.

83. Die Kinder und Mitarbeiter in der Bibliothek der Paget High School ...
84. ... dass die Schulglocke trotzdem zum Heimgehen läutet.
85. Buchklubs, vor allem mein eigener, der langsam vor sich hin bröckelt.
86. Die Wasserlinie.
87. Grobstrick.
88. Narsh und Crew – ihr seid engagiert!
89. Jeder, der noch immer diese (im doppelten Sinne?) erschöpfende Auflistung liest.
90. Mein Boot – »Wir schweben in Angst« (Heidegger).
91. Meine Bücher – wir leben glücklich bis ans Ende unserer Tage.
92. Stuart – für deine Liebe, die mich tatsächlich Acquisitears weinen lässt, und einfach für alles.
93. Das Ende.

IMPRESSUM

Sarah Henshaw
Mein wunderbares Bücherboot
ISBN: 978-3-95910-181-3

Eden Books
Ein Verlag der Edel Germany GmbH
Copyright © 2018 Edel Germany GmbH, Neumühlen 17, 22763 Hamburg
www.edenbooks.de | www.facebook.com/EdenBooksBerlin | www.edel.com
1. Auflage 2018

Einige der Personen im Text sind aus Gründen des Persönlichkeitsschutzes anonymisiert.

Übersetzung: Janine Malz
Projektkoordination: Kathrin Riechers
Lektorat: Julia Jochim
Umschlagadaption: Anda Corrie
Umschlagillustration: © Carrie May
Karte: © Sarah Henshaw, adaptiert von Anda Corrie
Layout und Satz: Datagrafix GSP GmbH, Berlin | www.datagrafix.com
Druck und Bindung: optimal media GmbH, Glienholzweg 7, 17207 Röbel/ Müritz

Alle Rechte vorbehalten. All rights reserved. Das Werk darf – auch teilweise – nur mit Genehmigung des Verlages wiedergegeben werden.

Originalausgabe: The Bookshop That Floated Away
Copyright © Sarah Henshaw 2014
First published in Great Britain in 2014 by Constable, an imprint of Little, Brown Book Group

Printed in Germany.

Dieses Buch ist auch als E-Book erhältlich.

Um die kulturelle Vielfalt zu erhalten, gibt es in Deutschland und in Österreich die gesetzliche Buchpreisbindung. Für Sie, liebe Leserin und lieber Leser, bedeutet das, dass Ihr verlagsneues Buch jeweils überall dasselbe kostet, egal, ob Sie Ihre Bücher gern im Internet, in einer großen Buchhandlung oder beim kleinen Buchhändler um die Ecke kaufen.